经济管理类主干课程教材·物流与供应链管理系列

供应链金融

主　编——冯耕中　李　健
副主编——赵绍辉　李永武

中国人民大学出版社
·北京·

前言 FOREWORD

过去 40 多年，经济全球化极大地促进了社会分工和协作，我们由此进入了全球供应链时代。在这样的市场环境下，企业之间的竞争已经演变为供应链之间的竞争。在供应链内部，一家核心企业与上下游企业之间相互依存，通过提高信息共享水平形成协调、稳定的关系，这对降低成本和提高整个供应链的运作效率、保证实现某个特定的目标或经济效益具有十分重要的意义。在实践中，供应链中的中小企业一般很难通过传统的信贷方式获得银行的资金支持，即便能够通过其他途径获得融资，成本一般也很高，“融资难、融资贵”已成为中小企业面临的突出难题。资金短缺必然会影响企业的生产经营，甚至会导致供应链中断，给供应链的正常运行带来极大风险。因此，为了维护供应链的正常运行，提高供应链中资金运转的效率，降低供应链整体的管理成本及风险，供应链金融业务及其系列产品应运而生。

从企业层面而言，供应链金融是企业尤其是中小企业融资的一种渠道，从银行层面来讲，供应链金融是商业银行信贷业务的一个专业领域。供应链金融的主要思想是，在供应链中以核心企业为依托，以核心企业和上下游企业之间的真实交易为前提，商业银行等金融机构对供应链上下游企业提供金融产品和服务。供应链金融是商业银行等金融机构的一种金融创新业务，它与传统信贷业务最大的区别在于，利用供应链中核心企业的资信和第三方物流企业的业务管理能力来解决商业银行等金融机构与中小企业之间信息不对称的问题，从而解决中小企业抵押、担保资源匮乏等问题。供应链金融的作用主要有：一是给处于弱势的上下游中小企业有效注入资金，解决中小企业“融资难、融资贵”以及供应链失衡的问题；二是将核心企业融入上下游企业的购销行为中，提高中小企业商业信用，以促进中小企业与核心企业建立长期战略协同关系，提升供应链的竞争能力。

供应链金融是发展普惠金融、服务实体经济的重要渠道，是我国解决民营企业和中小企业“融资难、融资贵”问题的重要手段之一。2000 年左右，供应链金融业务在我国兴起，2006 年深圳发展银行在全国率先推出“供应链金融”品牌，供应链金融随后在我国迅速发展。相关资料显示，2015 年我国供应链金融市场规模为 11.97 万亿元，到 2017 年已经上升为 14.42 万亿元，2020 年约为 27 万亿元。

与庞大的供应链金融市场规模相比，人才匮乏、人才培养滞后的问题十分明显。一本优秀的教材是人才培养的重要载体。编写既能涵盖供应链金融基本理论、技术和方法，又能反映供应链金融最新发展动态和前景的教材是十分重要的。2000 年左右我们开始深度参与企业的供应链金融实践活动，先后承担了一些相关的国家自然科学基金、国家科技支撑计划等研究课题，出版了多本供应链金融领域的专著和教材，发表了数十篇学术论文，同时承担了多所高校物流管理与物流工程、信息管理与信息系统及管理科学与工程等专业的相关教学工作。在供应链金融的研究和教学工作中，我们对供应链金融的本质、理论和方法有了更深的理解和体会，也积累了一些案例素材。在此基础上，我们与中国人民大学出版社合作，邀请来自西安交通大学、北京工业大学、腾讯等大学或企业的人员组成研究团队，编写《供应链金融》教材。本教材的主要特点是理论与实践相结合，通过一系列丰富而生动的案例，引出和阐明主要的概念、理论和方法，把学生引入实际的问题场景；通过穿插的实例，调动学生学习的主动性和积极性，激发学生的学习兴趣，培养学生提出问题和解决问题的能力。

我们结合多年的教学、科研及实践经验认真编写本书，力图体现以下几个特点。

（1）重视理论的同时突出实践性。供应链金融具有极强的理论与实践相结合的特点。本书在内容体系的设计上突出实践性，除第 4 章外，每章安排了案例导入或政策导入，这些案例或政策均来自我国近年的供应链金融实践或政策规划等。每章中结合理论知识的介绍还穿插实例和知识拓展，以引导读者进一步思考。每章末配有课后习题，以帮助读者深化对学习内容的理解。

（2）妥善处理物流金融与供应链金融的关系。在过去 20 多年的发展历程中，出现了各种各样的与供应链金融相关的概念。这些概念的出现，本质上也反映了供应链金融在我国的演化路径。我们可以将物流金融与供应链金融的关系分为两个阶段：第一个阶段是 2000 年之后的第一个十年，当时主要采用以银行、物流企业、借款企业多方合作为主体的线下供应链金融模式，在此期间物流金融是一个大家普遍接受的概念，此时也出现了供应链金融这个概念；第二个阶段是2000年之后的第二个十年，随着互联网技术的应用和发展，出现了大量的线上供应链金融模式。目前学界和业界普遍使用供应链金融这个概念。因此，在本书中我们将物流金融看作是供应链金融发展的早期阶段。

（3）反映当前供应链金融的理论与实践成果。在数字经济背景下，随着互联网的不断发展，大数据、云计算、区块链等信息技术不断涌现，供应链金融也呈现出一些新特点。结合国内外前沿的供应链金融理论与实践，本书还介绍了区块链驱动的供应链金融、智慧供应链金融、绿色供应链金融等有关内容。

本书可用于工商管理、物流管理、物流工程、信息管理与信息系统、金融学等专业本科生和研究生的教学，对相关领域的管理人员和技术人员也有一定的帮助。我国著名的系统管理学科奠基人、中国工程院院士、西安交通大学管理学院名誉院长汪应洛教授，中国科学院预测科学研究中心主任汪寿阳教授，对本书的编写给予极大的支持并提出许多指导性的意见，在此我们表示衷心的感谢。中国人民大学出版社王伟娟编辑为本书的编写与修订工作提供了多方面的支持，在此表示真诚的感谢。西安交通大学管理学院及北京工业大学经济与管理学院的研究生郭鹏辉、王亚静、王欢、闫鑫、朱士超、王宝玲参与了资料的整理与部分章节的编写工作，在此向他们表示感谢。我们参考了许多国内外同行的著作和文献，并引用了部分资料，在此特向这些作者表示感谢。本书在写作过程中得到国家社科基金重大项目（20&ZD053）、国家自然科学基金重点项目（71973002）和2021年北京高等教育“本科教学改革创新项目”的支持。虽然我们想尽可能地向读者呈现供应链金融理论与实践的全貌，但社会实践发展很快，不可能做到面面俱到。由于作者水平有限，书中难免存在疏漏或错误，请各位读者不吝赐教。

冯耕中　李　健

目录 CONTENTS

第1章

供应链金融概论

|教学目标|

- 了解供应链金融产生的背景。
- 掌握供应链金融相关概念。
- 理解发展供应链金融的意义。

案例导入

“货权质押”业务在国内兴起

谭先生是一家铝锭贸易公司的总经理，由于资金和资产有限，很多流动资金又被途中的货物占用，公司的业务量始终没有做大。2001年8月，在一次银行业务部门与客户的沟通会上，他提出能否用自己手中的待售货品、货权单证以及产品销售合同等作为质物，从银行获得授信。没想到，不久深圳发展银行（现平安银行）广州分行便将这一设想变成了现实，在5 000万元的货权质押贷款的帮助下，谭先生公司的销售收入从原来的500多万元增加到现在的6亿多元。

据深圳发展银行负责人介绍，2002年“动产及货权质押授信”业务已覆盖钢铁、建材、石油、化工、家电等十几个行业，授信额度仅广州分行一家就已达25亿元，授信企业100多家。这项业务在广东、杭州、南京等省市已经开始全方位运作，并将在全国范围内推广，其他商业银行也陆续开展了这项业务。

资料来源：http://www.finance.sina.com.cn/g/20021128/1036283801.shtml? from=wap.

京东“京保贝”

“京保贝”是京东首个互联网供应链金融产品，也是业内首个通过线上完成风控的产品。京东拥有供应商在其平台上的采购、销售等财务数据，以及与银行合作开展应收账款融资的数据。京东利用大数据、云计算等技术对数据池内的数据进行整合分析，建成了平台最初的授信和风控系统。具体流程如下：

（1）京东与供应商之间签订采购协议，建立稳定的合作关系，从而获得长期的真实的交易数据。

（2）由供应商向京东金融部门提交融资申请材料并签署融资协议。

（3）以过去的交易数据和物流数据为基础，系统可以自动计算出给供应商的融资额度，之后京东金融部门将融资额度告知京东。

（4）供应商在线申请融资，系统自动审批并在融资额度范围内放款。

（5）供应商在京东完成销售后，向京东金融部门传递结算单，自动还款，交易过程结束。

资料来源：http://field.10jqka.com.cn/20211220/c635223111.shtml.

政府各部门对中小企业的扶持政策

近几年政府各部门对中小企业的扶持政策见表1-1。

表1-1　近几年政府各部门对中小企业的扶持政策

发布时间	发布单位	文件名称	主要政策内容
2017年1月	商务部等五部门	《商贸物流发展“十三五”规划》	扩大融资渠道，推广供应链金融。鼓励商贸物流企业通过股权投资、债券融资等方式直接融资
2017年4月	中国人民银行等七部门	《小微企业应收账款融资专项行动工作方案（2017—2019年）》	推动供应链核心企业支持小微企业开展应收账款融资，引导金融机构和其他融资服务机构扩大应收账款融资业务规模，构建供应链上下游企业互信互惠、协同发展生态环境，优化商业信用环境，促进金融与实体经济良性互动发展
2018年4月	商务部等八部门	《关于开展供应链创新与应用试点的通知》	有条件的企业可与商业银行、平台企业等加强合作，创新供应链金融业务模式，优化供应链资金流，积极稳妥、依法依规开展供应链金融业务
2019年2月	中共中央办公厅、国务院办公厅	《关于加强金融服务民营企业的若干意见》	强化融资服务基础设施建设，着力破解民营企业信息不对称、信用不充分等问题。抓紧建立“敢贷、愿贷、能贷”长效机制，着力疏通民营企业融资堵点

续表

发布时间	发布单位	文件名称	主要政策内容
2019 年 4 月	中共中央办公厅、国务院办公厅	《关于促进中小企业健康发展的指导意见》	除落实普惠金融定向降准政策外，还特别鼓励中小企业依托应收账款、供应链金融、特许经营权等进行融资
2019 年 7 月	中国银保监会	《中国银保监会办公厅关于推动供应链金融服务实体经济的指导意见》	银行保险机构应依托供应链核心企业，基于核心企业与上下游链条企业之间的真实交易，整合物流、信息流、资金流等各类信息，为供应链上下游链条企业提供融资、结算、现金管理等一揽子综合金融服务
2020 年 4 月	商务部等八部门	《关于进一步做好供应链创新与应用试点工作的通知》	强调探索建立跨区域、跨部门、跨产业的信息沟通、设施联通、物流畅通、资金融通、人员流通、政务联动等协同机制，重点要求推动供应链协同复工复产，强调了供应链金融服务实体企业和“试点企业”的重要作用
2020 年 5 月	中国人民银行等八部门	《关于进一步强化中小微企业金融服务的指导意见》	提出从大幅增加小微企业信用贷款、首贷、无还本续贷到运用金融科技手段赋能小微企业等具体方针，为疫情防控、复工复产、实体经济发展提供精准金融服务
2020 年 9 月	中国人民银行等八部门	《关于规范发展供应链金融 支持供应链产业链稳定循环和优化升级的意见》	主要围绕准确把握供应链金融的内涵和发展方向，稳步推动供应链金融规范、发展和创新，加强供应链金融配套基础设施建设等六大部分出台了 23 条细则，涉及诸如供应链金融政策支持体系、风险防范，供应链票据、核心企业支付等，几乎涵盖了供应链金融从概念到具体业务的各个方面，在我国供应链金融史上具有里程碑意义

资料来源：各相关部门官网。

想一想：我国政府各部门为什么如此频繁地颁布扶持中小企业的政策？

第 1 节 供应链金融产生的背景

随着生产的发展、分工方式的转变以及经济的增长，供应链管理在 20 世纪 80 年代以来得到了更多关注和快速发展。初期的供应链管理主要集中于物流和信息流层面，忽视了资金流对供应链的影响。20 世纪末，业界逐渐发现资金流瓶颈会抵消分工带来的效率优势及成本节约。供应链上的部分节点，特别是中小企业，往往面临资金不足的约束。然而，中小企业因其自身的特点，难以直接从银行获得低成本融资。因此，业界开始探索供应链金融。

随着第三方物流的发展，在供应链金融发展的早期阶段，人们把为物流产业提供资金融通、结算、保险等服务的金融业务称为物流金融。供应链运营过程中，随着物流活动、商流活动和信息聚合层级的不断扩展，物流金融逐渐无法全面概括这些金融业务，供应链金融的概念被引入。目前，供应链金融成为大家普遍认可的概念。供应链金融是指以核心企业为依托，以真实的贸易背景为前提，银行等金融机构运用自偿性贸易融资的方式，通过应收账款质押、第三方监管等专业手段封闭资金流或控制货权，对供应链上下游企业提供的综合性金融产品和服务。

一、 宏观背景

经济全球化背景下，供应链呈现出全球化趋势。不同的优势和特点决定了各个国家或地区在产品生产的各个环节中扮演不同的角色，进而导致供应链的全球化。产品从研发到上市的每个环节可能由不同国家或地区的不同企业分工完成，打破了时间和空间对生产活动的限制。同时，各个企业也可以充分发挥环境优势和企业特点，提高供应链的效率，促进经济活动的优化。这种供应链的全球化、产品分工的全球化必然导致贸易的全球化。产品的原材料采购、加工、组装、销售等环节环环相扣，贸易活动便是各个环节之间的黏合剂，使得原材料能够制成产品销往世界各地。信息技术的发展为不同国家或地区之间的交往提供了新的手段和条件，使跨国、跨区域企业能够高效、便捷地开展贸易活动。

在产品分工全球化、供应链全球化背景下，为适应国际贸易的新形势，各企业对供应链中的资金流管理也进行了有益的探索，供应链金融就是产物之一。作为供应链管理中的重要一环，资金流只有与商流、物流和信息流有机结合，才能使供应链健康发展。因此，供应链的全球化也对供应链中的金融市场提出了新的要求，如融资方式多样、效率更高、风险可控、成本更低等，供应链金融应运而生。

二、微观背景

（一）资金流管理在供应链管理中占有重要地位

供应链（supply chain，SC）是围绕核心企业，通过对商流、物流、信息流、资金流的控制，从采购原材料开始，到制成中间产品以及最终产品，再由销售网络把产品送到消费者手中，最终将供应商、制造商、经销商、零售商直到最终用户连成一个整体的功能网链结构模式。将供应链的定义与管理的内涵相结合，**供应链管理**（supply chain management，SCM）是对整个供应链中各参与主体之间的商流、物流、信息流和资金流进行计划、协调和控制等，其目的是通过集成优化方式增加所有参与主体的长期利润和收益，提高组织的运作效率和效益，从整体上提高供应链的竞争力。《物流术语》国家标准（GB/T 18354—2021）对供应链管理的定义是：从供应链整体目标出发，对供应链中采购、生产、销售各环节的商流、物流、信息流及资金流进行统一计划、组织、协调、控制的活动和过程。从本质上讲，供应链管理的目标是集成供应链上的组织单元，协调商流、物流、信息流和资金流，以更好地满足客户需求，提高供应链整体的核心竞争力。要提高供应链的核心竞争力，需要注意两个方面的问题：一是强化不同组织间的集成，形成集体优势；二是在商流、物流、信息流和资金流方面进行更好的合作。

通过以上对供应链管理的介绍可以看出，供应链管理是一个复杂的过程，涉及多个节点之间的沟通和协调。其中，资金流好像供应链中的血液，满足供应链各个环节中的支付需求，一旦资金流出现问题，生产、交易甚至整个供应链都很难维持下去。供应链金融旨在通过金融机构和技术提供者实施的解决方案来优化组织间的资金流动，使资金流与物流和信息流保持一致，从供应链的角度改进资金流管理，同时通过金融业务创新和管理，及时有效地推动产业供应链的发展。从这个角度看，供应链金融是供应链管理的一个分支，供应链金融的出现不仅可以显著缓解企业内部的资金压力，还可以增进企业之间的贸易关系。

（二）中小微企业面临融资困境

截至2021年底，我国中小微企业数量达到4 800万家，10年增长了2.7倍，占全部规模企业法人单位（以下简称“全部企业”）的99.8%，吸纳就业人数占全部企业就业人数的 79.4%。中小微企业特别是民营企业的蓬勃发展是推动中国经济发展的重要动力。虽然中小微企业在我国国民经济中扮演十分重要的角色，但它们一直处于“强位弱势”的尴尬境地，得不到相应的融资待遇。2018 年世界银行等联合发布的《中小微企业融资缺口：对新兴市场微型、小型和中型企业融资不足与机遇的评估》报告显示：中国拥有庞大的中小微企业群体，中小微企业潜在融资需求达 4.4 万亿美元，潜在融资缺口达 1.9 万亿美元。同时，中国中小企业协会发布的中小企业发展指数显示，2018 年中国中小企业发展指数四个季度持续低于景气临界值 100，这表明中小企业发展处于恶化或下降态势。

中小微企业融资渠道单一，过度依赖银行。由于运营能力不强、盈利能力差、抗风险能力差、信用评级普遍偏低、能够抵押的固定资产少，中小微企业很难从银行得到贷款。另外，随着赊销逐渐成为常见的贸易方式之一，供应链运营过程中存在许多资金缺口，导致现金流短缺，本身资金匮乏的中小微企业很难平稳度过一拖再拖的账期。从银行角度看，为了降低贷款风险，避免坏账，不愿意为中小微企业提供贷款，而是将大型企业作为目标客户。中小微企业需要贷款，商业银行有放贷需求却不愿承担风险，这是银行和中小微企业之间面临的难题。

实际上，在我国信贷实践中，长期存在“两个矛盾，一个不匹配”现象。“两个矛盾”是指大量动产资源闲置和中小微企业融资难，不动产资源处于枯竭趋势与信贷担保过分依赖不动产。“一个不匹配”是指商业银行接受的信贷担保物 70%左右是土地和建筑物等不动产，而广大中小微企业普遍缺乏不动产资源。在这种情况下，需要一种新的信贷模式，能够减少信息的不对称性，帮助商业银行了解中小微企业的经营情况和贸易信息，让存货、仓单、应收账款成为质物，帮助中小微企业获得贷款。供应链金融是目前最好的选择之一。

（三）商业银行面临创新挑战

对存贷利差的依赖以及中间业务减少导致银行的盈利水平不断下滑。我国商业银行的主要利润来源是存贷利差。银行吸收存款需要给存款人利息，称之为存款利息。银行发放贷款，要收取贷款人的利息，称之为贷款利息。一般贷款利息是高于存款利息的，所谓存贷利差，就是指两者的差值。中间业务是指银行不需动用自己的资金，依托业务、技术、机构、信誉和人才等优势，以中间人的身份代理客户承办收付和其他委托事项，提供各种金融服务并据以收取手续费的业务。然而，自 2008 年以来，央行实施适当宽松的货币政策，多次下调贷款基准利率，压缩银行利润空间，降低企业融资成本。2012 年 6 月和 7 月，央行连续进行不对称降息，加大一年期贷款利率下调比例，进一步削弱了银行的利润空间。

从竞争环境来看，**金融脱媒**（financial disintermediation）、经营模式同质化现象迫使商业银行创新发展模式。金融脱媒又称金融非中介化，是指在金融管制的情况下，资金供给绕开商业银行体系，直接输送给需求方和融资者，完成资金的体外循环。金融脱媒使以商业银行为代表的传统金融机构丧失融资主导地位，银行存贷利差收入减少，依靠传统的业务越来越难以维持生存，传统的经营模式面临危机。同时，商业银行的思维模式、业务模式、产品模式、风控模式、人才储备、组织架构都存在严重的同质化，竞争环境不断恶化。

利润来源单一、金融脱媒、竞争加剧以及新的监管制度对商业银行等传统机构的创新和适应性改革提出了要求。发展供应链金融业务可以帮助商业银行等传统金融机构扩大贷款规模，降低信贷风险，协助处置不良资产，提升质物评估、企业理财等服务的质量，为其提供新的利润来源和竞争手段。

知识拓展

金融脱媒现象最早发生在欧美金融市场，可以说近几十年来欧美的商业银行是伴随着金融脱媒的发展而发展的。从金融发展史看，大规模金融脱媒现象起源于 20 世纪 60 年代的欧美，是强制性变迁（政策、制度改变）和诱致性变迁（市场环境改变）两种力量共同作用的结果。一方面，进入 20 世纪 60 年代后，主要西方国家都发生了严重的通货膨胀，市场利率飙升，而银行业由于受到严格的利率管制，银行存款的实际收益率呈现负值，导致证券市场分流银行存款，进而分流银行的信贷资产。另一方面，金融管制的放松极大地促进了金融创新，金融创新的一个重要内容就是金融机构的创新。在这种情况下（以美国为例），美国存款类金融机构（含商业银行和储蓄机构）的资产占比呈现长期下降趋势。1960 年美国存款类金融机构资产占全美金融机构资产总值的 57.9%（其中商业银行总资产占金融机构资产总额的 40%），而基金和投资公司资产仅占 12.6%。1997 年基金和投资公司资产占比升至 25.9%，而同期美国商业银行资产占比则下降为 23%。从上述数据可以看出，美国提供直接融资服务的非银行金融机构取得了长足发展。另外，从金融产品的规模看，2000 年末，美国股票市值达到美国私人部门贷款余额的 3 倍，这也清楚地说明了美国金融脱媒迅速发展的趋势。

金融脱媒不仅是发达国家或地区金融发展的一个趋势，在亚洲几个新兴工业国家和地区也是如此。尽管这些国家和地区由于金融发展水平所限，商业银行仍然是整个金融的主体组成部分，但是，这些国家或地区的直接融资增长速度迅猛，它们的股票市值的增长速度远远高于当地商业银行资产的增长速度。例如，在1983—2004年，亚洲几个新兴工业国家和地区的股票市值年平均增长率为26%，而同期银行资产年平均增长率为15%。

由此可见，随着经济发展、市场化水平提高和金融监管的逐步放松，金融脱媒已经成为金融发展的一个全球性趋势。

资料来源：https://wiki.mbalib.com/wiki/%E9%87%91%E8%9E%8D%E8%84%B1%E5%AA%92.

（四）物流企业、电商平台进行业务创新

随着全球经济一体化的发展，市场竞争日趋激烈，物流服务需求方对物流企业的要求越来越高，甚至希望物流企业能够提供资金流、物流和信息流集成的综合服务。物流企业要在激烈的市场竞争中脱颖而出，必须不断进行业务创新，在原有提供物流和信息流集成服务的基础上引入资金流的服务内容。当前中小企业的融资困难和银行等金融机构的竞争压力，使得第三方物流企业可以结合自身优势，成为企业和银行等金融机构之间的桥梁，为客户提供物流、信息流和资金流三者集成的创新服务。

京东、阿里巴巴等一批实力雄厚的电商平台也开始布局供应链金融，尝试将消费金融扩展到供应链金融。以阿里巴巴为例，2010年，浙江阿里小贷正式成立；2010年11月阿里巴巴收购深圳一达通，开始为中小企业对外贸易提供从“外贸资讯”到“外贸交易”的一站式服务；2011年，重庆阿里小贷成立，开始向全国各地的商户发放贷款；2014年，蚂蚁金服正式成立。电商平台的加入进一步加快了供应链金融的发展。

第2节　供应链金融相关概念

经过几十年的发展和演变，供应链金融业务的范围不断扩大，解决方案也越来越多样化。目前，供应链金融涵盖了在供应链运营过程中与贷款相关的一系列产品、方案和解决办法，用于解决复杂的供应链资金流问题。银行、核心企业、第三方物流企业以及电商平台巨头提出了各种与供应链金融相关的术语，这些术语来源不同，解决的问题不同，使用场景也不同。这些不同影响监管方案、会计核算、市场准入、责任承担等各个方面。因此，供应链金融相关术语、概念的梳理和标准化至关重要。本书参考国内外权威资料，收集了一系列与供应链金融相关的术语及表述，经过专家筛选、补充后进行分类，并给出基本定义。

一、通用术语

核心企业（core enterprise）：在供应链中处于关键位置，对整个供应链具有决定性作用的企业。可以处于供应链上下游的任一环节，一般是生产经营规模、资金规模居于前列的企业，或者是掌握核心技术的企业。

中小企业（small and medium enterprises，SMEs）：中小企业分为中型企业、小型企业、微型企业三种类型，是指企业从业人员、营业收入、资产总额相比大型企业较低的企业，具体划分标准需要结合行业特点制定。

借款人（borrower）：指从融资提供方获得贷款的实体，按照约定到期时偿还贷款。

贷款人（lender）：指在拟定的授信协议或类似贷款的信用形式下提供贷款的实体。

债务人（debtor）：指在商业或金融交易中欠款的一方。

债权人（creditor）：指被欠款的一方，通常指商品和服务的提供方或销售方。

事件驱动（event-driven）：融资提供方基于订单、发票、应收账款、其他债权及供应链中装运前后相关的金融需求提供服务。供应链金融在很大程度上是由事件驱动的。

汇票（money order）：指出票人签发的，委托付款人在见票时，或者在指定日期无条件支付确定的金额给收款人或者持票人的票据。

信用证（letter of credit）：指银行根据进口人（买方）的请求，开给出口人（卖方）的一种保证承担支付货款责任的书面凭证。

赊销（credit sale）：供应链金融通常应用于赊销贸易。赊销贸易指买卖双方之间的一种贸易交易，该交易没有买方或卖方出具的任何银行信用工具或跟单贸易工具的支持，买方直接承担与该笔交易相关的付款责任。

追索权（recourse）：指汇票到期被拒绝付款或其他法定原因出现时，持票人获得请求其前手偿还汇票金额及有关损失和费用的权利。追索权是在票据权利人的付款请求得不到满足时，法律赋予持票人对票据债务人进行追偿的权利。

金融机构（financial institution）：广义上的金融机构是指金融服务的提

供商，通常指银行和其他受监管的机构。

融资提供方（finance provider）：指银行、金融机构或其他受监管或不受监管的提供融资及相关服务的机构。

放款（advance）：指银行以一定的利率和必须归还为条件，把货币资金提供给需要者的一种信用活动。一般用来表示贷款审核环节结束后，银行将资金转移到贷款企业账户上的操作。

融资比例（advance ratio）：融资提供方在资产价值或参考资产价值的基础上可提供的最大百分比的贷款或信用额度。

坏账（bad debt）：指无法收回、需要注销的债务。

信用评级（credit rating）：指对债务人、企业或政府的信誉进行的评估，通常由信用评级机构对债务人偿还债务的能力和出现违约的概率进行评估。

稀释（dilution）：指任何可能导致未收回款项的发票价值减少的情况。

尽职调查（due diligence）：指对潜在投资项目或交易进行的调查或审查。尽职调查旨在确认与交易相关的所有材料和事实。一般而言，尽职调查反映的是一个理性人在与另一方达成协议或进行交易之前应当表现出来的审慎。

二、 应收类术语

应收账款（account receivable）：指经营实体因提供货物或服务而享有的具有法律效力的付款请求权，记载于资产负债表中。该项债权通常以发票的形式，由商家开具并交付给客户，请其在约定的时间内付款。

贴现率（discount rate）：当买方从卖方处购买汇票或应收账款，在汇票或应收账款到期之前，银行将款项折算为现值所使用的利率（相比面值的贴现程度）。

应收账款融资（accounts receivable financing）：指企业将赊销而形成的应收账款有条件地转让给专门的融资机构，以获得所需资金，加快资金周转。

应付账款融资（payables finance）：应付账款融资是一种由买方主导的融资方案，融资提供方通过购买应收账款的方式向供应链中的卖方提供融资。应付账款融资与应收账款融资的主要区别在于主导方不同，应收账款融资的主导方是卖方，而应付账款融资的主导方为买方。应付账款融资也称为**供应商融资**（supplier finance）。

担保（guarantee）：即为下游买方企业的订单融资进行担保。有时核心企业会承担回购或差额补足责任。所谓回购，是指在下游买方进行货物质押融资，无法归还借款时，核心企业要将销售给下游企业的货物买回，款项交付银行。所谓差额补足是指下游企业归还借款时的不足部分由核心企业补足。

保理（factoring）：指卖方将现在或将来的基于其与买方订立的货物销售/服务合同所产生的应收账款转让给保理商，由保理商向其提供资金融通、买方资信评估、销售账户管理、信用风险担保、账款催收等一系列服务的综合金融服务方式。

反向保理（reverse factoring）：指保理商与规模较大，信誉卓著的高质量买方达成协议，对为该买方供货，位于其供应链上的中小企业提供保理业务。反向保理与保理的区别在于发起方不同，保理的发起方是卖方，反向保理的发起方是买方。

保理商（factor）：指提供保理服务的金融机构。

资产证券化（asset-backed securities，ABS）：指以基础资产未来所产生的现金流为偿付支持，通过结构化设计进行信用增级，在此基础上发行资产支持证券的过程。

订单回款周期（order to cash cycle）：指从收到订单、生产、交货到收到客户付款的整个流程与时间间隔。

福费廷（forfeiting）：应收账款融资的一种形式，指无追索权的买断由金融工具或付款责任所代表的未来的付款责任，也称为无追索权贴现或者无追索权融资。

三、 预付类术语

预付款（advance payment）：指在约定的事件如到期日或合同生效前预先支付的款项。

预付款融资（advance payment financing）：指在上游企业承诺回购的前提下，由第三方物流企业提供信用担保，中小企业以金融机构指定的既定仓库向银行等金融机构申请质押贷款来缓解预付货款的压力，同时由金融机构控制其提货权的融资业务。

回购协议（repurchase agreement）：指买卖双方签订合同，卖方同意在某一特定时间段内如果发生特定事件，会从买方处购回货物或所有权。回购价格通常在回购协议中标明。

提单（bill of lading）：指用以证明海上货物运输合同和货物已经由承运人接收或者装船，以及承运人保证据以交付货物的单证。提单中载明的向记名人交付货物，或者按照指示人的指示交付货物，或者向提单持有人交付货物的条款，构成承运人据以交付货物的保证。

四、 存货类术语

担保品（collateral）：指借款人或第三方为了获得贷款或授信而向贷款人提供的财产或其他资产。

仓单（warehouse receipt）：指存放于仓库、保险库或存管库进行保管的商品或货物的所有权凭证。

质押（pledge）：指债务人或者第三人将其动产或权利移交债权人占有，将该动产或权利作为债权的担保。当债务人不履行债务时，债权人有权依照法律规定，以其占有的财产优先受偿。

质权人（pledgee）：指占有质物的债权人。

出质人（pledgor）：将质物交付质权人占有，用以保证债务履行的债务人或第三人。

基于存货的贷款（inventory-based loan）：指为供应链中持有或存储货物（已预售、未售或已套期保值的）的买方或卖方提供的融资，融资提供方通常取得担保权益或权利转让，并采取控货措施。包括存货融资、仓储融资、仓单融资。

存货质押融资（inventory financing）：指需要融资的企业（即借方），将其拥有的存货做质物，向资金提供企业（即贷方）出质，同时将质物转交给具有合法保管存货资格的物流企业（即中介方）进行保管，以获得贷方贷款的业务活动，是物流企业参与下的动产质押业务。

仓单融资（warehouse financing）：又称为仓单质押融资，指申请人将其拥有完全所有权的货物存放在商业银行指定的仓储公司，并以仓储方出具的仓单在银行进行质押，作为融资担保，银行依据质押仓单向申请人提供用于经营与仓单货物同类商品的专项贸易的短期融资业务。

重复融资或重复质押（double-financing，double-pledging）：指对同一笔应收账款或其他资产进行多次融资的不诚信做法。

五、 其他术语

贸易融资（trade finance）：一般用来表示供应链金融的前身，也用作一系列传统贸易融资业务及不断演化的供应链金融技术的通称。

自偿性贸易融资（self-liquidating trade finance）：指根据企业真实的贸

易关系和上下游客户的资信实力，银行以单笔或额度授信方式提供短期金融产品和封闭贷款，企业以销售收入或贸易所产生的确定的未来现金流作为直接还款来源的融资业务。

贸易信贷（trade credit）：指发生在中国境内的对外贸易经营者与境外主体进行货物交易时，由于货款的支付时间与货物所有权发生转移的时间不同而产生的应收/预收款和应付/预付款。具体包括供应商（如境外出口商）为货物直接提供信贷，以及购买者（如境外进口商）为货物以及进行中（或准备承担）的货物交易预先付款。在许多供应链金融文献中，贸易信贷与延迟付款表示相同的含义。

互联网金融（Internet finance，ITFIN）：指传统金融机构与互联网企业利用互联网技术和信息通信技术实现资金融通、支付、投资和信息中介服务的新型金融业务模式。

互联网供应链金融（Internet supply chain finance）：即互联网＋供应链金融。通过互联网、物联网等技术手段赋能的供应链金融过程。

订单融资（purchase order finance）：指企业依靠信誉良好的买方签发的订单进行融资，款项用于采购原材料、组织生产，然后交付给买方，企业在收到货款后立即偿还贷款。有时也称为装运前融资。

结构融资（structure finance）：结构融资应用广泛但很少有明确的定义。综合多种表述，结构融资是指企业通过利用特定目的实体，将拥有未来现金流的特定资产剥离开来，并以该资产为标的进行融资。也可以理解为，用现金资产将企业特定资产从其资产负债表中替换（资产置换），在资产负债率不变的情况下增加高效资产，主要是流量资产。

经销商融资（distributor finance）：指为大型制造商的经销商提供融资，以此来支持经销商将持有的货物进行再销售，或填补其从零售商或终端客户处收到应收账款前的流动资金缺口。也称为**买方融资**（buyer finance）。

P2P（peer to peer）：指个人对个人的网络借款，是一种将小额资金聚集起来借给有资金需求的人的一种民间小额借贷模式，属于互联网金融产品中的一种。

第3节　供应链金融与传统金融的关系

传统金融业务中，银行对申请贷款的企业的固定资产、财务指标以及资信等进行评估，估量企业抵押物的价值，判断融资风险并以此来决定是否给企业提供贷款。一般偿债能力比较强、资信状况良好以及在供应链中占主导地位的大型企业容易获得贷款。而供应链金融的本质是信用融资，是基于真实的交易背景开展的金融活动，实质是帮助供应链内处于弱势的中小企业盘活流动资产。因此，供应链金融是对传统金融的突破和创新，本质上仍然是金融活动，但与传统的金融活动存在很多不同之处。

一、供应链金融与传统金融的共同点

供应链金融是对传统金融业务的传承与发展。从本质上来看，它们之间存在共同点（见表1-2）。

表1-2　供应链金融与传统金融的共同点

项目	原因
风险控制	以将风险控制在最低程度作为原则和根本出发点
偿还考察	银行会详尽考察借款企业的还款及经营状况以保证企业或者个人能够按期偿还本息
信用至上	倾向于长期信誉好、持续盈利能力优的企业和个人

（一）风险控制

从风险控制的角度来说，银行一贯以将风险控制在最低程度作为原则和根本出发点。无论是供应链金融还是传统金融，银行的风控理念始终如一。

（二）偿还考察

任何一种授信方式，银行最终都把企业或者个人能够按期偿还本息作为底线。所以，无论是供应链金融还是传统金融，银行都要对借款人或企业的还款状况、经营状况进行详尽的考察。

（三）信用至上

企业和个人征信是金融机构在授信时一贯注重的标准，无论是供应链金融还是传统金融，金融机构都会更加倾向于长期信誉好、持续盈利能力优的企业和个人。

二、供应链金融与传统金融的区别

供应链金融作为一种新兴的融资模式，突破了传统金融的种种限制，融资方式、授信条件以及融资企业等方面都有很大变化，二者的区别见表1-3。

表 1-3　供应链金融与传统金融的区别

项目	供应链金融	传统金融
服务对象	核心企业和中小企业	大型企业、核心企业或极具潜力的企业
抵押标的	动产与货权	固定资产/不动产
授信条件	以核心企业的信用作为担保	抵押不动产
融资方式	购销贸易融资	担保融资，尤其是不动产抵押担保
风险把控	把风险控制在既定范围内	较差
融资企业	地位提升	弱势地位
还款来源	销售收入	抵押物＋销售收入

（一）服务对象

供应链金融的主要服务对象不仅包括供应链中的核心企业，还包括服务上下游的中小企业。供应链金融解决中小企业“融资难、融资贵”的问题。

传统金融的服务对象主要是大型企业、核心企业或极具潜力的企业，中小企业很难获得融资。也就是说在传统金融模式中最大的受益者是大企业。

（二）抵押标的

供应链金融是在供应链内部封闭授信，将购销过程中产生的动产与货权，包括应收账款、预付账款以及库存等，抵押给银行进行贷款。供应链金融的融资严格以中小企业与核心企业之间的贸易为前提。

在传统金融中，企业大多需要以固定资产尤其是不动产作为抵押，以获得贷款。

（三）授信条件

在供应链金融中，由于还款来源的自偿性，以核心企业的信用作为担保，以交易中的购销行为作为贷款依据，再加上金融机构与物流企业的合作，这些共同起到了货押监管的作用。

在传统金融中，企业一般要抵押不动产，所以金融机构很少担心还款来源，就算企业经营状况不佳，不动产也可以补偿金融机构的损失。

（四）融资方式

供应链金融为供应链上的中小企业创造了新的融资方式。供应链金融模式下的融资严格限定于中小企业与核心企业之间的购销贸易，也就是专款专用，资金挪用是严格禁止的；供应链金融主要基于商品交易中的预付账款、存货、应收账款等资产进行融资，与传统的固定资产抵押贷款形成鲜明对比。

传统金融多是担保融资，尤其是不动产抵押担保。

（五）风险把控

供应链金融模式下的金融机构对融资企业及其所在环境、所处地位进行综合授信，可以把风险控制在既定范围之内，与此同时扩大业务量，实现企业与金融机构的双赢。

传统金融的人工成本、时间成本以及风险识别成本较高，金融机构参与的时候，只是与对应的融资企业进行沟通，对风险的把控较差。

（六）融资企业

在供应链金融模式下，融资企业有核心企业的信用作为担保，把个体信用扩展为企业链信用，话语权获得了提升，与金融机构的关系也得到了改善。

传统金融模式下，融资企业一般处于弱势地位，融资成本很高，在手续与时间上都受到限制，资金运转效率不是很理想。

（七）还款来源

与传统金融相比，供应链金融强调授信还款来源的自偿性，将核心企业的信用能力延伸到供应链上的中小企业，并把销售收入直接用于偿还贷款。

第 4 节　发展供应链金融的意义

供应链金融是基于真实的业务场景，依靠核心企业的信用，帮助供应链上的中小企业解决资金短缺问题，提高供应链整体运营效率，最终实现一个良好的供应链生态。现代市场经济的本质是金融经济，而供应链是现代经济中不可或缺且富有活力的环节。“十四五”规划明确提出，要畅通国内大循环，其中贯通生产、分配、流通、消费各个环节与建设现代化供应链体系相契合。当前，全球依然面临不确定性，强大的供应链支撑是畅通国内循环、参与国际循环的重要保障。供应链的精髓在于网链结构，在网链结构中，资金的流动伴随着物的流动。因此，供应链管理与金融业具有天然的密切联系。如果银行等金融机构能够从资金融通的角度支持供应链，支持供应链上的中小微企业，那么供应链各节点、金融机构自身以及国民经济都将获得更好的发展。

一、发展供应链金融对供应链的意义

（一）打破中小微企业融资困境的有效手段

中小微企业对中国经济的发展起了重要的推动作用，但中小微企业融资难的问题也持续了几十年。在供应链金融出现前，尽管金融机构信誓旦旦，政府部门也多次强调要打破中小微企业融资困境，但始终没有一个可行的系统性方案。中小微企业融资困境形成的原因包括以下几点。

从融资渠道来看，由于中小微企业大多属于初创企业或劳动密集型企业，原始资本积累不足，初期盈利能力较弱，因此内源性融资难以满足中小微企业扩大规模的需求，更不用说发行股票这种门槛极高的外源性融资方式了。因为民间借贷、网络借贷以及小贷公司的利率高，大多数中小微企业更倾向于通过银行贷款。但是，由于中小微企业自身的劣势，如运营能力不强、盈利能力差、抗风险能力差、信用评级普遍偏低、能够抵押的固定资产少等，银行向中小微企业放贷的意愿不强。

从信息透明度来看，风险等级高不是导致中小微企业融资困境的唯一原因。从经济学角度看，如果中小微企业愿意承担的利率足够高，能够弥补银行面临的风险，银行也是愿意放贷的。这一理论成立的条件是银行能够了解贷款企业的信用等级、违约风险以及信贷市场上的中小微企业的平均风险，从而建立信贷价格差异体系。信息不对称让这一理论难以成立，银行无法识别部分贷款企业的风险等级，为了避免逆向选择，银行不会选择进一步提高利率以吸纳更多客户，而是选择一个能够使银行利润最大化的利率。即使银行资金有剩余，也不愿意选择高风险客户。

从动产担保制度来看，英美法系对供应链金融业务的促进作用相比大陆法系更大。动产担保制度的演进过程是一个由农耕社会进入工业社会直至进入信息社会的过程，是一个从重视担保物的交换价值到重视动产担保物的使用价值和重视动产流动变现的过程，也是一个新的担保物与担保形式不断涌现的过程。在这一过程中，英美法系中美国的动产担保制度的基本发展原则及趋势主要是：因为知道企业的发展壮大才是动产担保贷款安全的保证，所以动产担保制度应该以满足企业的流动性需要，降低各种交易成本和风险，促进商业发展为宗旨。根据这一宗旨，动产担保制度必须能够接纳新的担保物与担保形式（简便的担保权设立），简化公示方法、登记手段，明确优先权顺序与担保权执行程序，从而使当事人有充分的自由选择适合的担保物和担保形式来维持现实的商业运作，并使他们更加明确自己的权利与义务，在可预见的实践中能够估算自己的风险、损失与收益，这样才能真正保证债权人的利益。大陆法系国家传统的动产担保制度思想框架强调拥有条例清晰、概念明确的成文法，要求动产担保法律与其他法律保持高度一致，以保证法律体系完整、清晰、逻辑严密；强调制定法的权威，实行立法与司法的严格分工，因此法官没有通过判例创造动产担保形式的权利；只承认转移占有的动产质押形式；严格遵守物权法定原则，依据这一原则，商业中出现的担保物必须由法律明文确定，否则视为违法；严格要求依照法律程序执行，程序严谨但过于烦琐。

供应链金融以核心企业为依托，以供应链上下游真实的贸易背景为前提，从多个环节较好地克服了信息不对称的问题，在很大程度上解决了银行对中小微企业的信任问题。银行等金融机构可以扩大自己的客户群体，与供应链企业建立战略性合作关系，提供供应链金融服务。中小微企业也能以低成本获得资金，保证自身的可持续运营。银企关系由“锦上添花”转变为“雪中送炭”，既保证了银行的利益，也解决了中小微企业融资难的问题。

知识拓展

浮动担保是 19 世纪由英国发展起来的一种物权担保制度。企业以现有的和将来取得的全部资产为债权人的利益而设定的一种担保物权。企业的机器、设备、原材料、库存、土地、应收款项、合同权利、专利权、商标权、商誉以及公司尚未催缴的股本等，都可作浮动担保的担保物。

浮动担保在英文中有两种表述：floating charge 和 floating lien，其中 floating charge 较为多见，floating lien 一般在美国使用。由于法律传统的关系，无论是在判例法还是在法官的著作中，都很少见到关于这一制度的定义，而较多的是一种描述性的表述。在英美法系国家，最经典的定义是 1903 年英国上诉法院法官罗默在审理约克郡毛纺机协会一案时阐述的浮动担保的三个特征，即：(1) 它是以公司现有的或将来拥有的某一类资产或全部资产为基础的担保；(2) 在正常经营过程中，这些资产的形态会随着时间的变化而变化；(3) 除非债券持有人提出利用担保资产偿债的请求，否则公司可以运用所担保的资产进行经营活动。

(二) 助力核心企业拓展业务空间，促进供应链网络可持续发展

当前的市场竞争已经从企业之间的竞争转变为供应链与供应链之间、产业链与产业链之间的竞争。产业协同、供应链协同不断深入，核心企业要想长期发展，不断提高市场竞争能力、盈利能力和抗风险能力，必须联合上下游企业打造产业生态圈，形成能够可持续发展的供应链协同网络。核心企业

作为供应链的领导者，必须统筹上下游企业，对物流、信息流和资金流进行优化管理，实现协同效应，以降低能耗、提升性能。近些年，信息技术不断发展，物联网、大数据、区块链等技术得到广泛应用，物流和信息流两个环节获得长足发展。资金不足成为供应链企业特别是中小企业面临的难题，由于中小企业自身运营能力的缺陷以及信息不对称问题，大部分供应链面临资金不足问题，严重影响供应链的运行效率。

核心企业可以为中小企业提供部分融资服务，例如对下游企业采用赊销方式，对上游供应商采用预付账款方式。供应链内部资金的局限性要求必须从商业银行等外部金融机构引入更多的流动性，才能真正优化上下游企业的整体资金流状况。中小企业能够获得利率较低的贷款，整个供应链的资金成本就降低了，核心企业的利润以及整个供应链的效率和竞争能力随之提升，这就是核心企业与银行开展供应链金融合作的基本动力。核心企业在供应链资金流的整体规划中充当全局策划者和顶层设计者，基于历史交易数据，获得上下游企业间资金流的分布情况、流动速度、积淀情况等信息，从而作出最优决策，将“源头活水”引到最“干旱”的地方。而核心企业本身既可以通过自有资金直接成为“源头活水”的提供者，也可以依托自身信用成为资金的间接提供者。核心企业由于信用评级较高，能够比较便利地从金融机构获得低成本融资，并转而为供应链上下游的中小企业提供资金支持。这种方式可以带来两方面的效益：一是核心企业通过发展供应链金融拓展了业务空间，有助于增加企业利润；二是核心企业通过供应链金融服务与上下游企业形成更加紧密的协作关系，打造稳健、牢固的供应链网络[1]。

实例

海尔的供应链金融业务模式

得益于移动互联网技术和大数据技术的发展，海尔将其拥有的客户群体和规模庞大的经销商数据与中信银行或平安银行连接，为银行授信提供重要依据。海尔与银行的合作整合了银行的资金、业务以及技术优势，通过交易记录将产业与金融通过互联网的方式集合在一起，开拓了针对经销商的“货押模式”和“信用模式”的互联网供应链金融业务。

“货押模式”的操作流程

首先，经销商通过日日顺 B2B 官网向海尔智慧工厂下达采购订单，并将 30%的预付款付给银行。经销商随后向海尔供应链金融平台申请货押融资，海尔供应链金融平台将信息提供给银行，并提出建议额度。银行审核后付款至经销商监管账户，海尔供应链金融平台将资金

（70%敞口）定向付给海尔财务公司，财务公司随后通知智慧工厂排产生产。工厂生产出成品后，发货至日日顺物流仓库，产品进入质押状态，随后当经销商需要产品时，向海尔供应链金融平台申请赎货并将剩余货款付给银行。海尔供应链金融平台在获取经销商全额支付信息后，通知日日顺物流仓库货物解除质押，并由日日顺物流配送到经销商处或通知经销商提货。

“信用模式”的操作流程

首先，经销商需要通过海尔供应链金融平台向海尔提供当月的预订单（即当月的意向订单），海尔供应链金融平台通知海尔智慧工厂根据预订单进行生产。海尔供应链金融平台和银行根据经销商的信用状况提供全额资金，并定向支付给海尔财务公司。财务公司准许工厂发货，工厂则通过日日顺物流将货物配送至经销商处，经销商收到货物后支付款项给商业银行。

二、 发展供应链金融对金融机构的意义

（一）增加利润增长点，促进银行业务模式变革

第三方支付、互联网借贷等新金融业态快速发展，在利率市场化和金融脱媒的大趋势下，商业银行必须逐步摆脱主要依靠存贷利差的传统经营模式，开展差异化竞争。供应链金融除了能够为银行带来新的业务增长点和利润来源，还将从三个方面给商业银行带来变革。

（1）对商业银行营销管理方式方法的变革。从单一营销到大规模营销，商业银行通过设置产品经理和风险经理等岗位建立专门的行业营销团队，并制订了一系列专门的行业营销计划方案。通过开发专门的业务系统来提升银行自身的专业水平和竞争力，适应不断变化的金融行业规则与发展模式。商业银行通过开展供应链金融业务，充分体现了灵活的信贷管理能力，并为企业提供了全面的金融服务方案。具体包括“传统信贷产品＋金融供应链方案＋现金管理服务＋国际贸易金融服务＋投资银行产品”等综合解决方案。

（2）对风险实现全过程管理的变革。供应链金融强化了对风险全过程管理的关注。在具体业务开展中，商业银行的风险管理主要包括流程风险、信用风险和法律风险。在供应链金融产生之前，商业银行习惯于关注信用风险和法律风险，对流程风险没有给予足够的重视。供应链金融是一个全过程多环节的集合链。全过程主要包括风险迁移、方案制订、中心控制、

风险预警等多个环节。开展供应链金融业务可以实现对风险全过程的管理。

（3）对客户实现合作伙伴式管理的变革。供应链金融使目标客户的特征更加清晰。供应链金融的目标客户定位相对明确，整个链条由核心企业、供应商、制造商、经销商、分销商、零售商以及最终用户等组成。这些供应链中的企业的一个共同特征是它们依赖于和供应链中核心企业信用的捆绑。而商业银行可以通过对整个供应链中的企业给予集体授信来强化链条中所有企业之间的关联性、互动性与依存性，从而改变商业银行之前需要对供应链中的企业按照维度进行分层分类管理的复杂方式。通过此方法，商业银行确定目标行业后，行业中目标客户的特征会更加清晰。商业银行和第三方业务合作伙伴从简单合伙关系逐渐发展为合作伙伴式关系[2]。

（二）深入开拓中小企业市场，提高核心企业忠诚度

银行开展供应链金融业务有助于其开发新的中小企业客户，扩大客户群，增加利润增长点。同时，银行依托核心企业信用，严格审查其贸易关系的真实性，能够很大程度上降低融资风险。核心企业在选择上下游合作企业时，会选择竞争力强、信誉好的企业作为合作对象，因此核心企业本身就以交易和产品作为载体对上下游企业进行筛选，形成了一道准入门槛，对于商业银行来说发挥了“看门人”的作用。供应链金融依托核心企业信用，并通过核心企业担保等方式转移银行风险，使得中小企业申请银行贷款的门槛大大降低，银行可以挖掘更多的原来不能服务的中小企业客户，获得更多潜在的高质量客户资源。

在银行和核心企业的合作中，核心企业具有较高的谈判地位和较强的话语权。作为优质的客户群体，核心企业具有选择银行的权利，对银行忠诚度较低。供应链金融业务是将核心企业和中小企业进行关联的业务，银行通过为中小企业提供供应链金融产品将核心企业和中小企业同时锁定，建立起完整的金融生态圈，核心企业对银行的忠诚度也大大提高。例如平安银行通过与国内某知名家电企业签署战略合作协议，共同打造供应链金融平台，有效锁定了该家电企业的相关融资业务。进而，围绕该家电企业，为其上下游企业提供金融服务，实现了生态圈的升级和客户群体的升级，衍生出新的利润增长点[1]。

实例

平安银行的供应链金融业务开展状况

作为国内首家倡导供应链金融的商业银行，平安银行（其前身是

深圳发展银行，以下简称“深发展”*）致力于成为中国最专业的供应链金融服务银行，其供应链金融业务的发展经历了四个阶段。

（1）贸易融资的专业化发展阶段。2000 年 4 月，深发展广州分行成立了票据业务专营部门，标志着贸易融资业务探索阶段的开始。广州分行以广州石化为突破口，为从原油进口商到炼油厂再到销售公司的整个供应链提供贴现融资，当年贴现额达到 60 亿元，净利润 2 400 万元。由于这项业务的回报非常可观，深发展的其他分行也相继开展了票据业务。票据业务不仅改变了传统的贸易结算和融资方式，而且促进了银行对上下游客户的业务开发。

（2）特色融资的规范化经营阶段。随着票据业务的展开，深发展的业务量获得了很大的提高，不断推出新的金融产品。2002 年，深发展总行创建了货押业务并将其并入银行八大创新产品之内，宣告了贸易融资业务系统规划和经营的开始。2003 年，深发展推出了可以称为银行一大特色的“1＋*N*”供应链融资服务，为后来的自偿性贸易融资授信体系的建立打下了基础。所谓“1＋*N*”是指基于“1”个核心企业与供应链上下游中存在的“*N*”个客户企业的合作生产关系，银行将上下游企业之间的贸易融资业务扩展到整个供应链，形成“1＋*N*”供应链贸易融资方式。这种融资方式从整个供应链的角度出发，不仅解决单个企业的融资问题，还在一定程度上为该企业的上下游客户提供融资支持，有利于整个供应链上贸易业务的展开。

（3）品牌塑造阶段。2006 年，深发展开展的贸易融资业务不断发展，出现了一些新的特征：一是产品创新，深发展首创了出口应收账款池融资业务，并较早推出了国内信用证等供应链金融产品 20 余项，成为国内首家拥有齐全贸易融资体系的银行。二是品牌塑造，为了打造供应链金融品牌，深发展积极参与深圳市第二届金融创新奖的选拔，派人出席经济论坛等，使其“供应链金融”广为人知，同时加快了在产品服务、业务流程上的创新。在组织结构上，在总行建立了保理中心，加入了 FCI（国际保理商联合会），打破了国内应收账款融资一直处于瓶颈期的局面，形成了自身“池融资”产品的品牌特色。

（4）电子供应链金融从“1＋*N*”到“*N*＋*N*”，供应链金融进入 3.0 时代。从 2007 年开始，深发展开始全面启动供应链金融的线上工程，其目的有三：一是构建实时联动的产品作业流程管理系统，即银

---

* 2012 年，平安银行和深圳发展银行合并。

行内部系统和外联系统（包括第三方物流、B2B平台、海关等）的对接；二是产品作业流程管理系统与客户系统的对接；三是建立与业务系统关联的产品定价和考核系统。2009年，深发展线上供应链金融系统正式投产，成为国内首家提供线上供应链金融服务的商业银行。通过与物流企业、电商的协同合作，实现银行金融平台、电商的交易平台、第三方仓储企业的物流管理平台的融合，将供应链上的企业在贸易中产生的资金流、信息流、物流进行整合并放置在一个参与主体多方共享的电子平台上，参与主体可以获得各自想要的信息，了解各方的动态，实现供应链管理和银行金融业务的电子化。

2014年7月9日，平安银行"橙e网"正式启动，其基本定位是搭建线上供应链综合服务平台，并与海尔、东方电子支付、维天运通、金蝶软件等12家企业集团组成战略合作伙伴。至此平安银行实现了供应链金融业务由线到面的拓展。推出的七大产品涵盖预付线上融资、存货线上融资、线上反向保理、电子仓单质押线上融资、核心企业协同、增值信息、公司金卫士等领域。平安银行借助"橙e网"，通过全新构建的小企业金融服务平台，实现与产业链核心企业的企业资源计划（ERP）、第三方信息平台及电商等第三方交易平台合作，与其交换订单、运单、发票、收款、商铺信用评级等有效信息，集成银行对小微企业授信所需的资金流、物流、信息流等关键信息。

此时的供应链金融业务更多的是站在企业的角度来考虑，而不再是一项单纯的银行信贷业务，银行承担了本应该属于供应链上企业的责任，注重提高供应链的优化与管理，呈现出较强的咨询业务特性。

资料来源：https://mp.weixin.qq.com/s?__biz=MzA3MzIxMTkyMw==&mid=2663967555&idx=2&sn=702207c17e51631ae71be6e5d80a92f4&chksm=842ec23fb3594b291f62e0d3a3d6e03da61c87ee273c5196c581dc0b8fd9cc46d67b8fc65bf9&scene=27.

三、发展供应链金融对国民经济的意义

（一）我国由贸易大国转变为贸易强国的需要

从2013年开始，我国成为全球第一货物贸易大国，但还不能称为贸易强国。贸易强国的重要衡量标准之一是在国际贸易中具有主导权和话语权，可以克服国际贸易中国家层面的贸易壁垒，实现贸易自由化。通过全球贸易关系发展供应链金融，可以建立国际供应链金融体系，通过高度信息化的金融工具把贸易企业连接、整合起来，完善国际贸易治理模式，实现贸

易自由化。此外，国际供应链金融体系的建立能够激发全球供应链活力，最大限度地融通供应链资金流，推动全球供应链发展，优化国际贸易环境，提高贸易水平。推动国际供应链金融的发展还有助于国内创新性企业走出国门，提高国际竞争力。因此，在国家“一带一路”倡议和贸易强国目标推进的过程中，供应链金融是重要的抓手之一。

（二）金融供给侧改革的需要

供给侧改革旨在调整经济结构，使要素实现最优配置，提升经济增长的质量和数量。需求侧有投资、消费、出口三驾马车，供给侧则有劳动力、土地、资本、创新等要素。供给侧改革要求“去产能、去库存、去杠杆”“降成本”“补短板”，去的便是传统落后产业，而补充的则是新兴产业。新旧产业之间的过渡必然依赖金融体系的有力扶持。传统的金融体系囿于老旧的思路、冗长的手续，无法快速响应这些变革；供应链金融建立在对供应链流程、企业生产销售流程洞悉的基础之上，为顺应产业发展方向、迎合市场需求的新兴产业的企业“供血”，既能降低中国经济下行的风险，也能帮助中国在第四次产业革命中抓住机遇[3]。

本章小结

供应链金融是指以核心企业为依托，以真实的贸易背景为前提，银行等金融机构运用自偿性贸易融资的方式，通过应收账款质押、第三方监管等专业手段封闭资金流或控制货权，对供应链上下游企业提供的综合性金融产品和服务。供应链金融产生的背景包括经济全球化趋势不可逆转，资金流管理在供应链管理中占有重要地位，中小微企业面临融资困境，商业银行面临创新挑战，物流企业、电商平台进行业务创新。供应链金融是对传统金融的突破和创新，本质上仍然是金融活动，但与传统的金融活动存在很多不同之处。对国民经济来讲，供应链金融是我国由贸易大国转变为贸易强国的需要，也是金融供给侧改革的需要。

课后习题

一、选择题

1. 供应链金融解决的是供应链（　　）层面的问题。

A. 物流　　B. 资金流　　C. 信息流　　D. 商流

2. 供应链金融依托的是（　　）的信用。

A. 中小企业　　B. 物流企业　　C. 核心企业　　D. 银行

3. 商业银行的创新驱动力包括（　　）。（多选）

A. 利润来源单一　B. 金融脱媒

C. 竞争加剧　D. 新的监管制度

4. 我国最早开展供应链金融业务的银行是（　　）。

A. UPS　B. 怡亚通

C. 平安银行　D. 深圳发展银行

5. 需求侧改革的三驾马车包括（　　）。（多选）

A. 投资　B. 消费　C. 进口　D. 出口

二、名词解释

应收账款融资　存货质押融资　预付款融资　资产证券化　订单融资
仓单　回购协议　贴现率　尽职调查　追索权

三、简答题

1. 简述保理和反向保理的区别。

2. 简述金融脱媒的影响。

3. 简述供应链金融和传统金融的共同点和区别。

四、思考题

谈一谈你对金融脱媒的认识。

第 2 章

国内外供应链金融的起源与发展机理分析

| 教学目标 |

- 了解国内外供应链金融的演化路径。
- 理解国内外供应链金融的差异。
- 熟悉国内外供应链金融现状。

案例导入

汇丰银行开展的跨国供应链金融服务

汇丰银行于 1864 年由一名苏格兰人在中国香港创办，20 世纪 80 年代，汇丰银行将总部迁到了英国伦敦，然后又通过一系列的兼并收购，逐渐发展成一家全球性的大银行。

汇丰银行很早就开始开展贸易融资业务。从 19 世纪 60 年代到 20 世纪 80 年代，汇丰银行的贸易金融业务主要是向进出口商人提供资金融通，包括汇票、信贷、货币的结算和兑换，以及华侨汇款等业务。当时汇丰银行还利用银行的信用中介职能，把中外贸易、贸易结算和资金融通三者结合起来，完成了中外之间债权和债务的清偿以及货币的转移。

汇丰银行利用自身的专业技能和信用优势，帮助出口商代收货款、兑换货币等，尽一切可能为贸易双方提供便利。这种一站式的服务模式在当时来说非常先进。汇丰走向国际化之后发现国际贸易环境发生了深刻变化，贸易企业更倾向于从其他国家直接进口采购，而且随着进口贸易越来越频繁，供应链上下游企业之间的关系也越来越紧密。

此外，国际贸易中赊销越来越普遍。很多贸易企业都是上市公司，都希望优化财务报表，把不盈利的、占用资源的非核心业务外包，以提升企业的运营效率和资金周转率。面对这些新需求，汇丰银行因地制宜地推出了跨国供应链金融业务。

以下是汇丰银行给一家汽车配件生产企业（以下简称“客户A”）制订的方案。

客户A为了降低成本打算从亚洲采购原材料，但是对亚洲的行情不了解，没有采购渠道和经验，也不了解当地的政策法规。同时，客户A的采购量很大，各种贸易单证处理起来非常麻烦。汇丰银行为客户A设计的方案中融入了单证处理服务和应收账款贴现业务。

客户A与亚洲原材料供应商签订贸易合同，随后就近向汇丰银行提交电子合同；供应商向客户A发货，然后向其所在地的汇丰银行提交发货的相关单证；供应商所在地的汇丰银行把交易的相关单证进行备案后，向客户A所在地的汇丰银行移交相关单证，客户A所在地的汇丰银行核验并确认无误后与客户A在线审阅这些单证，并接受客户A提供的应付货款的发票。

完成以上流程后，客户A所在地的汇丰银行向供应商所在地的汇丰银行提供贴现业务，并据此向供应商支付贴现货款；货款到期后，客户A向其所在地的汇丰银行支付全额货款。

汇丰银行提供的融资模式本身并不复杂，难就难在国际化的操作上。首先要有全球化的规模，然后要有国际化的业务水平，了解各地的商贸行情。这种业务只有规模大的金融机构才有实力开展。

资料来源：汇丰银行开展的跨国供应链金融服务-融资．https：//www.10000link.com/newsdetail.aspx？doc=2019122190052.

在线供应链金融

（一）在线供应链金融的本质

第一，在线供应链金融是信用创造，通过大数据了解企业的运营情况，给予企业信用支持，而不只看企业财务的表面。一位商业银行的高管曾经说过，在线供应链金融的创新之处在于，借助网络技术彻底革新了风险管理的定义与操作模式。传统的风控只注重对资产负债表、现金流量表、利润表的审查。而现在风控部门必须综合研究“四流”，即商流、物流、信息流、资金流，可以说在线供应链金融的发展是市场的必然需求。

从实践应用来看，在线供应链金融可以理解为将核心企业、供应商、经销商的经营数据提供给银行，供银行进行数据分析，以完成对企业直接授信关键信息的核定，使得融资流程更加简单、快速，风险预警更加及时。从这个角度来看，在线供应链金融的发展，正逐步由“ERP＋银行供应链金融”的模式向“供应链协同平台＋线上供应链金融服务平台”和“产业电商平台＋线上供应链金融服务平台”这两种模式发展。

第二，在线供应链金融不是革命而是提升。这种提升首先体现在资金利用效率上，即把钱以最快的速度投到所需要的地方和能够创造更多价值的地方。其次体现在传统金融机构对企业的服务模式和服务理念上，打破了传统的银行主导模式以及银行仅直接面对单个企业提供金融服务，而与核心企业上下游各不相关、各自为战的局面。最后体现在核心企业供应链管理水平上。这种提升不仅实现了服务在线化、营销互联网化、工作流程标准化以及风控自动化，而且为银行、核心企业及其上下游构筑了一个开放的、交互的、信息共享的电子商务平台，推动了供应链运行方式的极大改进。

（二）在线供应链金融的四大特点

(1) 显著提升核心企业及上下游企业的资金周转率，降低经营成本。传统供应链金融通常只授信核心企业资金额度，签署一份总合同后，需要核心企业与银行之间，核心企业与上下游企业之间，上下游企业与银行、仓库、担保公司、监管机构之间合作沟通。每次业务发生，还要根据总合同再次签署单笔销售合同，重新走单笔业务贷款流程，过程非常烦琐。而在线供应链金融，完成第一次流程后，在业务周期内，每次借款还款均通过线上完成，手续简便，随借随还，极大地降低了中小企业的融资成本，提高了企业的资金周转率，降低了经营成本。

(2) 提升核心企业的管理效率。一方面，在线供应链金融解决了银企双方系统升级更新速度不匹配的问题，一般来说银行系统升级慢，企业系统升级快，匹配程度低。通过在线供应链金融平台可以实现双向连接，双向匹配。另一方面，在线供应链金融打破了传统金融机构生硬组合产品的模式，可按需将金融服务渗透到商务活动各环节中，在提高服务水平的同时，缩短了服务响应时间。

(3) 解决银企信息不对称问题，为了解中小企业信用状况提供依据。在传统模式下，银行主要查看核心企业以及上下游企业的财务报表，报表呈现的都是过去、静态的数据。而通过在线供应链金融，银行可以有效收集动态数据，实时掌握企业的经营情况，提高了决策的准确性。

(4) 打破了地域限制，银行可以更好地为核心企业的上下游企业服务。传统供应链金融由于业务归属的区域特征，一般只能和当地分行或支行合作；而在线供应链金融通过线上合作，可以使银行为不同区域的上下游企业提供贷款支持。

资料来源：线上供应链金融平台的本质及优势 . https://www.sohu.com/a/429234581_100280840.

想一想： 如何充分发挥金融科技在供应链金融中的优势以解决中小企业面临的融资难题？

第 1 节　国外供应链金融的演化动因及演化路径

供应链金融首先在发达国家产生，20 世纪 90 年代供应链金融理论逐渐传入中国。伴随着国际贸易供应链的日趋成熟及电子商务、互联网技术的发展，供应链金融业务在国际市场上出现了产品概念及运作模式上的创新。本节主要介绍国外供应链金融的相关情况。

一、国外供应链金融的演化动因

1916 年，美国颁布了《美国仓库存贮法案》，并建立了一整套关于仓单质押的系统规则。1952 年美国公布了《统一商法典》，明确了金融机构开展存货质押应遵循的规范。20 世纪 70 年代企业间出现生产分工，生产的分工模式开始分散化，出于协调整个生产过程中不同企业生产活动的需要，供应链管理最初主要关注物流和信息流，忽视了资金流的作用。在哈特利（Hartley）提出的应付账款模式和供应链融资系统设计的基础上，2000 年蒂默（Timme）最先提出了供应链金融的概念，20 世纪末，核心企业和金融机构开始关注整个供应链的财务管理过程，并开展对供应链金融的研究。目前国外学者对供应链金融的研究可以从金融和供应链两个角度来理解[4]。

从金融角度看，供应链金融是金融机构提供的一系列产品和服务，这些产品和服务用来帮助管理供应链上的物流、资金流和信息流。供应链金融以技术解决方案和金融服务相结合的形式，通过防止成本转嫁，提高供应链可视性和可靠性，加强物流服务，降低全球价值链上全部参与者的融资成本，提高供应链融资效率。买方视角认为供应链金融是反向保理的进化形态。在“金融观”下，金融机构和融资企业主要关注如何利用应收账款和应付账款帮助企业维持营运资本的正常运转，金融机构作为贷款的提供者起到举足轻重的作用。

从供应链的角度看，供应链金融是供应链中两家或多家企业和外部服务提供者一起对跨组织的金融资源进行管理和控制，以此来增加供应链中全部参与者的价值。供应链金融使用最优化的策略来计划、管理和控制供应链上的现金流，是一种提高供应链可视性和控制整个供应链现金活动的综合方法。供应链金融可以优化供应链上的融资结构和现金流动过程，从而帮助提高物流的运行效率。

相较于金融角度，供应链角度拓宽了供应链金融的涵盖范围。参与供应链金融的各方不仅关注应收账款和应付账款，而且开始关注存货。供应链金融的内容由寻求营运资本最优化扩展到存货的流转，甚至是对固定资产投资的融资。此外，“供应链观”强调融资过程中不一定需要外部机构来提供融资，外部资金只起到辅助作用。

二、 国外供应链金融的演化路径

国外供应链金融与其他金融业务几乎同时展开，经过 200 多年的创新和发展后形成了现代供应链金融的雏形[5]。国外供应链金融的发展大致可以分为四个阶段[6]。

阶段一：19 世纪中期之前

此阶段供应链金融的业务非常单一，主要是针对存货质押的贷款业务，存货质押融资业务是供应链金融的核心业务。例如，早在 1905 年俄国沙皇时代，在丰收季节，当谷物的市场价格较低时，农民将大部分谷物抵押给银行，用银行贷款维持后续的生产和生活；待谷物的市场价格提高后，再卖出谷物归还银行的本金和利息。由此，农民可以获得比收割时节直接卖出谷物更高的利润。

阶段二：19 世纪中期至 20 世纪 70 年代

此阶段供应链金融的业务开始丰富起来，除了原本的存货质押业务外，承购应收账款等保理业务开始出现。但起初相关的法规制度并不完善，这种保理业务常常是趁火打劫式的金融掠夺，一些银行等金融机构和资产评估机构进行合谋，刻意压低流动性出现问题的企业出让的应收账款和存货，然后高价卖给第三方中介机构。部分金融机构恶意且无序的经营造成了市场的严重混乱，并引发了企业和其他银行的不满与抗议。为规范市场行为，1952 年美国出台了《统一商法典》，明确了金融机构开展存货质押业务应遵循的规范。由此，供应链金融开始步入健康发展的时期，但这一阶段的供应链金融业务仍以存货质押为主，承购应收账款为辅。

阶段三：20 世纪 80 年代至 21 世纪初

此阶段供应链金融业务开始扩大，出现了预付款融资和保险等融资产品。供应链金融出现全球化趋势，国外供应链金融发展开始形成物流为主、金融为辅的运作理念，供应链金融因物流企业的深度参与获得了快速发展。在20世纪80年代后期，国际上主要的物流业务开始逐渐集中到少数物流企业，联邦快递（FedEx）、联合包裹运送服务公司（UPS）和德国铁路物流等一些大型的专业物流巨无霸企业已经形成。

物流企业与银行合作并深度参与到供应链融资中来，在提供产品仓储、运输等基础性物流服务之外，还为银行和中小企业提供质物评估、监管、处置以及信用担保等附加服务。供应链金融在帮助物流企业扩大业绩空间的同时，也帮助银行等金融机构扩大了客户群体，增加了利润。

随着供应链全球化的发展，物流企业更为深入地参与到众多跨国企业的供应链体系之中，与银行相比，物流企业更了解供应链运作。

阶段四：21世纪初至今

此阶段供应链金融业务开始与新兴科学技术相结合。在先进的金融机构中，供应链金融依靠电子信息技术平台进行日常的操作和维护，产品创新也必须以电子信息技术作为开发基础。大数据、云计算、区块链和人工智能等金融科技成为专业化平台提升服务效率、加强风险管控、扩大业务范围的支撑点，并从现实角度出发展开应用探索、多模式构建、模式创新。

随着工业物联网和数字经济的发展，今后各产业和行业都会在各类数字平台上形成不同的产业链和供应链，因此数字供应链金融可能需要突破以金融或银行为中心搭建数字平台的惯性思维束缚，将数字供应链金融嵌入各类工业物联网和各类数字经济平台中，成为数字经济平台的一个有机组成部分。这是数字供应链金融更具发展空间的新路径。在这个新路径中，会出现更多金融工具和金融制度的创新[7]。

实例

UPS的供应链金融服务

联合包裹运送服务公司（UPS）是全球领先的物流企业，提供包裹和货物运输、国际贸易便利化、先进技术部署等多种旨在提高全球业务管理效率的解决方案。

1907年，吉姆·凯西（Jim Casey）和克劳德·赖安（Claude Ryan）在美国华盛顿州西雅图市创立了UPS，取名为美国信使公司。1993年，UPS推出以全球物流（World Wide Logistics，WWL）为名的供应链管理服务。

1998年，通过收购美国的一家银行，UPS资本公司成立。2002年成立UPS供应链解决方案公司，该公司为大型进货商和众多供应商提供物流服务，UPS资本公司以此切入物流与商贸链条，为供应商提供存货质押、应收账款质押等供应链金融服务，并在之后逐步将业务拓展至信用保险、中小企业贷款、货物保险等其他相关金融服务。

UPS在开展物流金融服务的过程中，承担着物流供应商和银行的双重角色。2002年，UPS资本公司与中国数家银行合作，推出UPS全球供应链金融方案，依托企业稳定的经营能力和良好的信誉，依托上下游合作伙伴的库存质押或是应收账款质押来提供融资服务。伴随着经济和贸易的增长，供应链金融正在全球蓬勃发展。

在国际案例中，从供应链金融的服务主体角度看，有金融主导型、产融结合型以及信息协同型。产融结合型即产业资本渗入或掌控供应链金融，常见的有核心企业主导、物流企业主导两种。核心企业或物流企业凭借在产业链中所处的优势地位，整体把控上下游企业的产品价格、订单、货物等关键信息，并结合自身或金融机构的资本优势开展供应链金融业务。通过金融服务获取货运权，供应链金融与传统主业深度结合。UPS与沃尔玛等大型进货商和众多供应商签订多方合作协议，为它们提供物流服务。在交易结构上，UPS资本公司为进货商提供垫付资金服务，并以此获得商品的货运权。UPS资本公司则作为UPS的信用部门，保证在货物交到UPS物流机构两周内将货款先行支付给供应商，缓解中小供应商的流动性压力，如替沃尔玛与东南亚地区数以万计的供应商进行支付结算。UPS整体的收入包括两部分，一是作为物流企业收取的服务费，二是货物交付后，大型进货商支付的垫付资金及期间的利息费用。

UPS资本公司的供应链金融服务使得沃尔玛避免了和大量供应商逐个结算，帮助供应商缩短了账期。同时扩大了UPS市场份额，在物流服务和金融服务上同时获益。

GE的供应链金融业务

通用电气公司（GE）是世界上最大的提供技术和服务业务的跨国公司，总部位于美国波士顿。自从托马斯·爱迪生创建了GE以来，GE通过多元化发展逐步成长为出色的跨国公司。

通用金融服务公司（GE Capital Corporation，GECC）是GE旗下专门从事金融服务的部门，经过不断地调整整合，把散布在其他业务板块中的金融业务基本都聚集到一个单独的金融资本板块中。整合完成后，GECC旗下共包括五大业务模块：通用金融、商业贷款与租赁、能源金融服务、商务航空服务、房地产。

GECC内部的供应链金融业务分为专注于GE体系外的供应链金融业务和专注于GE内部的供应链金融业务两块。

从GECC发展的经历可以发现，飞机融资租赁业务是GECC供应链金融崛起的关键因素，飞机单价高、使用期限长，适合做融资租赁，GECC通过融资租赁服务促进厂商飞机设备的销售。首先，GECC与航空公司签署融资租赁协议，由GECC直接向飞机制造商下订单、付款采购飞机。飞机交由航空公司后，航空公司按期向GECC支付本金及利息。

经过多年在供应链金融中的积累沉淀，GECC已经由单纯服务产品销售的协作部门转变为专业的金融服务部门，在集团中具有重要地位。GECC收入占比一直在30%上下，是GE重要的利润来源。

CredAble的供应链融资服务

CredAble是一家总部位于印度孟买的供应链融资服务提供商，专注于为物流和包装材料领域的中小企业提供服务，帮助供应商在已签合同的情况下凭发票快速获得提前预支的应收款项，避免传统信贷周期过长导致的资金周转不便。

CredAble成立于2017年，通过供应商早期付款计划和经销商资助计划，为供应商和经销商提供融资服务，帮助它们填补运营资金缺口。具体的业务方式为，供应商在完成信用及风险评估后，能够从CredAble获得即时的资金、物流、设施管理等支持，确保其生产经营活动顺利开展；经销商能够从其客户的应收账款中获得资金，提高运营灵活性。通过这种方式，供应商只凭借发票就能获得提前预支的款项，不用等待45～90天这样漫长的传统信贷周期。

CredAble在新冠疫情期间已为供应商和经销商提供了超过250亿卢比（约3.3亿美元）的资金，帮助供应链中的中小企业渡过危机。

资料来源：https://www.new.qq.com/omn/20210210/20210210A00X2N00.html.

三、国外供应链金融现状

供应链金融业务在美国、加拿大以及菲律宾等国家应用最广。美国供应链金融的主要业务模式之一是仓单质押，仓单既可以作为向银行贷款的抵押，也可以在贸易中作为支付手段。

供应链金融在国外之所以能取得较快的发展是因为市场和技术力量的

推动。相关研究表明影响企业选择供应链金融模式的因素主要有五类：信息化水平、议价能力、融资吸引力、企业内协作和企业间协作。其中，信息化水平是核心因素，它对供应链金融模式有重要影响，并对某些复杂的供应链金融模式能否实现起决定性作用。

供应链金融模式主要有以下两种分类方式（见表 2-1）。根据融资模式可分为运输前融资模式、在途存货融资模式、装运后融资模式。根据交易过程中的信息化程度和协同程度分为传统的融资模式、创新的融资模式和供应链协同模式。传统的融资模式中信息化程度低，创新的融资模式通常具备更高的信息化程度，供应链协同模式的关注焦点通常为存货，通过供应链各方参与者的协同合作来实现营运资本的最优化。随着交易过程中信息化程度的提高，传统的供应链金融模式最终将消失。

表 2-1　供应链金融模式的分类

根据融资模式分类	根据信息化程度和协同程度分类
运输前融资模式	传统的融资模式
在途存货融资模式	创新的融资模式
装运后融资模式	供应链协同模式

实例

荷兰银行的 MaxTrad 技术

荷兰银行是较早开始挖掘供应链和国际贸易中的商机并将贸易融资作为重点业务的银行。荷兰银行 2006 年被评为最佳网上贸易服务提供者。能获此殊荣得益于该银行的 MaxTrad 技术。MaxTrad 技术可实现 24 小时在线为买卖双方自动处理贸易交易及管理应收、预付账款。该技术的创新之处体现在：在系统中融入供应链金融模型，为客户提供缩短变现周期、获取实时信息及降低纸质文件传递频率的网络工具。使用者亦可以根据需要在网上实时将其应收账款货币化。

摩根大通银行：实体供应链和金融供应链的联姻

作为世界上最大的现金管理服务商，摩根大通银行的资金清算部门在全球的美元清算业务中拥有举足轻重的地位。而现金管理与贸易融资业务是两项相辅相成的银行业务。摩根大通银行旗下的物流公司 Vastera 提出的价值宣言是：为进出口商提供一站式服务，妥善应对跨境货物运输中日益增加的各种挑战和风险。在为全球供应链中主要的支付交易如收付货款、支付运费、支付保险费、支付关税等提供服务的过程中，摩根大通银行可以自动获得各类金融贸易数据。而凭借运输单据制作和管理的自动化，Vastera公司固有的流程和技术有力地支持了“实体货物”的跨境流动。

资料来源：https://www.jiemian.com/article/1366275.html.

第2节　国内供应链金融的演化动因及演化路径

伴随改革开放40多年制造业和物流业的发展，中国成为大量跨国企业供应链的汇集点。同时，对外贸易的发展促使商业银行开展贸易融资业务，并针对中国企业的特点进行创新，在此期间中国的供应链金融业务得到快速发展[8]。

一、国内供应链金融的演化动因

中小企业为经济增长贡献巨大力量，但中小企业一直面临融资难问题。一方面，中小企业由于信用级别低、抵押担保品（固定资产等）少、规模小、财务信息不透明等原因很难获得银行等金融机构的融资。另一方面，中小企业的结构调整既无法提升中小企业整体的信用水平，也不能从根本上改变中小企业在信贷市场上的不利地位。

中小企业融资难是驱动供应链金融迅速发展的内生动力。解决中小企业信用缺陷的问题不能单纯关注内部结构的调整，还应关注供应链上中小企业与大企业之间的分工合作体系，利用大企业在信贷市场上的信息优势来弥补中小企业信用缺位，提升中小企业的信用水平和信贷能力。要解决中小企业融资难问题，不能仅在单个主体上找原因，应从整个供应链出发来寻找解决问题的新途径。

国内的供应链金融理论研究与物流金融概念的产生和发展密切相关。物流金融是指资金短缺的企业抵押储存在第三方物流企业的货物以获取商业银行贷款的融资模式。银行通过融资方抵押的货物保障银行利润，第三方物流企业则负责货物的看管、储存、运输等。物流金融运作模式有三种，分别是资本流动模式、资产流动模式和综合模式。在后来的发展过程中，供应链金融不仅包括在第三方物流企业的支持下，银行等金融机构给有贷款需求的企业提供相应的融资服务，解决企业的融资问题，还扩大了服务对象与担保范围，依托核心企业为供应链上下游企业提供的担保而设计整个供应链上的企业融资方案。

供应链金融是对物流金融的创新与发展，它在物流金融的基础上将融资从商品销售阶段延伸到采购和生产阶段。供应链融资模式在一定程度上有助于缓解与核心企业有贸易关系的中小企业融资难的问题。这种融资模式可以让核心企业进一步降低成本，提高效益，增强市场竞争力；可以解决上下游中小企业的资金周转问题，提高其谈判地位；可以让第三方物流企业争取到客户资源，拓展服务范围，最终提升服务质量和效率；还能让商业银行扩大中间业务收入来源，稳定结算性存款。供应链金融使多方参与者获得最大利益并形成信誉链。

供应链金融通过对供应链的某个环节或全链条提供定制化的金融服务，帮助中小企业解决融资难问题。银行依托与中小企业有合作关系的核心企业的信用或者以两者之间的业务合同为担保，同时依靠第三方物流企业等的参与来共同承担贷款风险，帮助银行控制中小企业的贷款去向并确保贷款资金的安全，有效地控制银行的贷款风险，实现差异化竞争，开拓中小企业市场，并利用高附加值的服务绑定核心企业和客户群。供应链金融使银行加强了与企业的合作关系，拥有了相应稳定的客户群，降低了经营风险并提高了经济效益，同时提升了整个产业链的效率。核心企业也可以作为资金提供方，为供应链成员尤其是中小企业提供资金，满足核心企业产业转型升级的需要，通过金融服务变现其长期积累的行业专长和资源。

二、 国内供应链金融的演化路径

（一）国内供应链金融的发展阶段

国内供应链金融业务是 2000 年左右开始兴起的，在短短的二十几年内从无到有，从简单到复杂，快速发展。国内供应链金融的发展大体经历了四个阶段[9]。

第一阶段：以金融机构为主导的传统供应链金融

此阶段金融机构依托核心企业的信用，委托第三方物流企业监管质物，为融资企业提供综合性的融资服务。然而，由于金融机构的信息化水平不高，风险分析能力有限，这一阶段覆盖的融资主体范围较窄，以与核心企业存在直接上下游关系的企业为主，且融资期限过长，很难满足中小企业的快速融资的需求。此外，金融机构主导的供应链金融是以金融的视角展开的，虽然借助核心企业的信用为中小企业授信，但在不完全了解产业特点以及供应链运营的情况下，很难提供贴合产业发展的融资服务并做到风险可控。金融机构的委托代理业务也滋生了一些道德风险，如资金需求方可能会与第三方物流企业串谋获取融资并挪为他用，致使银行面临恶意的信贷风险。

第二阶段：以产业企业为主导、金融机构配合的线上供应链金融

这一阶段金融服务的主体及其在供应链中的位置发生了变化，金融服务提供者逐渐从单一的商业银行转向供应链中的生产运营者，如核心企业、流通企业和电商平台。由于这些企业本身就是嵌在供应链的运营网络中，因此能够全面掌握供应链的信息和运作流程，这不仅增强了对风险的控制能力，而且为供应链金融发展带来了更多的增值服务。此阶段，供应链金融逐渐从线下转为线上发展，突破原有的管理理念和运营模式，推动了供应链金融的变革。线上交易、线上审批、线上传递信息不仅简化并规范了操作流程，而且实现了跨地域的服务，扩大了融资企业的服务数量和种类。同时，线上供应链金融也带来了新的风险，如工作人员对于新技术的业务操作风险。

第三阶段：多主体专业协作的平台化供应链金融

随着融资主体需求多样化的提高，供应链金融业务和流程变得愈发复杂，互联网技术的高速发展对企业降低成本、提高效率、快速整合渠道发挥了重要作用，单一的金融服务提供者转向多主体专业协作的供应链金融平台。供应链金融平台利用其管理框架，对各大业务模块进行分区管理，每个业务模块包括标准的业务活动，有效地连接交易系统、业务操作系统、风险管理系统、支付结算系统和第三方系统，实现了全方位的价值链流程管理。供应链金融平台可简要概括为“两横一纵”。“两横”分别是指基于交易或服务信息优势和基于区域产业集成优势形成的横向跨业平台，如阿里、怡亚通、宁波保税区主导的供应链金融平台。“一纵”是指基于某具体产业链深耕发展的纵向垂直产业平台，常见的主导方是核心企业。为增强自身竞争力、拓展业务，越来越多的主体开始积极布局供应链金融，这为供应链金融提供了丰富的资金渠道，提高了业务的灵活性，供应链金融也逐渐向精细化、网络化方向发展。这一阶段的供应链金融呈现出平台化、网络化的特征，管理流程也呈现出高度复杂且互动化的特点。

第四阶段：金融科技赋能的供应链金融

根据金融稳定理事会的定义，金融科技主要是指由区块链、大数据、云计算、人工智能等新兴前沿技术带动，对金融市场以及金融服务产生重大影响的新兴业务模式、新技术应用、新产品服务等。金融科技赋能的供应链金融是对第三个阶段的深化，信息技术的发展使供应链实现全链条数字化具备

了技术上的可行性。区块链可以保证供应链中数据的真实性，智能合同降低了道德风险和操作风险的发生。大数据、云计算、人工智能等在信息采集、数据分析和智能决策方面为供应链金融赋能，基于动态的多维度数据分析客户的交易行为，能够准确评估违约风险并进行实时监控，使供应链金融更加高效和安全可控。金融科技的引入为供应链金融的优化和重构注入了新动能，有助于打破金融机构对核心企业信用和抵押物的依赖，在控制业务风险，提高信贷审批效率，提升金融服务的覆盖率方面具有积极作用。我国的银行与企业巨头纷纷布局金融科技，如中国工商银行提出“智慧银行”战略，并推动了生态建设工程（ECOS）；腾讯“微企链”与渣打银行合作共同推出区块链供应链金融业务。这一阶段的供应链金融呈现出智慧化的特征。物流金融业与电商业的标志性事件都是围绕着金融、电商与物流的实时数据交互展开的。

区块链、大数据、云计算、人工智能等金融科技的综合运用，使供应链企业可以提供整体金融服务，包括风险管理、信用管理，帮助供应链企业扩大销售，提升产业链运营效率。在金融科技与产业互联网浪潮的赋能下，传统供应链金融获得了创新的血液，加速向数字化转型升级。以“金融＋科技＋场景”为导向，供应链金融不仅带来商业模式的颠覆式创新与重构，也将引领供应链金融走向供给主体多元化、服务对象宽泛化、服务方式智能化以及商业模式平台化，从而打造更具科技感、未来感、温度感的金融服务体验[10]。我国的供应链金融已形成了多主体参与，多种形式、多种属性、多种组合的特征。

知识拓展

供应链金融 1.0（线下模式）：“1＋N”核心企业＋多家上下游企业

供应链金融模式统称为“1＋N”，银行依托核心企业“1”的信用，完成对一众中小企业“N”的融资授信支持。

线下供应链金融主要存在两种风险：

- 银行对存货数量的真实性不好把控，很难去核实重复抵押行为；
- 难以控制经营过程中的操作风险。

供应链金融 2.0（线上模式）：“1＋N”核心企业数据＋多家上下游企业

传统的线下供应链金融搬到了线上，核心企业“1”的数据与银行完成对接，银行可以随时获取核心企业和供应链上下游企业的仓储、付款等真实的经营信息。线上供应链金融能够保证多方在线协作，共同提高作业效率，但仍然是以银行融资为核心，资金往来默认摆在首位。

供应链金融 3.0（平台模式）：线上“$N+N$”，核心企业＋多家上下游企业＋全数据电商云服务

电商云服务平台的搭建颠覆了以融资为核心的供应链模式，转为以企业的交易过程为核心。银行的思路也开始转变，要搭建一个电商云服务平台，让中小企业的收单、融资、仓储等经营性行为都在平台上进行，同时引入物流、第三方信息等搭建服务平台，为企业提供配套服务。在这个系统中，核心企业起到了征信的作用，使各种交易数据更加可信。

供应链金融 4.0（智慧化模式）：“Linked*N*”＋万物互联

在生态系统平台建设上跨产业、跨区域、跨部门，与政府、行业协会、产业资本等各方广泛建立联盟，基于云计算和大数据创建金融生态系统，使得金融能真正服务于整个供应链的各类主体并推动商业生态的发展。

随着5G时代的到来，大数据、物联网、人工智能等技术逐渐落地，万物互联的时代即将到来。这个阶段的供应链金融将是智能化的、数字化的、高效率的。上下游企业、金融机构、核心企业等构筑的供应链金融生态圈将相互打通，让交易完全透明，资金流动清晰可见，大大提高融资的便利性与风控水平。这一阶段的供应链金融无论是风控水平与融资效率都是很高的，也最接近供应链金融发展的理想状态，中小企业随时可以获得“金融活水”，民营经济高速发展，实体经济充满活力。

供应链管理、供应链金融蓬勃发展得到了国家政策的大力支持。著名经济学家克里斯多夫指出，市场上只有供应链而没有企业，真正的竞争不是企业与企业之间的竞争，而是供应链与供应链之间的竞争，供应链上的核心企业与众多中小企业都愿意通过合作和协同运营来实现供应链系统的成本最小化和价值最大化。

资料来源：https://www.weiyangx.com/369889.html.

我国供应链金融相关政策见表2-2。

表2-2 我国供应链金融相关政策

发布时间	发布单位	文件名称	主要政策内容
2014年9月	国务院	《物流业发展中长期规划（2014—2020）》	鼓励传统运输、仓储企业向供应链上下游延伸服务，建设第三方供应链管理平台，加快发展具有供应链设计、咨询管理能力的专业物流企业，着力提升面向制造业企业的供应链管理服务水平

续表

发布时间	发布单位	文件名称	主要政策内容
2016 年 2 月	中国人民银行、银监会、发改委等八部门	《关于金融支持工业稳增长调结构增效益的若干意见》	力推供应链金融、应收账款融资，专门提及“大力发展应收账款融资”，还提到“推动更多供应链加入应收账款质押融资服务平台”，“推动大企业和政府采购主体积极确认应收账款，帮助中小企业供应商融资”等内容
2016 年末	商务部等十部门	《国内贸易流通“十三五”发展规划》	稳步推广供应链金融
2017 年 3 月	中国人民银行、工业和信息化部、银监会、证监会、保监会五部门	《关于金融支持制造强国建设的指导意见》	鼓励金融机构依托制造业产业链核心企业，积极开展仓单质押贷款、应收账款质押贷款、票据贴现、保理、国际国内信用证等各种形式的产业链金融业务，有效满足产业链上下游企业的融资需求

（二）国内供应链金融的发展特点

基于国内特定的经济及产业环境，我国供应链金融呈现出一定的发展特点。

（1）区域不平衡。外向型经济比较明显的沿海省份交通便利，较早开展对外贸易，供应链金融发展相对领先，内陆省份供应链金融处在初级阶段。此外，我国关于供应链金融的业务名称也没有统一，有物流金融、物资银行、仓单质押、库存商品融资、融通仓、货权融资及货权质押授信等叫法。

（2）面临法律风险，库存商品等流动资产质押还存在一定的法律真空。我国银行分业经营的现状使供应链金融业务中形成了多种委托代理关系，社会信用体系建设的不足在一定程度上造成了供应链金融业务的运作风险。

三、 国内供应链金融现状

供应链金融是近年来供应链管理与金融领域发展的新方向，其产生和发展为中小企业提供了融资渠道。供应链金融的主要业务模式有应收账款融资、库存/仓单质押融资、预付款融资和战略关系融资。受益于应收账款、存货量的不断增加以及融资租赁市场的不断发展，供应链金融在中国发展较为迅速。

供应链金融围绕银行和核心企业管理供应链上下游中小企业的资金流和物流，并把单个企业的不可控风险转变为供应链企业整体的可控风险，相比传统融资模式，供应链金融具有独特的优势。虽然国家各部委都在鼓励供应链金融产业快速健康发展，但是传统供应链金融业务开展过程中仍存在诸多问题与挑战。在传统供应链金融中，供应链上存在信息孤岛，核心企业信用不可传递，缺乏可信的贸易场景，履约风险无法得到有效控制，且融资难、融资贵。供应链金融传统场景下的业务痛点正是区块链等新兴技术的用武之地。区块链是点对点通信、数字加密、分布式账本、多方协同共识算法等多个领域的技术融合，具有不可篡改、链上数据可溯源的特性，非常适合多方参与的供应链金融业务场景。

传统的供应链金融无法满足中小企业融资需求的重要原因在于信息不对称。作为当下信息技术“风口”的区块链是一台信用机器，针对供应链金融痛点寻求解决方案。区块链技术能将核心企业的信用释放到整个供应链条中，提升全链条的融资效率，从信息流转、信用传递、业务场景、回款控制以及中小企业融资上提高整个供应链的资金运转效率，有望解决供应链金融的痛点。区块链技术与供应链金融的“耦合”，成为突破现有供应链金融下的中小企业融资瓶颈的重要方案之一。

互联网信息技术的发展促使供应链金融的发展搭上了金融科技的快车，供应链金融贸易中出现了许多新技术，形成了新型的智慧性供应链金融。供应链金融立足产业，充分运用互联网、物联网、云计算等新兴技术手段重构产业，将中小企业有机地融入产业网络体系中，形成能够共赢和共同发展的产业生态，确立起有效的产业规则和信用，实现产业转型。另外，金融要真正服务实体经济，推动产业发展，需要放弃短期暴利，建立产业秩序和产业竞争力，以实现金融和产业的双向循环和发展。

实例

怡亚通：“供应链＋互联网”，打造新流通商业生态圈

流通业是连接生产与消费的桥梁，可以及时反映市场信息和需求变化，促进以需定产和供需匹配，提高供给结构对需求变化的适应性

和灵活性。伴随着消费升级进程的不断加快，市场呈现出“新消费、新零售、新生态”的特征。面对这一巨大的新兴市场和新业态，众多资本和互联网电商企业纷纷进入商贸流通领域。但是，单纯地依靠互联网技术的开发应用，试水式地从线上走到线下，尽管让中小零售商享受到了互联网的红利，却无法整合整个消费流通的产业链和供应链，难以真正推动实体经济的发展。

为解决流通行业的痛点，帮助各环节的企业做大做强，怡亚通针对渠道下沉难、线上线下转型难、商品销售难、仓储配送难、资金压力大等行业普遍存在的难题，开启了新流通战略发展时代。

怡亚通新流通战略是指利用“供应链＋互联网”链接品牌商、经销商、零售商及终端消费者，实现流通渠道的互联互通，贯穿上下游信息流、物流、资金流等关键环节，从而促进品牌商、经销商、零售商的资源集约共享，真正做到品牌分销渠道扁平化、O2O商业消费社区化、全渠道供应链资源共享化，实现O2O供应链商业生态圈的共生共融共赢。

新流通是对整个商品流通行业全链条的升级，不仅帮助零售商解决库存和物流、门店流量和消费者购物体验这三个问题，还能解决广大零售从业者的真正痛点：打破品牌商、经销商和零售商间的壁垒，使得品牌商、经销商、零售商实现集约共享，享受商业生态圈红利。

怡亚通以“供应链＋互联网”的思维模式，将品牌商、经销/代理商、小微零售终端和最终消费者进行“扁平化”连接。怡亚通通过全国分销体系，解决规模与成本问题、本地生态壁垒问题，让品牌商不仅能通过大型电商平台、大型零售终端连接最终消费者，还能通过大量社区零售商店直接连接最终消费者，减少中间环节，有效打破横亘在上下游之间的信息壁垒和资源壁垒。

互联互通的结构关系决定了新流通一定是资源共享、共融共生的新产业链关系网，品牌商、O2O商店、平台商、流量提供商及客户共享成果的同时，在消费主导供给侧改革的时代大潮下，市场需求的大数据也将得到共享。

在怡亚通体系内，任何社区商店都能得到品牌商的支持，拥有更强大的商品选择权以及与品牌商对话的机会。同时，数以百万计的社区零售商店可组织设立自己的节日：三好节（质量好、价格好、体验好），将品牌商、终端门店、消费者各方有效连接在一起，打造好场景，使各方受益，从而推动整个社区商店的发展。

新流通战略充分关注品牌商、经销商、零售商和消费者的需求，能直接将消费者的信息反馈给品牌商，促使其提供更好的购物体验和产品，助力经销商体系快速整合，实现资源共享，随时建立互联互通的反馈机制，最终实现集约、共享、共赢的商业生态圈。

资料来源：https://www.sohu.com/a/358680199_818225.

第3节　国内外供应链金融比较分析

一、市场环境

（一）制度环境

制度创新是供应链金融发展的驱动因素。制度和政策体系为供应链金融的发展和创新提供环境支持和保证。我国与其他国家在制度和市场方面存在一定的差异，这些差异导致供应链金融业务模式的不同。

（二）行业环境

需求的增长是供应链金融发展的拉动因素。在工业化和城镇化进程中，生活方式、消费偏好、受教育程度等因素的改变会导致需求量和需求结构的变化。2008年全球金融危机之后，企业进一步意识到资金链管理的重要性，产生了降低运营成本、分散市场风险、降低通货膨胀和利率汇率波动的影响等风险规避的需要，金融机构通过金融业务创新来满足这些需求并获得新的利润增长点。

国内外在具体需求上存在着差异，欧美发展供应链金融的需求主要来自流动性不足，它们把重点放在供应链过程的最优化和可视化管理上，同时利用自动化系统来降低其高昂的劳动力成本。国内的需求则源于中小企业传统的低信用问题，希望利用供应链金融提高其信用水平，从而进行融资。

（三）技术环境

技术的进步是供应链金融发展的推动因素。供应链金融发展最主要的技术因素是信息科技平台建设。国内的信息科技平台建设有待进一步完善，国外已经进入实践和普及阶段。

实例

Orbian 公司的平台建设

Orbian 公司曾连续 4 年被《环球金融》（*Global Finance*）评为全球最佳供应链金融服务提供方。Orbian 公司研究了两种形式的平台建设，一种是多个投资者提供的多个平台，一种是供所有可以提供资金的组织使用的单一平台。

二、 参与主体

供应链金融产品根植于供应链的各个环节，依据参与主体的不同可分为六类：资金需求方、资金供给方、核心企业、供应链金融平台方、金融科技服务方和供应链金融设施服务方等。具体来说，核心企业、第三方支付公司、物流企业、电商平台凭借自身的经验和资源的积累掌握了一定的供应链交易的信息流、物流、资金流等核心数据，具备竞争优势，而商业银行等金融机构则在资金端有优势。

国外供应链金融的参与主体呈多元化趋势，参与方主要涉及金融机构（商业银行等）、核心企业、上下游企业三个运作主体和第三方物流企业、供应链金融管理公司等。

国内供应链金融的参与主体有传统银行、电商平台、物流企业、核心企业，与国外最大的差异在于国内没有供应链金融管理公司。

知识拓展

供应链金融管理公司是独立于商业银行，由供应链上的核心企业、第三方物流、电子商务平台等重要利益相关方主导，面向供应链提供金融产品和服务的专业化金融机构。供应链金融管理公司既是供应链金融发展的产物，又是供应链金融发展的动力。

（一）融资主体

国外供应链金融业务的融资对象最开始是农户，后来扩展到批发零售型的流通企业，随后扩展到供应商和生产企业形成的针对供应链上中小企业的全方位的融资体系。

国内供应链金融融资服务的需求者是核心企业及其上下游企业，融资服务的提供者是金融机构，物流企业仅作为金融机构的代理人或服务提供商为贷款企业提供仓储、配送、监管等服务。

（二）授信主体

国外的供应链融资主体开展的业务既包括银行、保险公司、基金和信贷公司借款给中小企业并委托专业的第三方机构对质押存货和借款人进行评估与管理控制，又存在核心企业兼并银行或银行成立专门的金融公司独立开展供应链金融业务，因而中小企业的供应链融资渠道更加广阔和畅通。

由于国内的银行分业经营，供应链金融业务中提供资金和负责结算的主体主要是商业银行，核心企业和其他金融机构主要是协助银行组织安排融资业务。

（1）银行对中小企业授信，委托第三方机构对借款企业和担保品进行评估和管理。

（2）银行授予整个供应链一定的额度，由核心企业或者商会按银行规定对供应链上需要贷款的企业分配额度。

三、业务运作

由于供应链金融经历了长时间的发展，国外具有相对成熟的业务模式。一方面，多样化的业务模式和金融工具可以适应不同类型企业从事不同生产的需要。另一方面，从基础模式到更高级的综合性业务模式可以为企业提供高效全面的服务。国外的供应链金融涵盖了供应链的大部分流程，如企业在途存货融资、运输前融资及装运后融资。其业务模式有应收账款质押融资、保理和反向保理、存货融资、汇票贴现、各种单证授信、动产质押授信、结构融资等。

国内的供应链金融发展时间相对较短，主要有应收账款融资、预付款融资和存货/仓单质押融资三种模式，同时发展第三方融资及保理等模式，其中应收账款融资是国内应用最为广泛的供应链金融模式之一。

（一）监管方式

国外商业银行主要是基于大型企业的特点建立信用评级体系，供应链金融业务中对中小企业进行信用评估的一套信用评级体系还处于起步阶段。另外，失信惩戒等机制也尚未有效建立。中小企业的信息得不到有效归集和准确评估，很难准确得出中小企业的实际经营情况及发展前景，这在很大程度上影响了商业银行进行供应链金融业务的拓展和信用风险管理。

国内商业银行对供应链金融业务中所遭遇的法律风险、操作风险、借款人信用风险以及担保品相关风险等缺乏细致的辨别和分类，对风险的度量缺少科学的方法，主要凭经验确定利率、质押率、贷款期限和平仓率等重要指标，难以对风险进行有效的预警和控制。

（二）风险管理

国外的供应链金融管理公司数量多、规模大、运作模式成熟，风险管理能力较强。有些供应链金融管理公司是由物流企业发展起来的或者是其子公司，可以同时掌握供应链物流和信息流的信息。如 UPS 在 1998 年成立了 UPS 资本公司为客户提供代理收取到付货款、抵押贷款、设备租赁和国际贸易融资等金融服务。

对中小企业最重要的信用风险管理，国外风险控制较规范，控制水平较高。国内专业的供应链金融管理公司还不成熟，业务管理和风险管理能力较弱。

知识拓展

从业务组织形式上，供应链金融的商业模式可以分为金融驱动的商业模式和供应链驱动的商业模式[11]。

金融驱动的商业模式主要研究金融机构如何开发多样化的金融产品，设计相应的交易流程和机制，以在供应链上下游的某些环节开展贷款业务，既满足供应链上下游不同实体企业的融资需求，也能扩大金融机构的业务规模。供应链驱动的商业模式主要研究供应链内的核心企业或者物流企业基于对所交易的商品的物流过程的掌控，通过金融手段实现商品与资金之间的转换，为供应链内某类企业提供融资服务，目的是提升整个供应链的规模、效率和价值。

供应链金融的商业模式在不同的供应链中可能存在差别，有的是金融驱动，有的是供应链驱动，但是，从供应链内使用的金融产品的角度来看，不同的供应链内使用的金融产品差异不大，基本上可以概括为动产质押融资和信用融资。这两类金融产品在风险属性上具有较大的差异。

四、发展模式

国外供应链金融起步较早，融资模式和担保品种类丰富，应收账款融资、订单融资和存货质押融资业务发展得比较成熟。供应链金融主要是从企业开始的，早期的供应链管理集中在生产和物流上，后来为降低运营成本开始研究供应链管理中的财务及资金问题，从而产生了财务供应链和贸易融资等，后来供应链金融逐步深化发展成一个独立的领域。

国内供应链金融起步较晚，担保品种类较少，模式主要局限于企业财务报表中的存货、应收账款、预付账款三个科目。供应链金融最初是由金融机构（主要是商业银行）主导的，2006 年深圳发展银行推出涵盖内贸和外贸的全程供应链金融产品整合为供应链金融，后来各银行也开始推出整合供应链金融的相关业务，国内供应链金融业务逐步走向专业化。其中应收账款融资开展得较早，也较为成熟，质物选取面较宽。存货质押融资近几年虽发展较快，但质物选取面有限。我国现阶段存货质押融资业务大多针对流通型企业展开，存货保管方式多以公共仓储为主。当前供应链金融既能基于企业主体评级而发放传统贸易融资，也能基于单笔债务评级而发放自偿性贸易融资。国内外供应链金融对比见表示 2-3。

表 2-3 国内外供应链金融对比

对比内容		国外供应链金融	国内供应链金融
市场环境	制度环境	成熟、发达的金融体制	制度有待进一步完善
	行业环境	优化供应链管理过程	提高中小企业信用水平以获得融资
	技术环境	信息科技平台建设进入实践和普及阶段	信息科技平台建设有待进一步完善
参与主体	融资主体	供应链上中小企业	核心企业及其上下游企业
	授信主体	银行、保险公司、基金和信贷公司	商业银行
业务运作	监管方式	建立了信用评级体系	缺少科学的风险度量方法
	风险管理	运作模式成熟，风险管理能力较强	风险管理能力较弱
发展模式		起步较早，发展比较成熟，模式丰富	起步较晚，发展中，模式单一

本章小结

本章主要介绍了国内外供应链金融的演化动因、演化路径、现状并列举了相关的实例，从不同角度分析比较国内外供应链金融的区别，帮助读者从总体上把握、了解供应链金融的演化路径及现状。

课后习题

一、选择题

1.（　　）年，美国颁布了《美国仓库存贮法案》。

A. 1916　　B. 1912　　C. 1913　　D. 1914

2. 国内供应链金融业务是（　　）年左右兴起的，供应链金融的实践发展大体上经历了（　　）个阶段。

A. 2000；三　　B. 2000；四　　C. 1990 年；三　　D. 1990 年；四

3. 国内供应链金融的发展特点包括（　　）。（多选）

A. 区域不平衡

B. 面临法律风险，库存商品等流动资产质押还存在一定的法律真空

C. 供应链金融与其他金融业务几乎同时开展，经过 200 多年的创新和发展

D. 供应链金融的业务非常单一

4. 国内外供应链金融比较分析中，市场环境主要包括（　　）种环境的内容。

A. 一　　B. 二　　C. 三　　D. 四

5. 国内外供应链金融比较分析中包括（　　）等方面。（多选）

A. 市场环境　　B. 参与主体　　C. 业务运作　　D. 发展模式

二、名词解释

金融驱动的商业模式　供应链驱动的商业模式

三、简答题

1. 简述国外供应链金融产生的演化动因与演化路径。

2. 简述国内供应链金融产生的演化动因与演化路径。

3. 比较国内外供应链金融发展过程中的差异。

四、思考题

通过本章的学习，谈谈你对我国供应链金融发展的建议。

第3章

供应链金融的业务模式

| 教学目标 |

- 理解供应链金融三大业务模式。
- 了解供应链金融业务的细分产品及其流程。
- 熟悉供应链金融产品系统集成及业务操作模式。

案例导入

高端白酒行业的保兑仓融资

高端白酒生产商具有较强的谈判地位，通常要求下游经销商预付较大比例的货款甚至是全部货款。而白酒销售通常存在季节性，白酒的预订与销售之间存在3～6个月的时间差，预付款的支付影响了下游经销商的资金周转能力以及销售规模。

针对这种情况，金融机构将白酒经销商与白酒生产商签订的购销合同项下成品白酒的未来提货权作为融资项下的质物，提供融资支持。金融机构要求资金的确定用途是向白酒生产商预付货款，并且预付款支付后所获取的提单要质押在金融机构。白酒生产商根据提单的要求将成品白酒存入指定的第三方仓储物流企业的仓库，第三方仓储物流企业则根据金融机构的指令向白酒经销商发货。白酒经销商完成销售后取得回款归还金融机构本息（见图3-1）。

在这种模式之下，可能存在白酒经销商无法按计划完成预定的销售量，产生货物滞压问题。因此，金融机构可能要求白酒生产商承诺回购余下货物，或者金融机构将余下货物/剩余的提单处置变现。

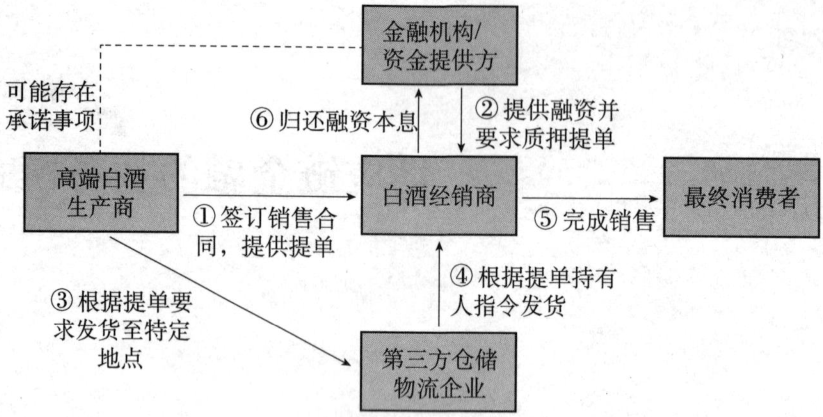

图 3－1　高端白酒行业的保兑仓融资模式

资料来源：https://www.sohu.com/a/337105151_100086111.

某家具制造企业的应收账款质押融资

苏州市昆山某古典家具制造企业生产的产品主要是仿古家具。该企业生产的家具对原材料要求较高，采购原材料时必须现货交易。而销售产品后，货款回收期较长，一般为 30～90 天。由于企业自有资金有限且没有固定资产可以融资，企业缺乏资金，无法接受大订单，扩大经营规模受限。

银行在了解该企业的诉求后，对该企业的融资需求和经营特点进行了调查。该企业的固定客户均为高档家具销售公司，与该企业已有两年以上的业务往来，付款能力较强且均能按时付款，而且单笔订单的金额一般较大。基于这些了解，银行提出了应收账款质押融资的方案，即企业将未来销售家具产生的应收账款质押给银行作为贷款担保。

2008 年 10 月初，这家古典家具制造企业接到了一笔金额为 850 万元的订单意向，企业管理层随即与银行联系，银行对下订单的客户公司的实际情况进行了调查，认为该客户实力雄厚，该笔订单符合融资条件。于是该企业提交了基本资料、订单的详细信息以及质押融资的书面申请。之后，银行与该企业签订了融资协议和应收账款质押合同，并在中国人民银行征信中心的应收账款质押公示系统将该笔业务进行了登记。随后银行发放了 500 万元的贷款。

该企业在获得贷款后随即开始采购原材料，并加班加点生产，于 2008 年 11 月中旬生产完毕并交货，比合同约定时间提前了一个星期。12 月中旬客户将款项支付给该古典家具制造企业。企业按照贷款合同的规定，在 12 月底将银行贷款还清（见图 3－2）。至此该企业通过应收账款质押获得贷款的尝试取得了成功，并且与银行之间也建立了良好的合作关系。

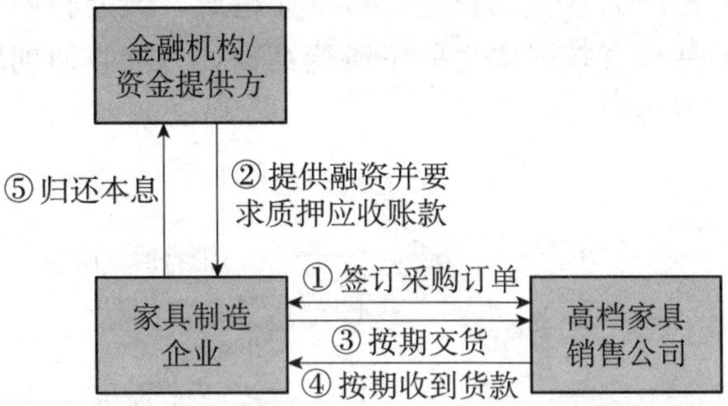

图3-2 某家具制造企业的应收账款质押融资模式

资料来源：http://www.ceconline.com/financial/ma/8800052574/01/.

第1节 供应链金融业务模式的分类

中小企业在生产经营中受经营周期的影响，采购、经营和销售三个阶段的流动资产占用了大量资金。处于资金链断裂困扰中的众多企业亟须供应链金融服务，巨大的需求推动了供应链金融的蓬勃发展。供应链金融业务模式主要分为三大类：一是采购阶段的预付款融资业务模式；二是基于存货的业务模式，即存货/仓单质押融资业务；三是基于应收账款的业务模式，即应收账款融资业务模式。企业通过这些融资方式从银行获得资金支持，把企业资产盘活，将有限的资金用于业务扩张，从而减少资金占用，提高资金利用效率。供应链金融是一揽子的金融服务解决方案，包含结算、代付、融资、保险、管理等，供应链金融服务主要是指融资服务及在此基础上的其他供应链金融增值服务。本节主要讨论融资方面的业务模式分类。

资金流是企业的血液，资金流的状况决定企业的命运。资金的流出和收入往往发生在不同的时刻，导致企业运作过程中会产生资金缺口。

一般来说，企业的资金缺口经常发生在采购、经营和销售三个阶段。从生产型企业单阶段生产周期来看，企业资产的表现形式为：现金—货物或服务（采购阶段）—半成品或成品存货（日常运营、销售阶段）—应收账款（销售回款阶段）—现金[5][12]，如图3-3所示。因此，企业的融资需求可能发生在接受订单的时候，也就是采购阶段，因为具有较强实力的供应商往往会利用自身的强势地位要求下游购买商尽快付款，或者供应商的商品价格波动也会给下游购买商采购带来巨大的资金缺口。在日常运营阶段，企业一方面不断产生半成品或成品库存，一方面因为销售波动等原因积压大量存货，占用大量流动资金，给企业造成资金周转困难。在销售阶段，如果面对的是具有较强实力的下游购买商，货款收回期较长，也给企业带来流动资金短缺的风险。

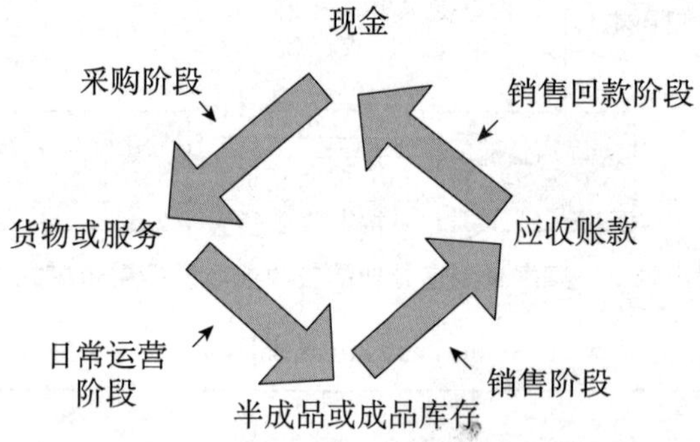

图 3－3 企业生产周期内的资产存在形式

与这个过程相对应，供应链金融的业务模式可以分为三类。一是采购阶段的预付款融资业务模式，主要发生在采购阶段，使企业支付现金的时点尽量向后延迟，从而弥补现金缺口。二是基于存货的业务模式，即存货/仓单质押融资业务模式，主要发生在日常运营阶段以及销售阶段，以弥补“支付现金”至“卖出存货”期间的现金缺口。三是基于应收账款的业务模式，即应收账款融资业务模式，主要发生在销售回款阶段，以弥补“卖出存货”与“收到现金”期间的现金缺口。其中，存货/仓单质押融资和应收账款融资是国际上广为接受的融资产品，有着成熟的法律框架和实践基础。而预付款融资可以视为一种“未来存货的融资”，其风险控制的技术手段主要应用在从对供应商的提货权到实际动产控制的转换过程中以及运输过程中的在途控制。

国内供应链金融业务中，应收账款融资业务最多，存货/仓单质押融资业务相对较多，预付款融资业务最少。三类融资模式都涉及供应链管理的过程：发货、储运、交货和结算付款，不同模式切入的时间点不同。融资模式涉及的环节越多，风险控制的点也会越多。

应收账款融资业务只涉及两个环节，即交货和结算付款，不涉及前期的物流运输和仓储。应收账款融资业务的物流金融模式使企业可以及时获得短期的融资，不但有利于满足企业短期的资金需求，对中小企业快速成长和发展壮大乃至整个供应链的稳定运行也起到了极大的作用。

存货/仓单质押融资业务涉及三个环节，储运、交货和结算付款。如果融资企业破产，物流企业可以基于在行业内的信息优势和特殊地位，及时对融资企业易变现的质押存货进行处理，极大地规避借贷的变现风险。

预付款融资业务涉及的环节最多，发货、储存、交货和结算付款。预付款的特点是需要对市场的随机性需求进行一定的预测和风险控制，由于主要针对下游经销商开展业务，因此一旦下游经销商不能及时还款就有可能造成风险。

第 2 节　供应链金融业务模式的内涵与细分产品

供应链金融的实质是帮助企业盘活流动资产，即预付款、存货和应收账款。因此通常将融资业务分为三类：预付款、存货/仓单质押和应收账款，而每一类融资业务又可以细分为多种产品。预付款融资业务可以细分为先款/票后货融资、担保提货（保兑仓）融资、国内信用证买方融资、订单融资；存货/仓单质押融资业务可以细分为静态/动态存货质押融资、普通/统一质押担保融资（融通仓）、标准/普通仓单质押融资；应收账款融资业务可以细分为应收账款质押融资、保理、反向保理、保理池、票据贴现、票据池融资。这些细分产品又可以组合起来运用到实践中，为企业提供更优质的服务。

一、 预付款融资业务

（一）业务内涵

预付款融资业务指的是在具备真实贸易背景的基础上，银行、借款企业（买方）以及上游厂商（卖方）签订三方合作协议，约定由银行向借款企业授信，专项用于向上游厂商支付采购款，资金流、物流和信息流在银行的监督下封闭运作，并以商品销售回款作为第一还款来源的供应链金融业务。

预付款融资可以理解为“未来存货的融资”。基于贸易合同的预付款融资属于信用融资[13]。银行会对借款企业自身的经营能力以及诚信度作出全面系统的评价，只有具有良好的行业信誉、稳定的盈利能力的企业才能通过这种业务获得银行贷款。在预付款融资的前期，信用起决定作用，随着生产经营活动的开展，各种原材料、存货、成品等不断形成，风险控制就逐渐转为对提货权或对通过发货、运输等环节形成的在途存货和库存存货的把控。

（二）细分产品

（1）先款/票后货融资。顾名思义，先款/票后货融资要求买方（借款企业）先付货款，卖方再发货。买方在向银行交纳一定比例的保证金后，从银行获得融资并向卖方支付全部货款；卖方根据购销合同以及合作协议向监管方发货，货物到达后设立质押作为对银行的担保。货款可以是现金或商业票据，因此这种融资方式称为先款/票后货融资。

先款/票后货融资对缓解借款企业的流动资金需求的作用要大于存货质押融资业务，因为先款/票后货融资的授信时间包含了上游卖方的排产周期、在途时间、货到后的库存融资，也就是说先款/票后货融资覆盖了存货质押融资。

先款/票后货融资不但可以帮助借款企业加速资金周转、提高企业运营效率，还可以帮助借款企业从上游卖方处进行大批量采购，争取较高的原材料或商品折扣。先款/票后货融资的具体流程如图 3－4 所示。

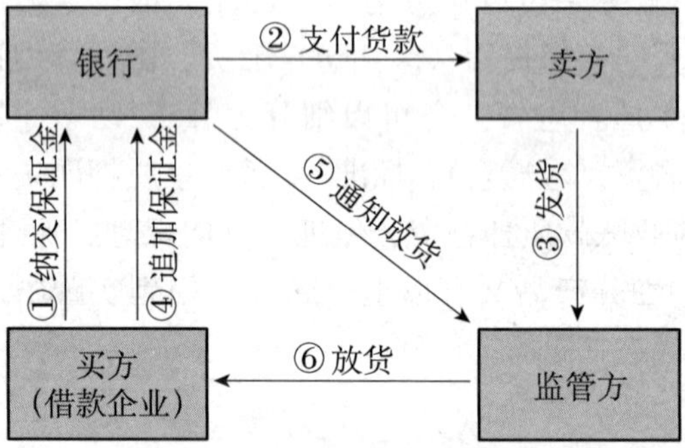

图 3－4　先款/票后货融资流程

（2）担保提货（保兑仓）融资。担保提货（保兑仓）融资可根据是否引入第三方物流企业分为三方担保提货融资和四方担保提货融资。三方担保提货融资是指以银行信用为载体，以银行承兑汇票为结算工具，借款企业（买方）从银行取得授信，在交纳一定比例的保证金后，专项用于向上游卖方支付货款，上游卖方出具全额提单作为授信的质物；借款企业向银行追加保证金，银行再分次通知上游卖方向借款企业发货；当借款企业不能偿还银行贷款时，上游卖方需要对发货不足部分的价值向银行退款。四方担保提货融资与三方担保提货融资的不同之处在于引入了第三方物流企业，委托其保管货物，并且上游卖方对保证金以外的金额以货物回购方式作为担保。该产品又称为卖方担保买方信贷模式。

担保提货（保兑仓）融资要求上游卖方就发货不足部分的价值向银行进行退款或对保证金以外的金额通过货物回购的方式退还贷款，为银行解决了质物变现的问题。另外，此融资模式需要上游卖方（核心企业）的深入参与，有利于银行对核心企业客户资源的开发。

担保提货（保兑仓）融资适用于如下两类企业：淡季打款、旺季销售，即在销售淡季将货款支付给上游卖方，满足其对流动资金的需求，并锁定低价，待到销售旺季买方分次提货并销售；银行监管困难，如借款企业和上游卖方都在异地，银行对物流监管有困难。这时三方担保提货融资的监管方就是上游卖方，四方担保提货融资的监管方是第三方物流企业。担保提货（保兑仓）融资流程如图 3-5 所示。

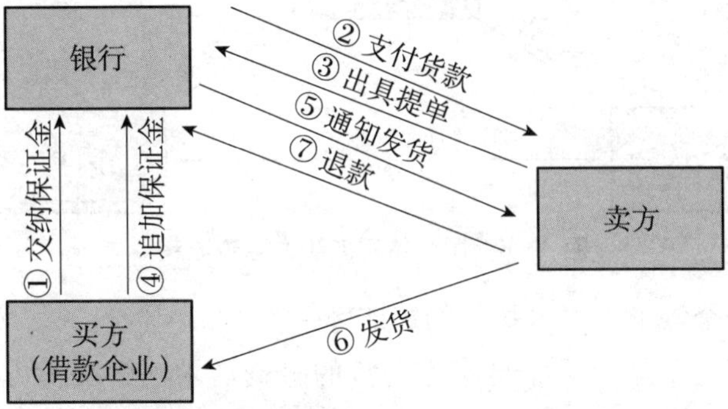

图 3-5　担保提货（保兑仓）融资流程

（3）国内信用证买方融资。国内信用证买方融资是对前两种融资模式的进一步发展。国内信用证是国内贸易的一种结算方式，以银行信用弥补商业信用的不足，是开证行依照申请人（买方）的申请向受益人（卖方）开出的有一定金额、在一定期限内凭信用证规定的单据支付款项的书面承诺。国内信用证的付款期限分为即期付款和延期付款。由于银行承兑汇票是银行到期无条件付款，承兑银行收到到期的银行承兑汇票后，只要审核确认汇票背书连续且汇票真实后即可付款。而国内信用证是有条件付款，国内信用证开证（议付）行必须审核信用证及其所附单据，确认单证相符、单单相符后方可付款，并且国内信用证中的很多条款都是根据合同条款（如对货物品质、数量，包装、装运期限等的要求，对代表物权单据的要求等）缓制（开立）的，要求卖方必须履行合同，生产出符合合同要求的产品，按规定的时间装运并取得相应的单据后，才可以办理托收并获得信用证项下的款项。可见，国内信用证短期融资业务与先款/票后货融资和担保提货（保兑仓）融资相比，为银行确保了贸易背景的真实性，规避了上游卖方的信用风险。同时，银行也在国内信用证业务中获得了更多的中间业务收入。国内信用证买方融资流程如图 3-6 所示。

（4）订单融资。订单融资是指卖方（小企业客户）与买方采用非信用证结算方式签订购销合同后，银行以合同项下的预期销货款作为主要还款来源，为满足小企业客户在货物发运前因采购原材料、组织生产、运输货

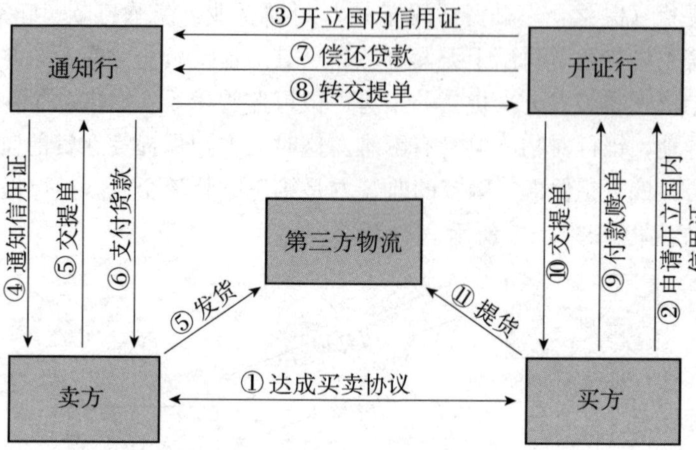

图 3-6 国内信用证买方融资流程

物等产生的资金需求而向其提供的短期融资。

订单融资主要是为了满足卖方备货的融资需求，解决卖方前期的资金问题，帮助卖方大幅提高接收订单的能力，减少资金占用。订单融资流程如图 3-7 所示。

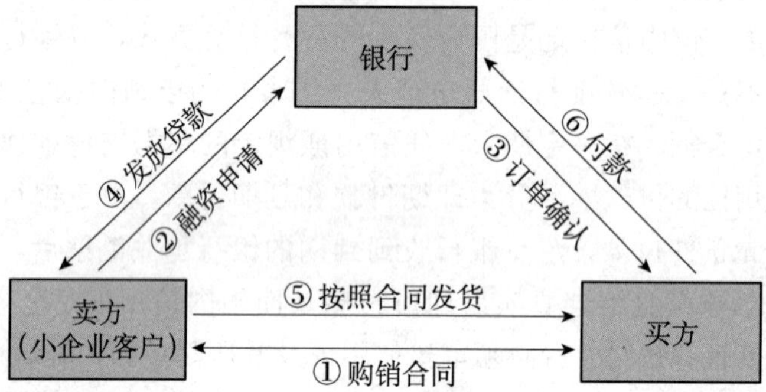

图 3-7 订单融资流程

二、 存货/仓单质押融资业务

(一) 业务内涵

存货/仓单质押融资业务是指借款企业以原材料、半成品、成品等存货(或质押存货形成的仓单)作为质押向资金提供方进行融资的业务。存货/仓单质押融资可以帮助借款企业盘活积压在存货上的资金，扩大经营规模，提高运营效率。

存货/仓单质押融资属于质押融资的范畴，质押融资包括权利质押和动产质押。根据法律规定，质押介于抵押与留置之间，如果债务人不能偿债，抵押权人可以被授予对抵押物的所有权，而留置权人只能扣留标的物，无出售权。

存货/仓单质押融资是物流企业高度参与下的动产/权利质押业务。对于银行来说，委托物流企业对质物进行监管、价值评估以及运输等，并借助物流企业对融资企业的财政状况及所在行业的情况等的了解，可以更好地控制风险。对于融资企业来说，直接将质物的出入库等操作交给物流企业，极大地减少了自身的工作量。

存货/仓单质押融资业务主要有静态/动态存货质押融资、普通/统一质押担保融资（融通仓）、标准/普通仓单质押融资。

（二）细分产品

（1）静态/动态存货质押融资。存货质押融资是权利质押和动产质押中最基础的一种产品，指借款企业以自有或第三方合法拥有的动产作为质押的授信业务。银行一般需要委托第三方物流企业或监管机构对借款企业提供的存货质押商品实行监管，质押地一般为借款企业生产所在地，第三方物流企业或监管机构派员工在借款企业的仓库进行监管。静态存货质押融资不允许以货易货，只能以款易货。动态存货质押融资是延伸产品。资金提供方对借款企业质押的商品价值设定最低限额，借款企业在生产经营过程中，担保的存货价值不能低于这个界限，对高于这个界限的存货，借款企业可以自由处理。

静态存货质押融资适用于除了存货以外没有其他合适质物的借款企业，而且借款企业的购销模式为批量进货、分次销售，它是存货质押业务中对借款企业要求比较苛刻的一种，比较适合贸易型企业。这个模式适合库存稳定、货物品类较为一致、商品价值容易核定的企业，同时也适合在日常生产经营中需要频繁从仓库出进货，难以采用静态存货质押融资的企业。动态存货质押融资一般适合生产型企业。

通过存货质押融资，借款企业可以将原本积压在存货上的资金盘活，扩大经营规模。因为静态存货质押融资只允许用保证金赎货，不允许以货易货，所以赎货后所释放的授信敞口可被重新使用。对于借款企业而言，由于动态存货质押融资可以以货易货，因此质押设定对于生产经营活动的影响相对较小。特别对于库存稳定的借款企业而言，在合理设定质押价值底线的前提下，授信期间几乎无须启动追加保证金赎货的流程，因此对盘活存货的作用非常明显。对银行而言，动态存货质押融资的保证金效应相对小于静态存货质押融资，但是操作成本明显小于后者。因为以货易货的操作可以授权第三方物流企业进行。静态存货质押融资流程如图3-8所示。

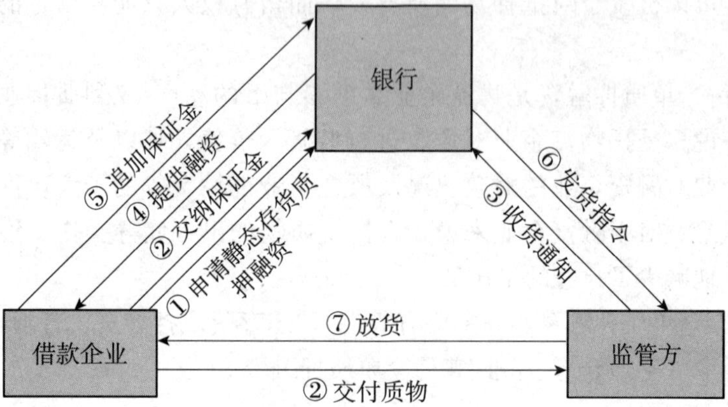

图 3-8 静态存货质押融资流程

动态存货质押融资流程如图 3-9 所示。

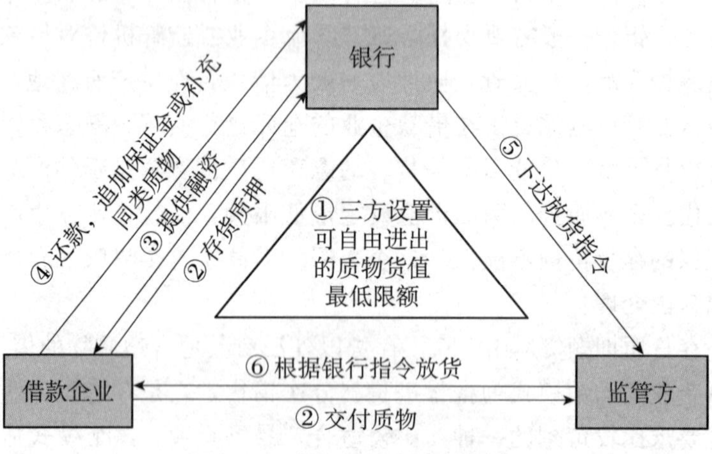

图 3-9 动态存货质押融资流程

（2）普通/统一质押担保融资（融通仓）。质押担保融资与存货质押融资最大的不同在于存货质押的监管地。由于存货质押的质押地一般是借款企业的生产地，第三方物流企业或监管机构需要派专员到借款企业的仓库进行监管，容易产生较大的风险，如借款企业用同一批货物向其他银行进行重复质押，银行的优先受偿权易受到侵犯，因此引入第三方仓库作为质押的监管地以降低风险。

普通质押担保融资需要银行、借款企业、第三方物流企业签订三方融资合作协议。借款企业在银行开设专门账户，同时加入第三方物流企业的会员。第三方物流企业依据借款企业存放的质物向银行出具动产质押证明。银行根据贷款申请和价值评估报告为借款企业发放贷款。第三方物流企业在借款企业销售资金回笼至其在银行开设的专门账户的情况下放货。

统一质押担保融资与普通质押担保融资的不同之处在于，银行根据长期合作的第三方物流企业的规模、管理水平、经营业绩、运营状况、资产负债比、信用程度把贷款额度直接授信给第三方物流企业，第三方物流企业再根据与其长期合作的客户的运营情况和信用状况，分解授信额度给客户，并为客户向银行提供信用担保，同时以客户存放在监管仓库中的质物作为反担保确保其信用担保的安全。

普通质押担保融资适合融资规模较小、融资期限较短、融资需求较为迫切的企业，同时也适合原材料购入与产成品销售周期较长、生产和销售季节性较强的企业。统一质押担保融资要求第三方物流企业具有一定的资质，在授信额度上也有一定的限制。普通质押担保融资流程如图3－10所示。

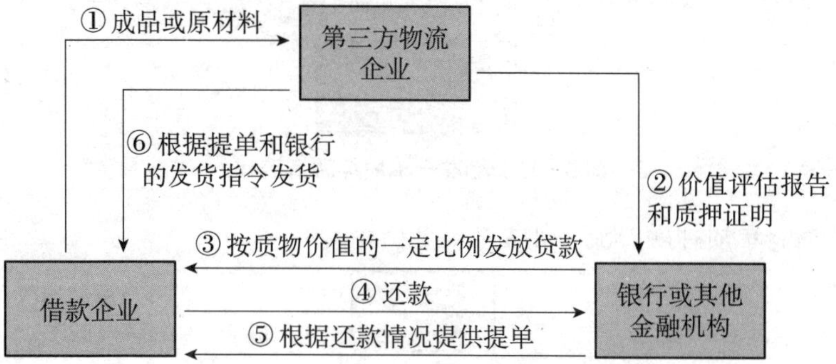

图3－10　普通质押担保融资流程

(3) 标准/普通仓单质押融资。仓单质押融资是国内运用较为成熟的一种供应链融资方式，平安银行将仓单质押融资分为标准仓单质押融资和普通仓单质押融资。它们的区别在于质物是否为期货交割仓单。

标准仓单质押融资是指借款企业以自有或第三人合法拥有的标准仓单为质物的融资业务。标准仓单是指符合交易所统一要求的、由指定交割仓库在完成入库商品验收、确认合格后签发给货主用于提取商品的并经交易所注册生效的标准化提货凭证。普通仓单质押融资是指借款企业提供由仓库或其他第三方物流企业提供的非期货交割仓单，将其作为质物，并由银行与借款企业、第三方物流企业签订仓储合作协议，银行为借款企业提供融资的一种融资业务。

标准仓单质押融资适用于通过期货交易市场进行采购或销售的借款企业以及通过期货交易市场套期保值、规避经营风险的借款企业。普通仓单质押融资适用于有经常性货品贸易、销售量大、流动资产占比较高、现金流量较大、没有大量厂房等固定资产可用于抵押且能提供合规仓单质押的贸易型企业，其融资用途为针对仓单货物的贸易业务。

对于借款企业而言，相比动产质押融资，标准仓单质押融资手续简便、成本较低。对于银行而言，标准仓单质押融资的成本和风险都较低。标准仓单的流动性很强，有利于银行在客户违约的情况下对质物进行处置。标准仓单质押融资流程如图 3-11 所示。

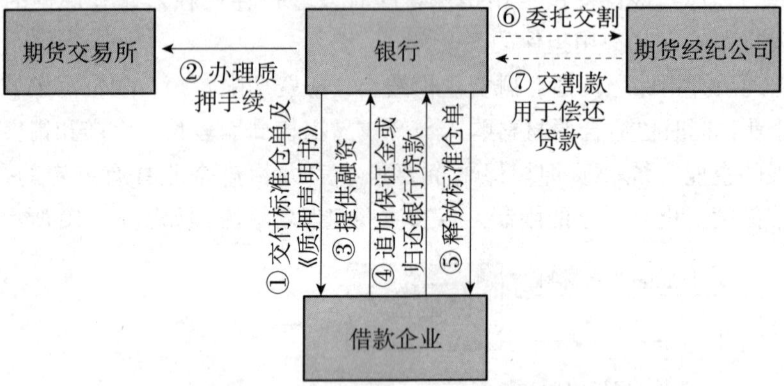

图 3-11　标准仓单质押融资流程

普通仓单质押融资流程如图 3-12 所示。

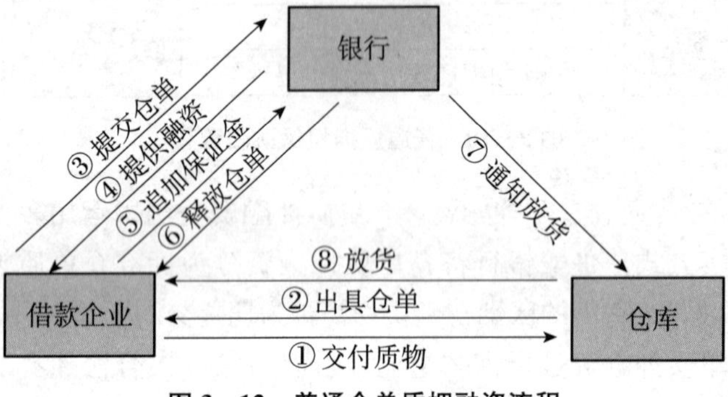

图 3-12　普通仓单质押融资流程

三、应收账款融资业务

（一）业务内涵

应收账款融资业务是标准的供应链融资业务，涉及核心企业这一风险控制变量的引入，主要发生在借款企业（上游卖方）从发货到核心企业（下游买方）付款这一阶段，是以未到期的应收账款为担保向银行筹措资金的融资业务。应收账款融资业务可以将未来的现金流变为立即可用的现金流，满足中小企业短期资金周转需求，改善企业的现金流状况，加速资金流转，提高运营效率，并且借款企业无须提供质物和其他担保。

在应收账款融资业务中，对供应链上核心企业信用的把握、对产-销供应链合作稳定性的判断是整个业务管理的核心要点。核心企业的背书使应收账款融资业务的规模变得更大。

（二）细分产品

（1）应收账款质押融资。应收账款质押融资是指企业将应收账款作为担保质押给银行等金融机构以获取贷款。这种方式通常是与企业的现金流相关联，在企业通过应收账款质押融资取得贷款后，只要企业有现金流入随即就将贷款归还的一种可循环使用的短期贷款方式。

（2）保理。保理是卖方将其现在或将来的基于其与买方订立的产品销售合同或服务合同所产生的应收账款转让给保理商，由保理商向其提供与此相关的账款催收、管理、担保及融资等一系列服务的综合金融服务方式。在此模式下，担保物通常是买卖双方形成的商业票据。保理按不同属性可分为如下几种类型。

• 按有无追索权可分为有追索权保理和无追索权保理。有追索权保理（又称回购型保理）是指在应收账款到期无法从债务人处收回时，银行或保理机构可以向债权人反向转让应收账款，要求债权人回购应收账款或归还融资。无追索权保理（又称买断型保理）是指应收账款在无商业纠纷等情况下无法得到清偿时，由银行或保理机构承担应收账款的坏账风险。

• 按应收账款转让行为是否通知买方可分为明保理和暗保理。明保理是指供应商与保理商通过签订保理业务合同将债权转让给保理商，在转让之时即通知买方并由买方确认的保理业务。暗保理是出口保理业务的一种，是指供应商虽然与保理商签订了保理业务合同将债权转让给保理商，但在转让之时并不立即通知买方的保理业务。

无追索权保理适用于有应收账款融资需求或优化财务报表需求的卖方企业，并且买方的商业信用和付款实力满足银行的要求。有追索权保理适用于卖方不需要买断应收账款及调整报表，仅需要融资及账款收取服务的情况。暗保理手续比明保理更为简便，在下游核心企业不愿意确认应收账款债权的情况下，或者买方不愿意向卖方披露自己的融资信息时，暗保理更适合。但是在暗保理中，银行或保理机构需要注意贸易背景的真实性和应收账款是否存在不可转让的约定或已转让给第三方。保理流程如图 3-13 所示。

（3）反向保理。反向保理又称买方保理，是由买方（债务人）发起业务申请的保理。供应链保理商与资信能力较强的下游客户达成反向保理协议，主要针对下游客户与其上游供应商之间因贸易所产生的应收账款，为上游供应商提供一揽子融资、结算方案。反向保理流程如图 3-14 所示。

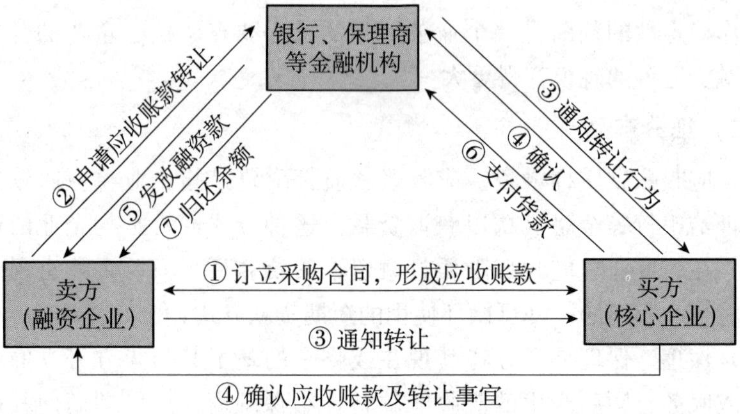

图 3-13　保理流程

(4) 保理池。保理池一般指将一个或多个具有不同买方、不同期限以及不同金额的应收账款打包后一次性转让给银行或保理机构，银行或保理机构再根据累计的应收账款情况进行融资放款。

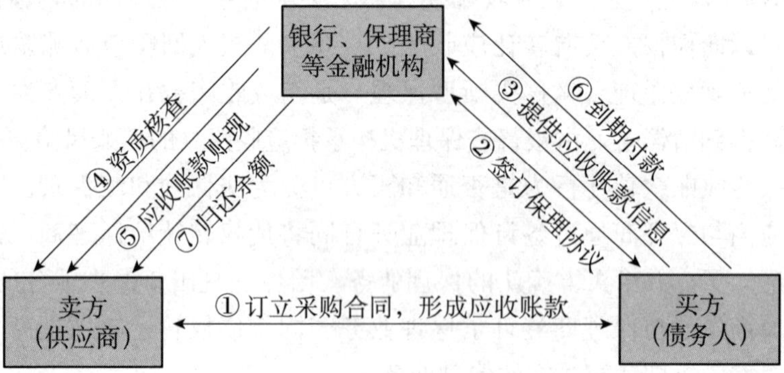

图 3-14　反向保理流程

保理池模式有效整合了零散的应收账款，帮助融资企业节省多次保理服务的手续费用，简化了流程，提高了融资效率。同时，由于卖方分散，不易同时发生不还款的情况，可在一定程度上降低坏账风险。但该模式对银行或保理机构的风控体系提出了更高要求，银行或保理机构需要建立高效的应收账款管理系统，对每笔应收款交易细节进行把控，避免坏账风险。保理池流程如图 3-15 所示。

(5) 票据贴现。票据贴现是指以交易双方真实的贸易为前提，买方签发以卖方为收款人的商业承兑汇票用于支付款项，卖方向银行申请贴现，票据到期由买方兑付的一种供应链融资业务。票据贴现流程如图 3-16 所示。

(6) 票据池融资。票据池融资是指融资企业将收到的所有或部分票据

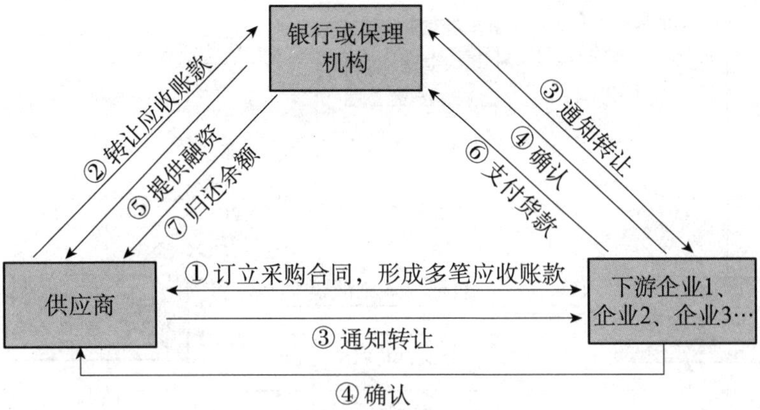

图3-15 保理池流程

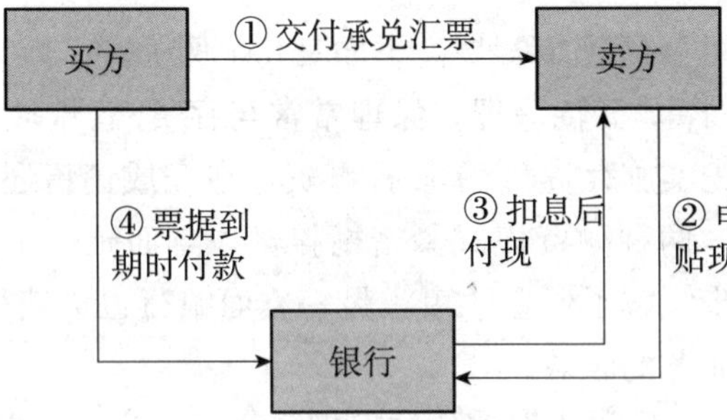

图3-16 票据贴现流程

质押或背书转让后，纳入银行授信的资产支持池，银行以票据池余额为限向客户提供融资。

票据池融资不仅适用于票据流转量大、对财务成本控制严格的生产型企业和流通型企业，还适用于对财务费用、经营绩效评价敏感并追求报表优化的大型企业、国有企业和上市公司。对融资企业而言，票据池融资将票据保管和票据托收等工作全部外包给银行，减少了融资企业自己保管和到期托收票据的工作量。而且，票据池融资可以实现票据拆分、票据合并、短票变长票等，解决了融资企业票据收付过程中期限和金额不匹配的问题。对银行而言，票据池融资更倾向于使用银行承兑汇票，并且需要对票据的金额与期限进行严格控制，以管理票据池结构。银行通过票据的代保管服务可以吸引票据到期后衍生的存款沉淀。票据池融资流程如图3-17所示。

四、供应链金融产品组合方案

上述三类业务模式构成了供应链金融业务创新的基本内容，其中，细分产品可以单独使用，也可以通过适当组合用于产业链的部分环节中，形

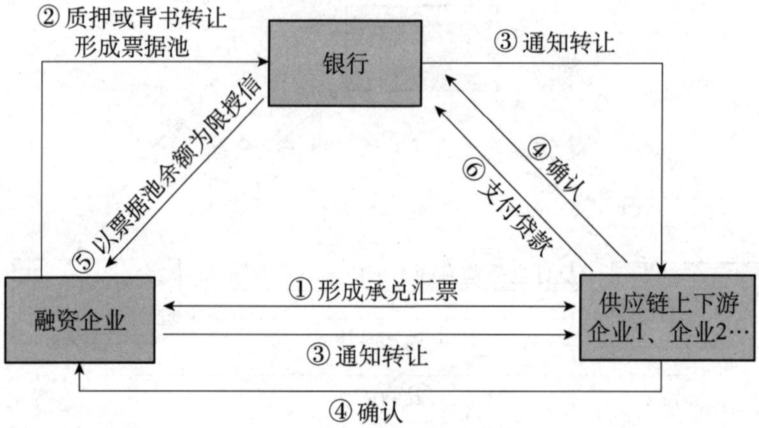

图 3－17　票据池融资流程

成涉及多家企业的组合融资方案[14]。下面是几个例子。

• 存货/仓单质押融资转保理。保理常常与存货/仓单质押融资业务相关联。具体说，首先实施存货/仓单质押融资，在完成销售还未收款形成应收账款时转为保理。两种融资模式紧密衔接，一方面延长了客户融资服务的时间周期，进一步缓解了资金约束，另一方面银行也可获得存货/仓单质押融资和保理两项业务的收益。

• 信用证项下未来货权质押授信转保理。信用证项下未来货权质押授信在单据到达后，要求客户打入保证金赎回单据。若客户此时无充足的保证金，可以选择转为质押存货。当然，客户也有可能在货没到港之前就已经完成销售，并且可能给下游提供了账期，这时可以转为保理押汇。

• 商票承兑汇票贴现后转开信用证。在对进口代理商的授信中，如果代理商开证额度不足，授信风险控制的重心又落在终端买家身上，可以要求终端买家向代理商开出商业承兑汇票，银行给予代理商贴现后，以贴现资金作为保证金再开出信用证。这样，代理商和终端买家作为票据当事人对票据承担连带责任，引入双方之间的事实担保。同时，银行获得了全额保证金的收益。在必要的情况下，银行还可以要求信用证项下的单据做进一步的质押，要求终端买家付款赎单。

实例

中国工商银行的“沃尔玛供应商融资解决方案”——订单转保理融资

2005 年 6 月，中国工商银行与沃尔玛合作，推出了一项以支持沃尔玛供应商为背景的《核心企业供应商融资解决方案》即订单转保理融资业务，该方案被评为中小企业最佳融资方案。对于没有充足质物来获得外部融资的中小企业来说，可通过交易信用或交易对象的担保，在生产初期凭借核心企业下发的订单获得银行融资。货物发放后，中小企业将收到的应收账款转让给相应的银行，从而将订单融资转为保理融资。对于银行而言，这一模式可以拓宽业务范围，同时降低贷款风险，将资金更早借出去，获得更高的利息收益。对于中小企业来说，这一模式可使银行等金融机构的资金更快地进入供应链。针对核心企业与供应商之间物流、信息流、资金流的运作特点，该方案为供应商提供采购、生产、销售全流程的金融支持，有效解决了中小企业担保能力不足、前期资金匮乏、银企信息不对称等问题，加快了供应链的资金周转速度。

资料来源：http://www.icbc.com.cn/icbc/gxk_1/7409.htm.

第3节　供应链金融产品系统集成及业务实践操作

供应链金融产品系统集成是指对供应链融资业务的细分产品进行有机整合，形成服务于供应链和交易链集群企业的系统性解决方案。

在过去十几年间，业界广泛采用的供应链金融产品系统集成是深圳发展银行（现平安银行）提出的“1＋N”模式。这一模式被学者不断赋予经济学和管理学的丰富内涵，并在实践中不断获得发展。“1＋N”模式是指在核心企业（即“1”）的统筹安排下，在供应链不同环节的交易结构及其衍生的融资需求的关键节点，引入“1”的信用选择性地对核心企业上下游的供应商和经销商（即“N”）提供授信。“1＋N”模式认为很多中小企业是依赖一家大企业生存的。企业的关系不是厂家的堆积，而是一个生态群的整合。在供应链金融中，银行不会只考虑供应链上某家企业的资信情况，而是把供应链上企业间的贸易关系综合起来考虑，提供的融资会渗透到交易链中的每一个环节[15]。其实，这种模式应该称为“1＋1＋N”模式，第一个“1”是指商业银行，因为银行之间并未形成战略联盟，只是一家银行服务自己的顾客群体。对上下游中小企业来说，资金来源单一。对核心企业来说，会因信用捆绑累积或负债超过其承受极限使供应链合作伙伴之间出现整体兑付的危机。这一时期的供应链金融还处于线下阶段，信息化水平较低，覆盖的中小企业范围不够广。

随着互联网信息技术的发展、产融结合的深化，供应链金融各参与主体在“1＋N”模式的基础上打造了更多有创造力的业务模式，比如“1＋

$N+N$”“$N+1+N$”“$N+N+N$”等。

一、“1+N+N”业务模式

“1+N+N”业务模式是指在一家银行与数家核心大企业组成战略联盟的基础上，通过核心企业与其他企业的供应链关系组成功能完整的具有“多核”结构的一种新型网络供应链。银行为“1+N+N”中的1；第一个N是指竞争力较强、规模较大的核心企业；第二个N是指各供应链上下游的中小企业，它们多是核心企业的供应商、代理商或经销商。

“1+N+N”供应链金融结合企业在供应链网络中所处的位置和行业特点，给有融资需求的企业提供最适合其运营的专属金融服务。该融资理念突破单一产业供应链的局限，将融资范围扩大到需要融资服务的中小企业所在的所有供应链网络中，可作担保的企业不仅仅是某个核心企业，而是供应链网络中的N家核心企业。

传统供应链融资模式中，中小企业融资仅可由其核心企业进行担保，而“1+N+N”供应链融资模式中，中小企业融资担保方可扩大至供应链中所有的核心企业，即N方。传统供应链融资模式中，银行锁定核心企业后，以核心企业的关键供应商、经销商为重点营销对象，而“1+N+N”融资模式下，银行不仅将上述企业作为营销对象，同时将该类企业的关联企业作为营销对象，其目标客户群放大多倍，适合批量开发。但这种模式下只依靠一家银行的资金，资金来源单一，核心企业具有较大的资金流动风险。

实例

陕西航空产业链应收账款融资

案例背景

长空精密仪器是齿轮专业化生产企业，主营业务为齿轮、齿轮泵和减速器。长空精密仪器属中小型航空配套企业，生产的齿轮对原材料要求较高，原材料付款期限较短，为15天。长空精密仪器销售产品后货款回收期较长，下游企业要求的付款期限一般为60天。长空精密仪器的下游核心企业——陕飞集团是中航工业集团公司附属飞机及部件制造企业，属大型国有企业。

银行切入点

在传统融资模式下，长空精密仪器因规模相对较小、信用级别较低、缺乏可抵押的固定资产而无法从银行获得担保信用贷款和抵押贷款。在现有应收账款融资模式下，银行对长空精密仪器所在的供应链

梳理后得知，该企业与其固定客户陕飞集团已有多年的直接业务往来关系。长空精密仪器可以将来自核心企业陕飞集团的应收账款在其开户行或陕飞集团的开户行进行质押，并由陕飞集团对该笔应收账款所获贷款进行担保。如果陕飞集团不同意对此融资业务进行担保，或者陕飞集团和长空精密仪器的信用等级均低于开展此融资业务的最低要求，融资申请将无法获得银行批准，长空精密仪器的融资需求将无法得到满足。而在“1＋N＋N”应收账款融资模式下，长空精密仪器可通过陕飞集团的担保顺利获得贷款。银行可通过“1＋N＋N”供应链融资模式对其进行切入。

图3－18是陕西航空企业“1＋N＋N”供应链融资网络结构图。某商业银行为1，处于核心地位的陕飞集团、西飞集团、庆安集团和航空基地构成与银行联盟的第一个N，其他与核心企业有业务往来的中小企业构成第二个N，商业银行、核心企业和中小企业分别用深灰、中灰和浅灰表示。

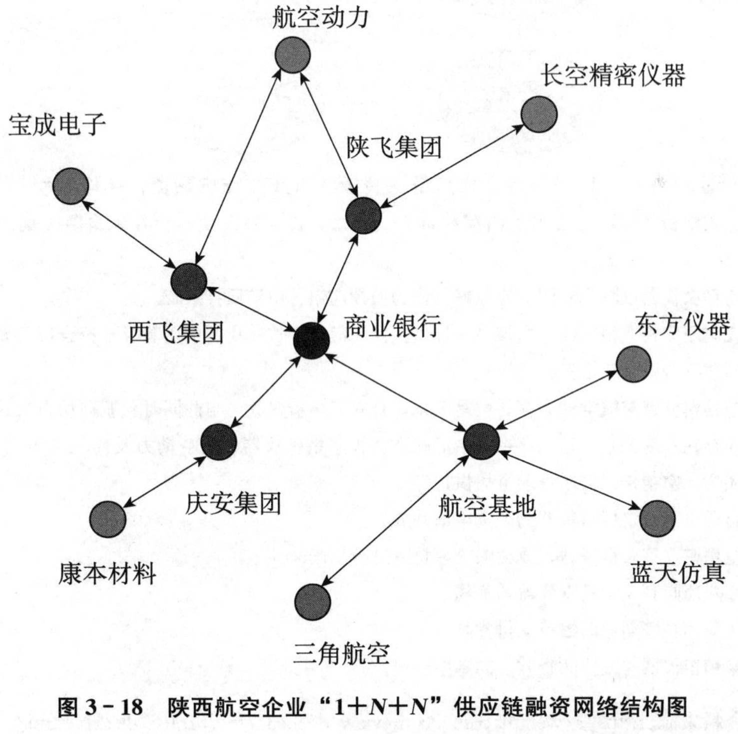

图3－18　陕西航空企业“1＋N＋N”供应链融资网络结构图

“1＋N＋N”模式下的应收账款融资范围不再局限于供应链中一对一或多对一的交易对象，而是扩展到供应链网络中所有的中小企业与核心企业之间，呈现多对多的形式。在供应链网络中任意一家需要融资的中小企业都可以通过梳理自己所有的利益相关者，在自己所在的供应链网络中寻找所有的核心企业。

操作流程

"1+N+N"供应链融资模式的操作流程见图3-19。

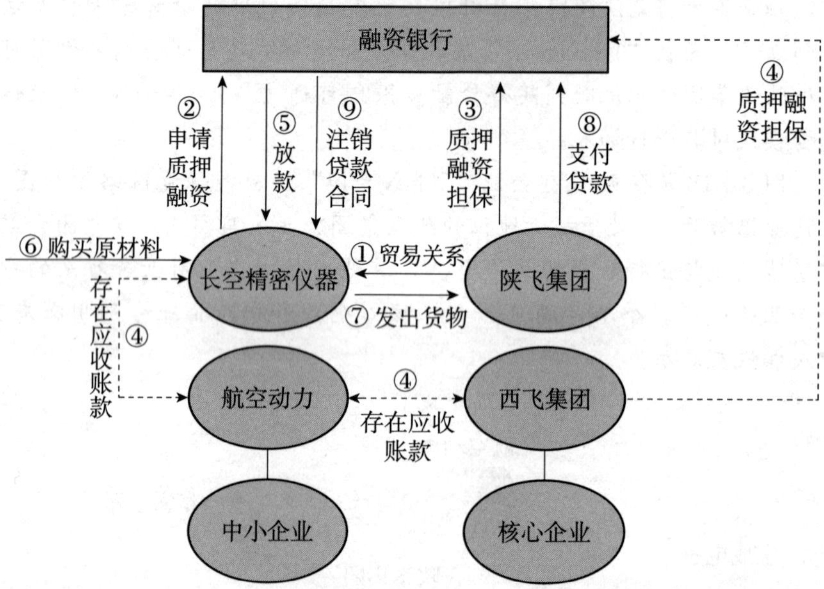

图3-19 "1+N+N"供应链融资模式（应收账款融资）操作流程

注：①长空精密仪器与陕飞集团存在贸易关系，且长空精密仪器存在来自陕飞集团的应收账款。

②长空精密仪器以陕飞集团的应收账款作为质押向银行申请质押融资。

③陕飞集团为长空精密仪器质押融资提供担保，但由于陕飞集团信用等级不符合银行要求，长空精密仪器质押融资未获审批。

④长空精密仪器与航空动力存在贸易关系，且有未结清账款。与此同时，航空动力与其核心企业西飞集团存在贸易关系，且也存在未结清账款。长空精密仪器、航空动力及西飞集团三方协商，由西飞集团为长空精密仪器质押融资提供担保。

⑤银行通过了长空精密仪器的融资申请并放款。

⑥长空精密仪器获得贷款，成功购入原材料进行生产。

⑦陕飞集团收到长空精密仪器的货物。

⑧陕飞集团在账期内向银行支付货款。

⑨长空精密仪器与银行的贷款合同到期注销。

资料来源：https://wenku.baidu.com/view/80c8e3a7f8c75fbfc67db21b.html?_wkts_=1676557708946

二、“N+1+N” 业务模式

“N+1+N”业务模式与“1+N+N”业务模式都属于线上供应链金融的内容。“N+1+N”业务模式是指由N家金融机构围绕一家由核心企业打造的B2B平台为其N家上下游企业提供融资服务的供应链融资模式。2017年10月国务院办公厅印发的《关于积极推进供应链创新与应用的指导意见》指出，要积极稳妥地发展供应链金融，鼓励商业银行、供应链核心企业等建立供应链金融服务平台，为供应链上下游中小微企业提供高效便捷的融资渠道。由于各行业盈利模式、资金需求状况、周期性以及供应链金融管理模式均不同，供应链金融参与主体意识到只有持续深耕重点细分行业，在对行业属性和特征进行专业分析后，才能充分了解客户的经营状况，掌握客户经营管理中的痛点和需求，有效把握各环节的风险，并为企业提供量身定制的供应链金融产品服务。建立B2B平台，可全面实现信息互通、数据共享，推进物流、信息流和资金流的高度整合，最终提升整个供应链的核心竞争力。

“N+1+N”业务模式汇集了多家金融机构，资金来源多样化，供应链的韧性有所提升。另外，该模式充分利用信息技术，使产业链透明可信，覆盖更多有融资需求的中小企业。

如今，“1”已经不只局限于B2B平台，B2C电商平台也在深入发展供应链金融，如淘宝、京东以及唯品会。支付宝、快钱等第三方支付平台也在切入供应链金融领域。此外，一些综合性第三方平台如怡亚通、一达通等，集合了商务、物流、结算、资金等一站式供应链管理职能，充分掌握了供应链全过程的信息，也在深入发展供应链金融。

实例

家电龙头企业海尔的“N+1+N”供应链金融模式

为了减少客户服务过程中不必要的中间环节，在提高分销效率的同时使供应链更加敏锐地应对市场变化，海尔销售体系中的原有末端经销商直接与海尔智慧工厂对接，根据自身销售情况制订销售计划并直接向海尔智慧工厂订货。

在这种销售模式下，海尔的生产效率得到了提升，但下游经销商的资金问题成了该模式推进的掣肘。根据海尔与经销商的交易习惯，经销商在采购时须按总货款的一定比例向海尔支付预付款，经销商在支付这笔预付款后，海尔才会组织生产，到期后经销商补交余款赎

货。而在组织结构扁平化后，海尔下游销售体系已将生产供货与供应链末端的经销商直接对接，这些经销商销售规模小、资金实力比较弱，面临的资金压力非常大，加上没有足够的资产或抵押物作为担保，很难从银行获得融资或者可以获得融资但成本高昂。

针对以上问题，2014 年 4 月 25 日，海尔与中信银行、平安银行签订战略合作协议，以海尔日日顺为基础联合第三方金融机构对下游经销商提供供应链融资支持，基于互联网将产业与金融整合在一起。

得益于移动互联网和大数据技术的发展，海尔实现了分销渠道网络、交易数据和物流业务等要素的雄厚积淀，日日顺将沉淀的客户数据和经销商数据通过互联网与中信银行以及平安银行连接，成为银行授信的重要依据。海尔开发出针对经销商的货押模式和信用模式两种互联网供应链金融业务。

货押模式供应链金融业务

货押模式的具体操作流程见图 3-20。

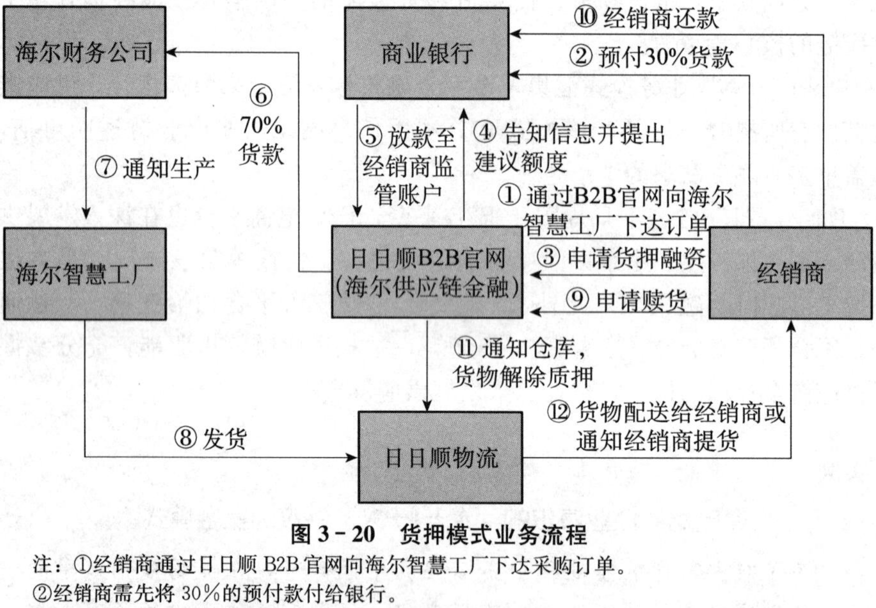

图 3-20　货押模式业务流程

注：①经销商通过日日顺 B2B 官网向海尔智慧工厂下达采购订单。
②经销商需先将 30%的预付款付给银行。
③经销商随后向海尔供应链金融申请货押融资。
④海尔供应链金融将此信息告知银行并提出建议额度。
⑤商业银行审核后放款至经销商监管账户。
⑥海尔供应链金融将余下货款（70%敞口）定向付给海尔财务公司。
⑦海尔财务公司通知海尔智慧工厂安排生产。
⑧工厂生产出成品后，发货至日日顺物流仓库，货物进入质押状态。
⑨当经销商实际需要产品时，向海尔供应链金融申请赎货。
⑩经销商将剩余货款还给银行。
⑪银行在获取全额货款支付信息后，海尔供应链金融通知日日顺物流仓库对货物解除质押。
⑫日日顺物流将货物配送给经销商或通知经销商提货。

信用模式供应链金融业务

信用模式是海尔供应链金融和商业银行基于经销商的业务信用而提供的金融解决方案，其具体业务流程见图3-21。

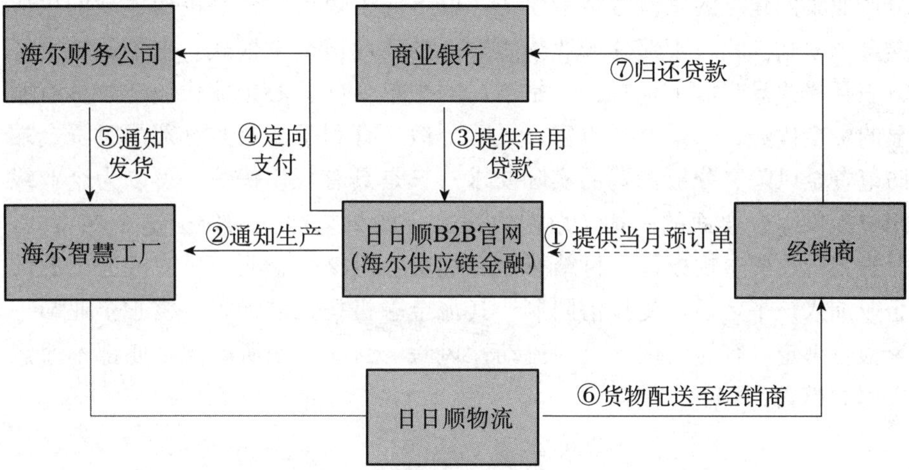

图3-21　信用模式业务流程

注：①经销商需要通过日日顺B2B官网提供当月的预订单（即当月的意向订单）。

②平台通知海尔智慧工厂根据预订单生产。

③商业银行根据经销商的信用状况提供全额信用贷款。

④海尔供应链金融将贷款定向支付给海尔财务公司。

⑤财务公司收到货款，通知工厂发货。

⑥工厂通过日日顺物流将货物配送至经销商处。

⑦经销商收到货物后向商业银行归还贷款。

这两种互联网供应链金融产品的差异在于：货押模式主要是针对经销商为了应对节日（如五一劳动节、国庆节、春节等）消费高峰、抢购紧俏产品/品种或者为了完成当月或季度计划的大额采购而实施的金融解决方案。信用模式则是针对经销商为完成当月实际销售而产生的小额采购所实施的金融解决方案。

资料来源：https://baijiahao.baidu.com/s?id=1699017602724368086&wfr=spider&for=pc.

三、“N+N+N”业务模式

互联网供应链金融的特点是平台化和“N+N+N”业务模式。“N+N+N”业务模式即依托互联网供应链金融服务平台汇聚的N家核心企业、N家链属企业以及N家金融服务机构，实现金融服务与产业链的深度融合和有效对接，通过平台的数据服务将金融服务渗透到产业链的各个环节中，促进整个供应链金融生态结构的协同发展。

这一模式的典型代表是中企云链第三方服务模式。该模式既不同于部分产业集团建立的供应链金融模式，也不同于银行等金融机构建立的供应链金融模式。相较于部分产业集团建立的供应链金融模式，中企云链第三方服务模式具有以下优势：一是不局限于单一的核心企业供应链，具有明显的资金优势；二是资产丰富、风险分散，有利于满足监管部门对资金端防范资金风险、分散投资的实际要求；三是具有规模优势，可以为企业级用户提供综合全面的一揽子解决方案。金融机构建立的供应链金融模式，尽管银行在资金规模、支付结算上有优势，但核心企业及供应链上下游的企业加入该平台后，受授信限制，其他金融机构无法加入，核心企业与一家银行绑定，容易出现巨大的流动性风险，因此这是所有大企业都不愿意采用的模式。

实例

中企云链互联网供应链金融平台

中企云链（北京）金融信息服务有限公司（以下简称“中企云链”）由中国中车发起，联合中国铁建、国机集团、金蝶软件等部分国有和民营企业，经国务院国资委批复于2015年5月在北京成立，2016年11月增资扩股。中企云链涵盖工业及制造、建筑、军工、能源、现代服务等五大产业资源，中企云链作为商业模式创新典型已被列为国资委央企双创平台之一，也是国资委重点支持的“互联网+”和央地协同创新平台。

中企云链创新供应链金融服务模式，打造 N（金融机构）$+N$（核心企业）$+N$（链属企业）的互联网、产业链、金融高度融合的生态平台。用互联网技术、制造业思维和供应链金融服务打造供应链金融服务共享平台。基于产业链上真实的结算数据，中企云链向核心企业免费提供平台服务和金融产品支持；帮助核心企业节省自建平台的技术投入成本及时间成本，帮助核心企业的链属企业共享优质信用和用户资源；帮助核心企业集中建立标准化、工业化的流程，大大降低了运营成本。

云信是指核心企业在中企云链金融服务平台开立的供应链债务凭证“电子付款承诺函”。中企云链平台基于云信产品开创了供应链金融产品服务模式，该模式包括云信的开立、云信的流转、云信的融资及云信到期偿付等各项子业务。在中企云链平台，核心企业获得集团公司分配的云信额度或来自银行及其他金融机构的云信额度授信后，便可在额度内在签发云信，用于自身应付账款的支付。中小企业从核心企业接收云信，将持有的云信转让给上游供应商，结算应付账款，即为云信的流转。云信流转全部在线上进行，流转过程方便、快捷，不占用企业的银行授信，也不需要存保证金，云信流转不产生任何费用。同时，云信因记录了真实的贸易流程，云信持有人在提供商务合同、发票、发货单等基础信息后，便可凭借其持有的云信作为保理融资还款保证，完成融资。中小企业可根据业务发展的需要，将云信拆分后再融资；在云信到期前，企业可灵活安排融资。云信到期后，由核心企业偿付云信并由金融机构清算分配给云信各持有方。

云信的开立不只限于应付账款环节，实际上覆盖了全产业链的各个环节，如图 3-22 所示。核心企业可根据生产经营过程中各类金融资产的情况开立云信，金融资产包括覆盖大部分供应链金融的基础资产，如合同、订单、仓单、应付账款、各类票据等。其中银行承兑汇票和部分商业承兑汇票可以直接转开云信。

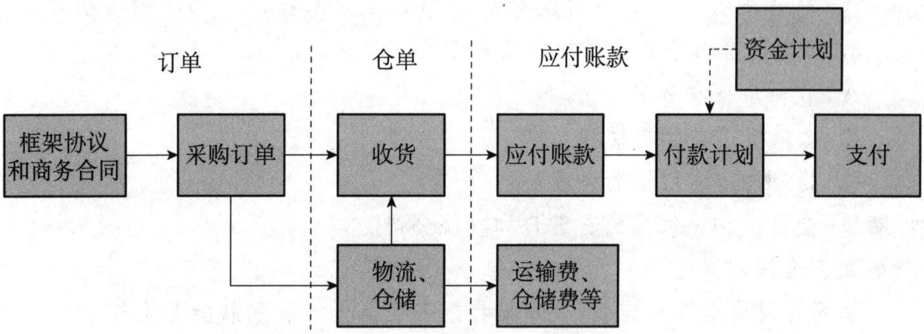

图 3-22　云信开立覆盖的阶段

云信融资额小，其中单笔融资额 100 万元以下的占比 87%，30 万元以下的占比 59%，而 1 000 万元以上的占比约为 1%，切实做到了服务于中小企业。

中企云链通过整合众多大企业集团内部资源、供应链资源与金融资源等诸多要素资源，打破传统供应链金融封闭、单一的壁垒，形成开放、立体的“*N*+*N*+*N*”产业链体系，优化资源配置，促进各方合作共赢。

资料来源：https://www.yljr.com/.

本章小结

在产业结构转型的驱动下，未来的供应链金融不仅解决中小企业融资难和供应链失衡问题，还将产生更加多样化的发展模式和创新服务类型。随着供给侧改革的深入，产融结合将愈发紧密，平台型企业以自身独有的优势渗透产业以实现差异化竞争，促进供应链的各类主体及核心企业生态的共同发展。

课后习题

一、选择题

1. 以下业务模式中的（　　）涉及供应商将其应收账款转让给金融机构，以获得提前支付。

A. 保理业务　　B. 预付款业务　　C. 库存融资　　D. 融资租赁

2. 以下业务模式中的（　　）涉及买方直接向供应商提供资金支持，以延长其支付周期并获得折扣。

A. 保理业务　　B. 预付款业务　　C. 逆向保理　　D. 融资租赁

3. 供应链金融中的交易支付通常涉及（　　）。

A. 仅供应商和客户

B. 金融机构、供应商和客户

C. 物流公司、供应商和客户

D. 金融机构、供应商、客户和物流公司

二、名词解释

预付款融资业务　存货/仓单质押融资业务　应收账款融资业务

三、简答题

1. 简要回答保理业务/反向保理业务的工作原理及流程。

2. 简要回答存货/仓单质押融资业务的细分产品及相应的流程。

3. 简要回答预付款融资业务的细分产品及相应的流程。

四、思考题

现有的供应链金融业务模式虽然在解决企业资金需求和供应链效率方面发挥了重要作用，但也存在一些不足之处。现有的供应链金融的业务模式该如何创新与改革？

第 4 章

供应链金融的过程控制与业务管理

| 教学目标 |

- 了解预付款融资产品、存货质押融资产品及应收账款融资产品的评估与准入。
- 了解供应链金融业务合同设计的关键指标。
- 掌握供应链金融业务的管理要求。
- 了解预付款融资、存货质押融资及应收账款融资的风险点。

前三章主要介绍了供应链金融的基本概念、发展历程和业务模式。本章主要针对如何开展供应链金融业务，即对于预付款融资、存货质押融资及应收账款融资的过程控制与业务管理进行详细介绍。目的是让读者通过本章内容的学习，既能掌握相关的理论知识，又能对实际业务操作有初步的了解。

第 1 节　预付款融资产品的过程控制与业务管理

一、订单、借款企业、质物、购买方和物流企业的评估与准入

（一）订单的评估与准入

预付款融资业务最重要的是对贸易的直接评估，涉及的内容包括订单的有效性和订单的可实现性。

（1）订单的有效性。在预付款融资业务中，对订单的选择首先需要考察订单的有效性，这样有助于规避业务中的法律风险。考察订单有效性需要关注订单内容是否真实，这就要求贷款主体包括金融机构和物流企业，审核借款企业提交的订单文件，并与发出订单的下游企业联系、核实。核实的内容包括订单涉及产品的名称、数量和质量要求，订单的完成周期，订单的审定方式、接收方式以及违约处理方式等。

（2）订单的可实现性。影响订单实现的主要因素首先是借款企业的生产经营能力。其次是发出订单企业的资信、借款企业和发出订单企业的关系的稳定性。最后是借款企业所在供应链的运行状况等。借款企业的生产经营包括采购、生产、销售、物流和应收账款回收等多个环节，其生产经营能力直接影响订单的实现。对于借款企业生产经营能力的考核应该关注从采购到生产、销售直至应收账款收回的全过程。借款企业与发出订单企业的合作关系对订单的完成影响很大。如果发出订单企业资信良好，其财务状况、资本实力、企业管理水平、领导人素质和现金流等也具有良好的表现，那么借款企业就不会因发出订单企业的原因产生经营困难。现实中，发出订单企业延迟付款、挤占上下游企业的资金是经常发生的现象，所以对发出订单企业的评估应全面。同时，借款企业和发出订单企业的关系的稳定性也是评价订单可实现性的一个主要指标。如果借款企业与发出订单企业具有长期稳定的战略合作关系，那么订单实现就有良好的保障。相关信息可以从交易记录和周围企业中获取。借款企业所在供应链的运行状况也将影响订单的实现。对供应链运行状况的评估应该从评价供应链上的核心企业入手，这些核心企业往往是供应链的链主，它们的战略决策、经营优劣和面临的风险大小将决定整个供应链的竞争力，从而影响供应链上订单的价值和风险。

以下订单不可用于预付款融资：订单中约定进出口双方可以进行债权债务抵扣的；订单中约定订单项下的货物已经抵押给第三方的；订单允许债务转移由第三者方支付的或者约定支付给第三方的；订单中有其他影响正常收汇条款的；订单中约定贸易方式为来料加工的。

实例

预付款融资需要提供的资料清单

1. 采购、销售流程说明，融资需求说明，涉及动产质押的需注明质物品种、到货地等。

2. 采购合同、销售合同原件（单笔合同或订单须在签署后立即提交银行），列明货物名称、规格、总数量、价格、采购预付/销售支付条款、交货期等要素，如申请开立银行承兑汇票的，采购合同中需包含同意采用银行承兑汇票付款的结算方式（银行留存复印件）。

3. 购货商与供应商（及终端买方）历史交易的记录证明，如合同、增值税发票、发货清单、运输单据等相关资料。

4. 供应商（及终端买方）的营业执照复印件、生产经营基本情况说明以及能够获得的其他信息资料，如质量证书、许可证等。

（二）借款企业的评估与准入

金融机构对借款企业的评估和考核主要是对借款企业的管理团队、财务状况、上游供应商的服务能力、运营周期等进行分析。

（1）管理团队。一个好的管理团队能够有效地提高借款企业的生产运营水平，保证业务的顺利实现，实现企业的预期目标，从而保证贷款的安全。

（2）财务状况。借款企业的财务状况和资金实力对业务的实现影响很大。如果借款企业具有稳定、持续的现金流，相对于零散性的收入来讲，其资金实力通常要强一些，这是企业稳定经营的保障。

（3）上游供应商的服务能力。借款企业上游供应商体系的构建对其生产经营活动有重要影响。如果借款企业与上游供应商具有稳定、良好的合作关系，上游供应商的服务能力很强，那么借款企业的生产经营就会有很好的保障；如果借款企业的供应商体系不稳定，那么影响订单实现的风险就大。

（4）运营周期。运营周期指借款企业从购买原材料及服务，到生产、销售商品直到收回应收账款所花费的时间。运营周期的长短随行业的不同而不同，金融机构应弄清借款企业在购买原材料及服务后需要多长时间才能转化为现金。一般来说，运营周期越长，贷款发生风险的概率越高。

（5）借款企业还须满足以下条件：

①持续经营两年以上（须提交税收证明、两个年度的财务报表或审计报告）。

②在各金融机构评级 BBB（含）及以上。

③开立基本结算账户或一般结算账户并开立销售专用结算账户。

④购销渠道稳定，与上下游主要客户有长期、良好的合作关系，销售情况良好，与买方已建立至少一年的合作关系，能够提供至少三次与买方的完整历史交易记录。

⑤主要股东和经营者无不良信用记录。

⑥合法经营，有固定的经营场所，有稳定的销售渠道。

⑦主要经营者同行业从业时间 3 年以上，个人信用良好，无赌博、吸毒等不良嗜好。

⑧无不良信用记录，无重大诉讼或纠纷记录。

⑨具有较高的代理经销级别，其资质实力为供应商认可。

（三）质物的评估与准入

预付款融资模式下，质物应当具备以下几个特征：

①稳定性。质物最好具有比较稳定的物理、化学特征，不宜接受易碎、易爆、易挥发、易霉变的货物做质押，否则容易造成质物价值的减损。

②流动性。一旦借款企业违约，金融机构需要把质物变卖或拍卖，因此，质物应当易于转让和出售。

③保值性。质物的价值和价格应当稳定，受市场波动的影响较小，质物价值要始终高于贷款的额度。

④产权明晰。借款企业提供的质物应当符合法律规定，允许质押，而且权属清晰，不存在任何争议。

（四）购买方的评估与准入

购买方必须符合以下条件：

①符合信用授信的相关要求。

②有较高的行业地位和知名度，产品市场份额较高，履约或付款能力强。

③愿意承担三方协议约定的相关责任，按照金融机构业务流程办理相关手续。必要情况下可以采用投保国内贸易信用保险等形式实现供应商、终端买方的信用增级或分散单一主体的信用集中度。

（五）物流企业的评估与准入

中华人民共和国国内贸易行业标准《质押监管企业评估指标》（SB/T 10979—2013）明确给出了质押监管企业（现实中常常是物流企业）的选择条件和评估标准，同时也描述了质押监管企业的责、权、利。具体内容见本章第 2 节中“物流企业的评估与选择”部分。

二、预付款融资业务合同设计

金融机构确定向借款企业提供贷款后，金融机构、物流企业和借款企业等签订多方合同以明确相关贷款事项。业务合同具体包括以下内容。

（一）基本权利和义务

在合同中应确定金融机构、物流企业和借款企业三方的基本权利和义务。金融机构的权利一般包括对贸易实现过程的检查权和监督权，对相关货物、应收账款和资金的处置权，对物流企业监管情况的监督、咨询和处置权；金融机构的义务是提供快捷的资金服务并向物流企业提供合同约定的收益。

物流企业的权利通常包括因提供相关运输和仓储服务所获得的收益权；其义务一般是代金融机构履行监督职能，提供相关的建议和咨询，防止借款企业作假，以保证订单涉及的物流和资金流的封闭性，对由于自己失误或借款企业作假造成的金融机构的损失承担相关责任。

借款企业的权利一般包括将贷款用于与订单履行相关的货物和服务的购买上，拥有原材料和产品的所有权；其义务一般是保证贷款如期偿还，保证贷款只用于与订单相关的业务，并保证向金融机构提供与订单相关的物流和资金流信息及相关文件，承诺未履行金融机构的到期债务时，允许金融机构享有优先受偿权和追索权。

（二）合同的关键性指标

（1）贷款期限及用途。信贷合同中要确定贷款期限，该指标常常依据借款企业从采购到收回应收账款的整个运营周期的长短来决定，贷款期限原则上不超过 1 年，额度内单笔贷款期限原则上不超过半年，应与货物实际周转期限相匹配，可以增加不超过 15 天的宽限期。贷款仅用于订单项下的原材料收购、半成品加工、生产、产品储运等环节，不得挪作他用。

（2）融资额度。确定单笔预付款融资的贷款金额时，应对买卖双方的资信状况、合作关系的稳定性、卖方的预收款比例及履约能力、买方的采购规模、买方到期足额支付货款的可能性以及订单中约定的权责义务等因素进行分析。同时考虑金融机构对风险的容忍水平、实现订单的风险大小、物流情况、运营周期的长短以及融资额度是否可以循环使用等因素。发货模式（保兑仓融资）和付款模式（先款/票后货融资）的融资比例最高不超过 90%；质押模式（由购货商承担价格风险）的融资比例原则上不高于 70%。融资额度可以循环使用，放款及还款需对应订单或预付款逐笔操作。一般来说，借款企业的资信越好、发出订单企业的实力越强且信誉越好、运营周期越短以及金融机构的风险容忍水平越高，则给予借款企业的融资额度就越高。

$$\text{预付款融资额度} \leqslant (\text{订单金额} - \text{已支付的预付款} - \text{尾款或质保金}) \times 70\%$$

（3）封闭式账户的操作方式。贷款融资额度明确后，金融机构会给借款企业设立专门的账户用于资金管理。借款企业可以按照贷款合同规定的融资额度，利用该账户内的资金进行与订单履行相关的原材料采购、流动资金支付等工作。

关于封闭式账户的操作方式，主要考虑以下几点：一是需要什么凭证以及是否需要物流企业的建议和金融机构的批准才能动用账户内的资金；二是订单实现所涉及的资金回流的方式，融资额度是否可以循环使用；三是封闭式账户如何结算，具体的手续如何办理；四是封闭式账户内的资金不允许使用的情况说明，如不能作为长期资金使用，不能用于固定资产投资，不能用于缴纳税款、发放工资或弥补亏损等。

（4）物流企业的监控模式。合同中要确定物流企业的监控模式和管理程序，如明确物流企业的管理机构和人员组成、物流活动的管理流程和货物交接程序、向金融机构报送的信息和文件要求等等。

（5）违约后的处理方式。实际运营中，借款企业可能会出现违约的情况。例如，借款企业在订单无法实现或订单实现成本太高时可能违约，也可能在其他项目流动资金发生问题时挪用贷款资金而发生违约，还可能在下游厂商不履行合同或应收账款无法收回时发生违约。对不同的违约情况，合同应该规定不同的处理方式。当发现借款企业不执行订单生产时，金融机构和物流企业可以及时采取措施要求企业完成订单生产，否则除了应用优先偿还权对订单涉及的货物和资金进行冻结外，还需对借款企业保留追索权。此外，还可以在合同中将授信偿还与发出订单企业进行责任捆绑，利用整体的供应链信誉来实现有效的风险控制。合同应规定，当借款企业由于其他项目流动资金发生问题挪用贷款资金时，银行和物流企业可以采取相应的措施惩罚借款企业，从而有效预防贷款无法收回的风险。为更好地保证贷款安全，合同中可以增加借款企业股东或主要管理层的个人连带保证和资产担保责任条款。当下游厂商不履行合同或应收账款无法收回时，金融机构和物流企业可以对借款企业享有优先受偿权，控制其相应的产品或应收账款，如果产品或应收账款无法抵偿贷款，金融机构有权向借款企业追索。

此外，关于借款企业违约后金融机构对掌控的货物的处理方式，一般可以规定，未完成订单的尽量协商完成，无法完成的则可以利用物流企业的行业优势将相应货物拍卖。

（6）金融机构和物流企业的收益分配方案。业务合同中应事先确定金融机构和物流企业的收益分配方案。常见的分配方案有三种：一是金融机构获得贷款利差收益，物流企业只获得运输仓储费，结算方式可以直接由借款企业付给物流企业；二是金融机构获得贷款利差收益，物流企业获得监管费，由借款企业付给物流企业或从金融机构贷款利差收益中付给物流企业；三是受金融机构委托开展融资业务，除按合同规定给金融机构相应的收益外，物流企业获得其他利差收益和物流费用。在确定了基本的收益分配方案后，应在合同中写明结算方式、货物交接程序和违约处理方式等内容。

三、预付款融资业务管理

（一）预付款融资业务管理的内容

预付款融资业务的安全水平和融资主体的监管水平密切相关，预付款融资业务管理应重点关注以下内容。

首先，金融机构和物流企业合作关系的确立对融资业务的开展有很大帮助。在实践中，金融机构和物流企业合作关系的建立有多种情形，如是结成战略联盟进行长期业务往来还是偶尔合作，是委托物流企业进行监管还是统一授信给物流企业开展融资业务，这些都会影响金融机构和物流企业的合作关系，从而影响融资业务的监管水平。从原则上讲，金融机构应选择一批信誉良好、业务能力强的物流企业作为长期战略合作伙伴，这有利于降低双方的成本。

其次，多方协作下的信息系统建设是融资业务顺利开展的重要手段。预付款融资业务与其他物流金融业务相似，涉及多方主体的参与，操作环节众多，同时业务管理的复杂性更高，因此利用信息化手段强化管理、提高工作效率是一种必然的选择。

再次，金融机构建立专业化团队、强化封闭式账户的管理是预付款融资业务控制风险的重要措施。除了借助物流企业的力量之外，金融机构也应建立自己的专业化管理团队。专业化管理团队不仅完成远程的账面信息管理，也应实施定期和不定期的现场检查，逐笔审核贷款用途，检查账物是否相符、借款企业的生产运营是否正常、物流企业的业务管理是否有效，以确保金融机构对融资业务全过程的了解。在贷款运行阶段，应严格遵守和执行封闭式账户使用的“双签”制度，即要有借款企业和金融机构双方的签字才能使用贷款，对借款企业销货款未进专户、挤占挪用封闭贷款或有逃废金融机构债务行为的，应严格限制和防范。另外，金融机构应及时关注借款企业的业务进展状态，包括了解后期应收账款的形成及收回情况。

最后，加强对物流企业的评判和日常管理是预付款融资业务防范风险的重要保证。物流企业是金融机构控制预付款融资业务风险最直接、最有效的支持者。在合作伙伴选择阶段，金融机构应注意选取信誉良好、流程规范、管理严格的物流企业。在日常工作中，应重视对物流企业服务和管理能力的考核，防止物流企业违规或不负责任，确保物流企业的工作真正落实到位。

（二）预付款融资业务管理的要求

（1）贷前调查阶段。预付款融资业务管理更为关注贸易的真实性问题。

贷前调查阶段应了解客户的实际销售回款期限，重点调查是否存在故意延长付款期限的情形，是否严格执行融资期限与实际销售回款期限相匹配的规定。一般情况下，企业的采购、生产、销售活动在45～90天即可完成，周期较短。而贸易融资业务是紧密依附于企业的生产运营周期的，贸易融资应当伴随企业贸易周期的结束、货款的回笼而得以结清。贸易融资业务普遍期限较长，需要根据以往订单及交易记录判断实际回款期限。

全面了解购货商的行业地位、生产经营状况、经营历史等；购货商主要负责人的从业经历、是否有不良嗜好等；供应商（及终端买方）的基本概况、信用评级（如有）、行业地位、主要经营状况等；购货商与供应商（及终端买方）的交易历史、操作流程、付款条件、付款期限等；拟定各方责任，包括供应商退款责任、交货期限、交货地点、收款确认期限等协议要素；质物品种、市场供需情况、价格趋势等的具体分析，拟定警戒线等，如涉及供应商回购的，需说明回购条件。

联系供应商（及终端买方），按照三方协议的具体条款确认其承担责任的意愿、操作时间等合作流程和协议要素；了解、核实购货商的资质、贸易背景、交易记录等情况；质押模式下还需根据质物品种、到货地等情况联系委托监管机构商定监管仓库、监管意向及监管的可行性，查询质物市场参考价格确认合同价格的合理性；在付款模式项下，审核采购合同与销售合同的货物品种、规格、数量、质量要求等的一致性；采购环节与销售环节衔接的合理性、供应商与终端买方的责任是否有效衔接；产生商业纠纷的可能性和解决方案。

（2）贷中审核阶段。此阶段有如下要求：

①设置监管专户。借款企业需设立监管专户作为终端买方付款的唯一指定账户，并与购货商约定具体的监管要求。

②审核合同文本。对于合同的审核应重点关注融资额度和期限、融资形式、业务模式、供应商（及终端买方）名称、融资比例、融资利率与费率及其他要求等。质押模式下还应关注质物品种、警戒线（如需）等要求。

（3）进行贷后管理。贷后管理是预付款融资业务全流程管理中极其重要的环节。业务本身具有自偿性，要求专款专用。贷后管理中，金融机构需关注融资方的生产情况、资金状况、行业政策、下游客户运营情况等。

尤其关注融资方开立的销售回款账户及一般账户，对入账资金逐笔核查是否来自融资订单项下的回款；如货款提前回笼，应及时归还融资或存放于监管账户用于到期还款，不得挪作他用。

①流程管理。金融机构需落实内部具体业务操作流程方案，包括相关部门的职责分工、具体操作人员的职责安排、台账登记等；金融机构应与购货商、供应商（及终端买方）保持信息沟通，确保落实合作协议中各条款的要求，及时与供应商、购货商（及终端买方）核对发货计划、发货情况、提货数量等台账登记信息的准确性，并将核对结果在台账上做书面记录。

②供应商发货管理。供应商根据协议约定，在规定期限内向指定地点发货，告知金融机构发货信息并向金融机构提交提货凭证。金融机构应跟踪供应商的发货情况，如供应商未按期发货，应及时联系购货商、供应商予以确认，必要时暂停后续融资款的发放。金融机构应根据购货商提供的合同或订单、三方合作协议等核对提货凭证和发货信息中的收货人、到货地、货物数量等要素，如不相符应立即联系购货商、供应商核实调整。

③货物验收管理。到货后金融机构与购货商、终端买方会一同到现场验收货物。货物验收合格后，金融机构要求终端买方、购货商现场签署《货物交接书》《货物验收单》。金融机构应审核《货物交接书》上的付款金额、付款期限、付款账号等要素是否与销售合同中的付款金额等要素相符，并将《货物验收单》提交供应商。如货物不符合销售合同要求，金融机构应要求终端买方现场出具《退货通知书》，由金融机构向供应商出具《退款通知书》要求其退款。如发生货物品种、数量与发货信息不符等情况，金融机构应会同购货商立即联系供应商、终端买方协商处理，及时办理相应的退货或货物交接手续。

④现场巡库管理。金融机构应对库存质物进行现场巡库，巡库频率按照到货情况确定，每笔放款项下至少巡库一次。巡库的具体要求如下：

- 书面凭证资料核对。审查入库单、质保书、库存清单、账簿等资料，核实委托监管机构发送的质物监管凭证、台账信息与库存资料信息是否一致。
- 实物与凭证核对。通过盘点或随机抽查（数量超过 100 件）的方式，核对质物的品种、规格型号、数量、生产厂家（产地）等是否与上述书面凭证资料相符。
- 巡查监管机构的内部管理、操作流程、监管职责等是否符合监管合作协议的相关规定。金融机构巡库中如发现问题，应及时向购货商、监管机构提出整改意见，必要情况下可暂停或终止购货商授信额度的使用，并通知金融机构相关部门。每次巡库后，金融机构巡库人员须据实填写《巡库报告书》并抄送上级风险管理部门。

⑤价值补偿。融资期间，金融机构须自首次放款日起逐笔进行价格跟

踪并根据填写要求登记台账。金融机构根据每日发布的质物价格逐日计算，一旦价格跌幅（与放款日相比）达到警戒线，须要求购货商缴纳补充保证金或归还融资款弥补减值部分的金额。

补充保证金或归还融资款＝融资敞口余额×价格下跌比例（与放款日相比）

价格第二次下跌到警戒线时，应缴的补充保证金或归还融资款的计算公式为：

补充保证金或归还融资款＝融资敞口余额×价格下跌比例（与放款日相比）－已缴补充保证金

购货商应在收到金融机构通知书后三个工作日内完成缴纳，否则金融机构有权宣布授信提前到期，要求购货商立即还款并视情况作相应处理（如通知供应商停止发货并退款、行使质权等）。

⑥融资提前终止。出现以下可能影响融资安全的情况时，金融机构有权提前终止部分或全部融资额度：供应商、终端买方（如涉及）、融资申请人未能按照三方协议履行责任；融资依据的销售或采购合同全部或部分终止；质押模式下，符合动产质押授信业务提前终止条件；融资申请人违反融资合同等相关协议的约定或金融机构相关业务规定；其他可能影响金融机构融资安全的情况。融资合同提前终止的，应要求购货商立即还款，如购货商不能还款的，应通知供应商停止发货，按照前述规定要求供应商按协议承担退款责任。购货商、供应商、终端买方未按照三方协议履行职责而对金融机构造成损失的，根据协议约定追究其违约责任。

第 2 节　存货质押融资产品的过程控制与业务管理

存货/仓单质押融资可以帮助借款企业盘活积压在存货上的资金，本节主要介绍以存货作为质物向资金提供方进行融资的业务，即存货质押融资产品的过程控制与业务管理。

一、质物品种、借款企业、物流企业和仓储企业的选择

（一）质物品种的选择

质物作为借款企业获取银行贷款的担保物，是价值载体也是风险载体。质物品种的选择是存货质押融资业务前期的关键运作模块。在质物品种选择时主要考虑质物的属性、质物品种的初步鉴别、质物价值的认定。

（1）质物的属性。通过业务实践研究，结合国家对动产质押的相关法律规定以及存货质押融资这种三方联合融资业务的特殊性，可以将质物的属性归纳为法律属性、物流属性以及经济属性三类。

①法律属性。存货质押融资业务的实质是借款企业通过将货物质押来获得贷款，而贷款方通过担保关系得到货物的留置权。所谓留置权，是指债权人因一定债权关系而占有债务人之物，在关于该物所发生的债权未得到清偿前，将留置物作为担保的权利。关于留置权，《中华人民共和国民法典》（以下简称《民法典》）第四百四十八条规定，债权人留置的动产，应当与债权属于同一法律关系，但是企业之间留置的除外；《民法典》第四百五十三条规定，留置财产折价或者变卖的，应当参照市场价格，即债权人在行使上述权利时，必须参照市场价格，如果抛开了市场价格进行折价或者变卖就违反了《民法典》的规定。

②物流属性。物流属性是质物在物流企业提供的有关服务中体现出来的相关属性。物流企业对质物提供的与存货质押融资业务相关的物流服务包括质物的保管、运输、清算等。这些针对质物的物流服务的成本在计算费用分摊和利润分配方面起着非常重要的作用。在对质物进行选择时，应着重考虑产品的包装情况、产品质量的稳定性、产品交易费用的高低及在货物处理过程中由损伤带来的责任追究和相关附加成本等问题。另外，对产品危险程度的考察，对产品可标准化的程度以及产品质量是否易于控制、测度的分析也十分重要。

③经济属性。存货质押融资业务中，质物的经济属性重点考察质物的价值属性和流通属性。商品的价值属性是商品在市场运行中体现出来的特性，对存货质押融资业务的信贷周期会产生重大影响。质物的预期价值直接影响贷款定价以及业务收益估值。对于存货质押融资业务来说，一般需要选择价格稳定、市场波动小的质物。质物因价格波动产生的风险需要量化分析和界定才能有效地衡量价格带来的业务风险。经济属性的另一个因素是流通属性。在存货质押融资业务中，质物的流通属性是指反映质物作为商品体现出的，将即期、潜在的需求转化为消费行为能力的属性，结合其在市场上的需求情况和消费量，质物的流通属性主要体现在流通速度以及变现能力上。质物应具备下列条件：

· 质物为市场占有率高、适销对路的产品；

· 质物不易变质、易保管、易变现并且价格相对稳定、波动小，规格明确，便于计算；

· 所有权明确，不存在货款、税收等纠纷，质物系申请人所有；

· 质物原则上应能办理财产保险，并以贷款人为唯一受益人；

·经质检合格并符合国家有关标准和安全环保要求；

·非易燃、易爆、有毒、有腐蚀性、有放射性等危险品；

·原则上可作为质物的产品有：黑色金属（钢材）、有色金属（铝、锌、铜等）、石化产品（成品油、燃料油）、能源（煤）、家电产品（大企业、知名企业产品）、木材，具体须经金融机构批准。

另外，以下存货不得作为质物办理存货质押融资业务：

·消费品；

·正在按寄售方式出售的库存商品；

·虚增账面价值的存货；

·房地产；

·影视作品、软件等不易界定价值的存货；

·其他不符合要求的存货。

（2）质物品种的初步鉴别。通过总结我国已有的业务经验，并对现实中的质物品种进行分析，可以初步明确质物选择的范围和方向。对部分金融机构及物流机构的调查和统计分析显示，质物涉及工业、农业领域的10多种物品，包括有色金属、钢材、建材、石油、家电、玻璃、汽车、手机、橡胶、化肥、原油、粮油、棉花等。

针对已有的质物品种，本书认为，在同等条件下，流通能力弱的物品需要通过其高价值来弥补它的预期收益贡献，而单位价值低的物品则需要提高其流通能力来弥补它的预期收益贡献。根据流通能力的强弱，可以将物品分为日常消耗型、定量消耗型和零散消耗型。它们的流通能力分别为强、较强和差。由此，我们归纳并得到了我国质物品种的价值-流通能力区域分布表，如表4-1所示。

表4-1 质物品种的价值-流通能力区域分布表

流通能力	价值		
	低	中	高
强 （日常消耗型）	① 部分物品适合，防范价值过低及价格波动	② 绝大部分物品适合，质物集中区	③ 理想区域，但与现实不符
较强 （定量消耗型）	④ 小部分物品适合，慎重考虑	⑤ 大部分物品适合，部分需要注意价值或需求的变动	⑥ 绝大部分物品适合，质物集中区
差 （零散消耗型）	⑦ 质押条件最差，质押真空区	⑧ 小部分物品适合，慎重考虑	⑨ 部分物品适合，防范需求过低及需求变动

根据质物的分布规律，区域⑦中的物品最不适合作为质物，因为这类

物品价值低、流通能力差、需求量小，对总体预期收益的贡献最小，不管从哪个方面来看，区域⑦中的物品都不适合作为质物。区域③在实际情况中是不太可能出现的，一般情况下不会出现天天消耗的高值消费品。剩下的区域，即①、②、④、⑤、⑥、⑧、⑨中的物品可能成为质物。下面根据质物的分布规律，将以上区域按照适合性从大到小的顺序分析。

类型Ⅰ：区域②和区域⑥。该类区域的物品绝大部分具备作为质物的条件。因为区域②的物品流通能力强，价值也较高；而区域⑥的物品单位价值高，也具备较强的流通能力。所以这一类区域的物品具有比较高的预期收益，抗风险性强，可容忍的价格波动幅度大。

类型Ⅱ：区域⑤。该区域的物品也比较适合作为质物。该区域的物品具备比较好的流通能力和比较高的单位价值，也具备一定的抗风险性，但和第Ⅰ类物品相比总体上稍差，少部分该类物品需要考虑价值或需求的变动情况。

类型Ⅲ：区域①和区域⑨。相对于前两类物品，这一类物品作为质物的适合性差，由于区域①的物品价值偏低，而区域⑨的物品流通能力差，因此风险性更高一点，从而可选择的范围要小一些。但该类物品中也存在不错的质物，如价值不太低而消耗频率极高的物品，或者消耗频率不太低而价值高的物品。总体上，需要对该类物品采取一定的风险规避措施。

类型Ⅳ：区域④和区域⑧。该类物品作为质物的适合性较差，必须进行严格的管理和控制。因为这一类区域属于高风险区，考虑这两个区域的物品时，必须保持谨慎的态度，要使用比较精确的风险防范工具对其进行分析。

通过区域归类分析方法，我们可以从价值和流通能力两个角度对质物进行分析和判断。类型Ⅰ和类型Ⅱ呈现出很强的质物分布规律，其所属物品因为对预期收益贡献大，因此抵抗风险能力比较强。

我国大部分的质物主要集中在类型Ⅰ、类型Ⅱ中，如表 4－2 所示。

表 4－2　我国质物品种的价值-流通能力区域分布表

流通能力	价值		
	低	中	高
强 （日常消耗型）	① 石油、原油	② 粮油、钢材、橡胶、棉花、化肥	③
较强 （定量消耗型）	④	⑤ 建材、有色金属、玻璃、家电、手机	⑥
差 （零散消耗型）	⑦	⑧	⑨ 汽车

通过以上分析可以看到：在不同的价值-流通能力区域内，质物的选择有一定的规律可循，据此可以有针对性地降低质物选择上的潜在风险。银行等业务开展机构，可以在不同的业务发展时期，根据社会整体经济的发展形势和居民的消费状况，分析并归纳不同区域内商品的分布规律。通过对区域内的质物设置权重，将其应用于进一步的风险量化和选择分析模型中，为质物的选择提供合适的风险规避手段。

(3) 质物价值的认定。质物价值的认定包括以下内容。

①质物价值的计算公式。

质物价值＝质物的单位价格×质物数量－法定优先受偿款

法定优先受偿款是指假定在评估基准日实现抵/质押权时，法律规定优先于本次抵/质押担保信贷业务受偿的款项金额。

②质物单位价格的确定。

· 外购质物的单位价格通过比较质物不含进项增值税的购入价和过去三个月的当地最低市场价，按孰低原则确定。购入价的认定以发票价为基础，若质物购入价没有明确依据或该依据不足，则按照银行质物评估相关制度要求对质物价格进行评估。

· 生产企业自产质物的单位价格参照该类商品过去三个月的当地最低市场价确定。

· 存储于保税仓库中属于保税物品的质物，在总价值中必须扣除相关的关税、消费税、增值税等税款。

· 确定市场单价时，必须结合历史价格的变动情况合理预期市场价格的未来变动，预计未来市场价格下降时，应采用预计的未来市场价格作为质物的单位价格。

· 确定市场单价时，应考虑技术进步、产品更新换代等因素对质物未来价格的影响，根据影响程度做一定的折扣。

③确定质物数量时，应在基准数量的基础上扣除允许的最大误差。

（二）借款企业的评估与选择

一般来说，银行可以通过以下四个方面来评估和选择借款企业。

(1) 借款企业的财务状况评估。通常可从以下几方面来评估参与存货质押融资业务的企业的财务状况。

①资产负债率。如果企业的资产负债率高，背后可能有多种原因：企业或许在刚成立时就缺乏资金，也可能是该企业处在快速发展阶段，或该企业盲目扩张自己的业务而造成了资本消耗，也可能是企业正在经历大的损失而减少了资本储备。因此，了解和分析借款企业资产负债率高的原因，

对银行和物流企业很好地把控借款企业的借贷风险非常有益。

②营业收入与现金流。如果企业的营业收入比较稳定，现金流状况比较好，那么借贷风险出现的概率就小。因此，可从两方面对企业的情况作出评估和判断：一是该企业所在行业的特征，如果该企业所在行业是有发展潜力的，那么对控制风险就是有利的；二是企业自身的经营能力，因为企业的现金流在很大程度上反映了其经营能力，所以对企业经营能力的分析是至关重要的。

总之，申请存货质押融资的借款企业不像拥有良好资金状况和高盈利能力的企业那样可以通过内部资金的运转满足流动性资金需求，它们通常正经历快速成长或有季节性的资金需求，对借款企业盈利模式和流动性资金状况进行分析，能够保证资金运用的效率，降低贷款的风险。

③负向的财务趋势。在现实中还有一种情况是，银行会因为企业收入或利润的消极趋势对一个原本财务状况良好的借款企业加强监督，控制借款企业获取贷款的数量。此时，应重点分析企业出现负向财务趋势的原因，以免被表面现象误导。

（2）借款企业的运作周期评估。对于借款企业运作周期的了解有助于银行针对企业的实际情况采取不同的融资方式，以便降低风险、保护银行的利益。企业的一个运作周期包括采购原材料、生产、销售以及收回应收账款等过程。企业在整个运作周期内必须保持足够的现金流以满足生产销售的资金需求。资金充足和高利润的企业可以通过内部运作满足自身的资金需求，而那些缺乏资金、经历快速成长或是受季节影响较大的企业往往需要从外部融资。

运作周期决定借款企业从购买原材料和货物，生产出商品，销售商品到回收应收账款将花费多长时间。运作周期的长短因企业所在行业的不同而不同。银行和借款企业必须考虑在原材料采购之后多长时间内能将产品或服务转化为现金以偿还贷款。尽管供应商可能在企业采购时给予一定的资金帮助，如增加企业采购信用额度或者增加企业的应付账款，企业也可能延迟资金流出，但是借贷双方必须清楚地了解运作周期的长短以便在签订贷款合同时确定各种时间参数。掌握运作周期的具体情况能够使贷款方确定的贷款合同较好地满足借款企业的需要，并最终保证贷款方的利益。

（3）借款企业的行业分析。借款企业所处的行业对其经营活动和绩效都会产生重要影响。例如，当国内钢铁行业不景气时，与其相关的企业和供应商都会面临各种各样的问题。一般来说，经济萧条时，应收账款偿还的时间会延长，因此通过分析行业状况，贷款方可以在宏观层面预测行业的变化是否会造成借款企业财务状况和运作周期的变化，是否会影响完成贷款周期的时间。

（4）借款企业的管理团队评估。一个好的管理团队能够有效地提高借款企业的生产运营水平，保证企业利润的实现，实现企业的预期目标，从而保证贷款的安全。因此，对借款企业管理团队的了解也是非常重要的。

借款企业的管理团队应满足的基本要求如下：

①管理的企业生产经营正常，经营管理规范，购销渠道稳定，管理人员有 3 年以上行业经验且管理的企业近 2 年连续盈利。

②对质物具有丰富的经营管理经验，拟质押存货属借款企业日常生产经营中的主要原材料或产成品，占借款企业年度原材料采购总金额或产成品销售总收入的 20%（含）以上。

③借款企业实际控制人和高级管理人员资信良好，经营管理能力强，从业时间长、经验丰富，其中小企业客户或主要股东、实际控制人须具有 2 年（含）以上生产、经销或使用质物的经验。

（三）物流企业的评估与选择

物流企业的实际运作水平参差不齐，许多企业制定了规范的评估标准和体系，通过全面与系统的评估来选择合适的物流企业。

中华人民共和国国内贸易行业标准《质押监管企业评估指标》（SB/T 10979—2013）明确给出了质押监管企业（现实中常常是物流企业）的选择条件和评估标准，同时也规定了质押监管企业的责、权、利。

（1）质押监管企业（物流企业）的资格和条件。

①质押监管企业是在国家市场监督管理部门登记注册的企业法人，也可以是承担担保责任的非法人企业。

②从事仓储保管或相关物流业务 3 年（含）以上。

③注册资本和净资产规模达到委托方的要求。

④有良好的商业信誉，3 年内无违法违规等行为。

⑤有完整的组织架构和相应的从业人员，从业人员有明确的职责。

⑥有健全的规章制度，包括质物进出库、保管、监管、统计、档案管理等。

⑦有完善的流程管理，包括质物计量、外观质量查验、质物交接、单证制作和流转、进出库、装卸搬运、盘点、业务检查、过程控制等。

⑧有产权明晰、数量充足的质物存储和装卸场所。在监管人自有仓库监管，监管人需要提供拥有合法所有权的材料。在出质人和第三方仓库监

管，监管人需要取得监管地或第三方监管仓库的合法使用权。

⑨监管场所应安全可靠，具有防火、防水、防风、防雷、防盗功能，必要时安装监控摄像头。

⑩有符合国家要求的计量工具和计量方式。

⑪监管场所的装卸搬运、包装、供暖、电力、消防等设备的性能和运转正常。

⑫监管人员应有独立的办公场所并配备通信设施，包括电话、互联网、电子计算机、传真机等，保持 24 小时畅通，故障率不超过 10%。

⑬应配有计算机仓储管理系统，具备客户查询、追踪功能。

⑭在出质人或第三方仓库实施监管的，当事人应按上述要求划分权利和责任。

⑮出质人、质权人、监管人三方协商一致的其他条件。

（2）监管质量。

①遵循公平、公正、中立原则，对出质人、质权人负责。

②严格执行监管协议和补充协议。

③库场内单独设立监管区域，质物单独存放监管区域。

④设立质物标识，并放置在明显位置。

⑤保证质物安全、存储、堆码、苫垫、灌装等过程符合质物特性。

⑥进出库单证齐全、准确。价格通知单、提单、解押通知单、质物清单填写准确，保管完好。

⑦准确计量质物，损耗率按照合同约定的标准执行。有法定检验部门出具的计量认证合格证书。

⑧有完善的仓储管理办法。

⑨质物的变更、置换等行为需得到质权人的书面授权。

（3）质押监管企业不应有的行为。

①任何情况下不应开具虚假质物清单。

②不应与当事人中的任何一方恶意串通，损害其他当事人利益。

③不应私自转移、藏匿、出售质物。

④不应隐匿仓库及公司的重大事项变更，如或有负债、产权变更、负责人更换、诉讼案件等。

⑤不应挪用出质人借贷资金。不应从事或变相从事担保、放贷等活动。

⑥有上述行为中的一种，即需要停止其质押监管企业资格，受损的一方可以向公安部门报案或提起诉讼。

（4）质押监管企业评估指标。质押监管企业评估指标见表 4－3。

表 4－3　质押监管企业评估指标

类别	序号	指标	评估分数	证明材料
基本条件	1	企业法人或承担担保责任的非法人企业（10 分）		（1）企业营业执照 （2）企业组织机构代码证 （3）企业税务登记证
	2	财务资产情况：注册资本 500 万元以上（10 分）		（1）资产负债表 （2）利润分配表 （3）事务所出具的审计报告
	3	监管仓库的所有权和使用权（10 分）		（1）监管人自有仓库的产权证 （2）第三方仓库的产权证和租赁协议 （3）出质人仓库的权属证明
管理状况	4	监管场所安全情况（10 分）		（1）监管仓库、货场、容器满足需要 （2）防火、防水、防雷、防盗设施设备齐全 （3）计量工具合格，并按照规定进行年检 （4）作业设备齐全有效
	5	监管部门和人员（10 分）		（1）监管部门设立的条件 （2）监管人员职务及任职文件 （3）培训证明（专业）
	6	制度（10 分）		（1）出入库制度 （2）监管制度 （3）监管业务流程 （4）单证管理 （5）安全制度 （6）巡查制度 （7）合同管理制度 （8）仓储管理办法
	7	作业（20 分）		（1）监管区域标识明显 （2）质物标识标签明显 （3）装卸搬运操作规范 （4）质物存放安全 （5）盘点规定及记录 （6）账卡物相符率 （7）电话、打印机、传真机、计算机配备情况 （8）监控摄像头使用情况 （9）监管员工作环境

续表

类别	序号	指标	评估分数	证明材料
诚信情况	8	信誉（20 分）		（1）银行信用等级 （2）不良行为记录 （3）安全事故发生率 （4）重大诉讼事项 （5）质量 ISO 9001 认证情况
综合评估结果（100 分）				

综合评估结果为 85 分（含）以上，属优秀监管企业；综合评估结果为 60（含）～85 分，属合格监管企业；综合评估结果为 60 分以下，属不合格监管企业，不准从事监管业务。

（四）仓储企业的选择

随着企业的发展壮大，仓储成了企业发展面临的一个瓶颈，第三方仓储良莠不齐，自建仓成本高且难管理。对于制造和零售等行业的企业，自建仓难度比较大。首先，投资大削弱了企业抵御风险的能力；其次，仓储物流实施起来困难重重。基于此，外包给第三方仓储成为多数企业的选择。

（1）仓储法人机构应符合的条件。

①具有独立法人资格和仓储资质，资产总额原则上在 1 000 万元以上、净资产在 300 万元以上，经营仓储业务两年以上，具有相应的仓储经营及管理经验。

②应为集仓储、接收、发货于一体的专业公司，有固定的保存货物的仓库，仓储设施符合安全要求，具备相应的仓储能力，具备规范的出入库等内部管理制度。

③在业内具有良好信誉，无不良信用记录。

④能够提供符合法律要求的规范仓单，能够对货物实行计算机管理、进出动态监控，并随时打印货物清单，有条件的应与银行联网。

⑤同意签订三方合作协议，明确承担仓储货物的监管责任及质押仓单的变现或回购责任。

⑥与借款企业为非关联企业。

（2）提供质物监管的仓储场所至少应满足的条件。

①具有相对封闭的质物仓储场地，如为堆场等室外场所，须以栅栏、警戒线、铭牌等方式将监管场地与其他场地区分。

②配备能够保证现场监管人员或非现场监管人员 24 小时对质物进行监管的各种必要设施。

③配备必要的质物安全保障设备、设施，具备能够及时妥善处理质物出现不良情况（如自燃、腐烂等）的条件和能力。

④有必要的对质物的数量和质量进行检测、化验的相关设备。

⑤有必要的安全保护措施与作业设备，以免质物被损毁。

⑥监管人事前对仓储场所进行过必要的考察评估，必要时应提供相关的评估报告。

⑦业务经办人员已进行过实地考察，对相关资料进行了必要的核实。

⑧其他需满足的必要条件。

二、 存货质押融资业务合同设计

（一）基本权利和义务

存货质押融资业务合同界定了银行等金融机构、物流企业、借款企业三方的基本权利和义务。

金融机构的权利一般包括：对存货质押实现过程的检查权和监督权，对相关货物和资金的处置权，对物流企业监管情况的监督、咨询和处置权；其义务是给中小企业提供快捷的资金服务和给物流企业提供合同约定的收益。

物流企业的权利一般包括：因提供贷款中介服务而获得的监管收益权，以及因提供相关运输仓储服务而产生的收益权；其义务一般是充当银行和借款企业的中介，调查借款企业的资信、监管货物、防范价格波动、代收货款、防范各种意外对银行造成的损失。

借款企业的权利一般是将本企业拥有的存货质押给金融机构以获得贷款；其义务是向金融机构提供作为质物的存货的各种真实信息。

（二）合同的关键性指标

（1）贷款期限。存货质押融资的期限根据借款企业生产资金流转周期即实际经营情况和贸易经营周期确定，最长不得超过 6 个月。

（2）质押率。如何确定质押率是信贷合同设计的关键问题之一。在质押率的确定上，银行和借款企业存在着博弈关系，质押率越低越有利于银行控制风险，而借款企业则希望质押率高一些，从而获得更多的贷款。因此，需要分别讨论双方可接受的质押率范围。

①银行可接受的质押率范围。对于银行来讲，准确地确定质押率既可以避免自身的利益损失又可以吸引更多的企业参与这一业务。在质押率的大小上，银行从自身利益出发希望尽量压低质押率从而降低风险。以下从银行角度讨论质押率的确定。

假设 W 为借款企业质押给银行的商品的初始价值总额，p_1 为银行估计借款企业投资项目的成功率，ψ 为借款企业毁约时质押商品价格与签约初始价格的比值，θ 为质押率，r 为贷款利率，r_0 为存款利率，则银行的期望收入 E 为：

$$E=p_1 r \theta W+(1-p_1)[\psi W-\theta W(1+r_0)] \tag{4-1}$$

由于 ψ 为事前不可得变量，因此引入变量 ψ_1。ψ_1 为历史毁约记录中借款企业毁约时质押商品价格与签约初始价格的比值的平均值，在式（4-1）中用 ψ_1 代替 ψ。

当银行的期望收益大于或等于零，即 $E\geqslant 0$ 时，由式（4-1）可得

$$\theta\leqslant(1-p_1)\psi^1/[(1-p_1)(1+r_0)-p_1 r]$$

其中，θ 是 E 为 0 时的情况，一般来说银行可以通过事先确定每笔贷款的最小期望收益来确定质押率 θ。例如，$E\geqslant \Omega W$，ΩW 为银行事先确定的最小期望收益，一般 $\Omega\leqslant r$，然后计算出 θ。

对于银行来说，在确定是否贷款以及计算质押率时，对借款企业投资项目成功率 p_1 的判断将起到重要作用。银行除了可以通过问卷调查和对借款企业进行评级确定 p_1 外，还可以通过第三方物流企业所掌握的各种信息进一步确定 p_1。

②借款企业可接受的质押率范围。由于参与存货质押融资业务的借款企业绝大多数为中小企业，其特点是没有或拥有极少的固定资产，因此很难获得银行的贷款。而且由于中小企业只拥有有限的初始资金，它们不得不向银行借款以弥补资金的不足。

假设借款企业的初始资金为 x_0，x_1 为借款企业用于投资生产项目所需的除生产原料外的其他费用，且 $x_0\leqslant x_1$，企业拥有单价为 v、数量为 q 的库存原材料，质押率为 θ，借款企业获得贷款后投资项目成功的收益为 R，项目失败的收益为 0，预测项目成功率为 p，r 为银行的贷款利率。

考虑借款企业的初始现金：

$$c_0=x_0+\theta v q-x_1$$

借款企业收到银行贷款后，除去一些初期准备费用和生产的其他费用外，剩下的资金构成了借款企业的初始现金。当借款企业开始进行项目生产时，需要不断地提取已经质押给银行的库存原材料，同时要以双方商定的单位价格 v_1 用现金补偿这部分提取的库存原材料的价值。

设 $f(T)$ 为 T 时刻借款企业的提货量，$T=0,1,\cdots,n$。假设在 $[0, n]$ 时间之内借款企业不能获得项目投资的收益，即借款企业直到 n 时刻以后才能获得项目的收益。因此，考虑借款企业在 n 时刻的现金：

$$c_n = x_0 + \theta v q - x_1 - \sum_{T=0}^{n} f(T) v_1$$

借款企业在能从投资项目中获取收益之前必须保证其生产经营的正常进行，所以，$c_n \geqslant 0$。即

$$\theta \geqslant \left[x_1 + \sum_{T=0}^{n} f(T) v_1 - x_0\right] / (v q) = \theta_1 \tag{4-2}$$

式（4-2）说明了当银行制定的质押率大于或等于 θ_1 时，借款企业才可能接受贷款。其中，$\sum_{T=0}^{n} f(T)$ 取决于借款企业的生产计划。同样，θ_1 也是极限情况下计算的值，借款企业也可以根据自身的实际情况确定 c_n。

再考虑借款企业投资项目的期望收入：

$$E = p R - x_0 - v q - r \theta v q$$

借款企业只有在自己的期望收益大于 0 时才愿意借款，因此 $E \geqslant 0$。故

$$\theta \leqslant (p R - x_0 - v q) / (r v q) = \theta_2 \tag{4-3}$$

综合式（4-2）和式（4-3），可以大致确定借款企业可接受的存货质押率为：

$$\theta_1 \leqslant \theta \leqslant \theta_2$$

以上的 θ_1，θ_2 均为极限值，对借款企业来讲，也可以事先确定自己在一定时刻的现金流底线以及自己期望收益的大小，即 c_n 和 E，从而根据式（4-2）和式（4-3）确定自己可以接受的质押率 θ 的范围。

当银行对质押率可接受的范围与借款企业可接受的范围有交集时，双方达成共识，业务才可以进行。

③警戒线。警戒线是指质押合同有效期内，银行融资本息余额与质物市场价值之比（称为实际质押率，下同）不得超过合同约定质押率 10 个百分点，且实际质押率不得高于 75%。若实际质押率超过警戒线，贷款行应要求客户在 5 个工作日内追加现金保证金、提供额外担保或提前归还部分融资，将实际质押率降低到不超过质押合同约定的质押率。

④平仓线。平仓线是指质押合同有效期内，实际质押率不得超过合同约定质押率 20 个百分点，且实际质押率不得高于 85%。若实际质押率超过平仓线，贷款行应根据合同约定采取措施处置（变卖）质物，以清收融资本息。

物流企业作为银行的委托方，主要负责监管借款企业质押给银行的库存商品。由于借款企业在生产或销售过程中会随时提取库存货物，因此作为监管方的物流企业可以获得借款企业关于生产或销售的信息。这些信息对于银行来说是非常有意义的，有助于银行判断借款企业的运营状况，从

而更加准确地确定借款企业的风险类型、质押率和质押额度。

物流企业通过对质物的监管，可以得到如下统计数据：借款企业 T 时间提货量 $f(T)$，借款企业 T 时间因提货而付给银行的现金为 $g(T)$。假设借款企业在 m 时刻将全部库存商品提取完，则有以下两个等式成立：

$$\sum_{T=0}^{m} f(T) = q$$

$$\sum_{T=0}^{m} g(T) = \theta\, v\, q(1+r)$$

考虑到库存商品实际价格的波动，必须保证在最坏的情况下银行不亏损。最坏的情况是指在一段时间后，由于库存商品价格下降，借款企业不愿用现金来提取库存商品而毁约，银行被迫将库存商品拍卖或另行处理。因此，银行必须在合约中确定一个价格底线，当库存商品的价格接近这个底线时，银行可以依照合同强行平仓，拍卖所有剩下的库存商品，以避免损失。假设这个平仓线为 εv，ε 为质押商品现实市场价格与签约时价格的最低比率，即当库存商品的市场价格下降到 εv 时，银行就强行平仓。

假设借款企业最终违约，对于银行来说，为了对借款企业采取带有惩罚性的措施，必须保证银行从该笔业务中获得的最终收益不小于贷给借款企业的资金的预期收益。假设借款企业违约时刻为 t，t 属于[0，m]，则有

$$\sum_{0}^{t} g(T) + v_t\Big[q - \sum_{0}^{t} f(T)\Big] \geqslant \theta v q(1+r)$$

整理后得到

$$\sum_{0}^{t} g(T)/v + (v_t/v)\Big[q - \sum_{0}^{t} f(T)\Big] \geqslant \theta q(1+r)$$

进一步得出 v_1/v 的范围：

$$v_1/v \geqslant \Big[\theta q(1+r) - \sum_{0}^{t} g(T)/v\Big] \Big/ \Big[q - \sum_{0}^{t} f(T)\Big]$$

银行为了保证自己不受损失而制定的平仓线 ε 必须大于每一时刻的 v_t/v，即 $\varepsilon \geqslant v_t/v$，$T=0$，1，…，$m$。

所以，有

$$\varepsilon \geqslant \max\Big\{\theta q(1+r) - \sum_{0}^{t} g(T)/v\Big\} \Big/ \Big[q - \sum_{0}^{t} f(T)\Big], t = 0, 1, \cdots, m$$

式中 $\sum_{0}^{t} g(T)$，$\sum_{0}^{t} f(T)$ 取决于借款企业的提货方式和还款方式，如每天的提货量和还款量是否相同等。平仓线与还款以及提货方式有直接关系。现实中，由于借款企业的经营以及财务状况不同，银行会要求借款企业采取

不同的还款方式以及提货方式。另外，质押率和平仓线之间也存在着紧密关系，准确地确定质押率是确定平仓线的前提。

在签订合同时，银行可以根据事先确定的提货方式以及还款方式来确定 ε。由于物流企业可以记录在实际生产过程中借款企业的实际提货量以及还款量，因此可以为银行和借款企业签订下一个周期的信贷合同提供有用的信息。

（3）存货质押融资业务合同设计的进一步分析。在我国，与传统的信贷合同设计以及国外的信贷合同模式研究不同，存货质押融资业务信贷合同的设计必须考虑该项业务的两个显著特征。

①三方参与。我国信用体系尚未完全建立，商业银行和申请贷款的中小企业之间的信息不对称程度较高、投资项目风险大，银行往往没有足够动机花费较大代价（监督成本）去消除信贷合同设计中的信息不对称，而且银行作为质押权人往往不具备监管质物的条件。但是，物流企业正好可以解决银行所面临的这些问题，由此促进了动产质押业务的开展。所以，现实中典型的存货质押融资业务是银行、借款企业、物流企业三方参与的模式。

②分散决策。传统的信贷合同设计理论模型都假设借款者是完全理性的，并在信贷合同设计中忽略其行为决策，从而采用银行集中决策模式分析信贷合同的最优设计，即信贷合同设计模型建立在将银行作为单一的决策主体的前提之下，仅按借款企业的风险类别区分不同的债务人，而忽略其行为决策。但是，在存货质押融资业务中，大多数借款企业属于资金短缺的中小企业，融资约束对其库存和投资决策的影响非常大，在银行贷款不能满足其最基本的生产投资需求时，借款企业可以选择不贷款。因此，完全有必要考虑融资约束下借款企业的行为决策，同时考虑物流企业的影响和作用，即研究在分散决策下的信贷合同设计问题。

三、存货质押融资业务管理

（一）存货质押融资业务管理的内容

存货质押融资业务主要涉及三类主体，即借款企业（借方）、物流企业（中介方）和银行等金融机构（贷方）。具体业务管理的内容如下。

借方是在中华人民共和国境内注册登记的从事商品生产经营的企业法人，是物流金融业务的资金需求方。首先，应确保用于物流金融业务的质物不被扣押和查封，在所有权上不存在共有等有争议的问题。其次，根据合同约定，在保持库存货物量不低于合同约定的最低数量和价值的情况下，可以提取、使用和处置超过约定最低数量的部分动产质物。再次，在库存货物价值明显减少时，收到贷方通知后及时补货。最后，还要按照合同约定，向中介方支付质物保管、进出库、搬运等服务费用。

中介方是在物流金融业务中进行质物监管并具有质物保管条件的合法经营主体。中介方作为物流金融业务的重要参与方，首先，应为每一笔物流金融业务的质物提供存储场地，并根据贷方要求控制质物进出库，监控质物的进出库，监管质物的种类、品质、总数量，确保借方存货下限不低于贷方要求的最低数量。其次，质物进出库时，验收、计量并做详细记录，严格审核质物质量，以免以假乱真、以次充好，确保质物流动过程中是同质的。再次，对质物进行保管养护，对其数量、质量进行管理控制，确保质物安全、不变质。最后，还应向贷方报告每一笔质物进出库的情况，向借方报告保管在中介方处质物的详细情况，负责赔偿因中介方保管不善造成的损失。

贷方是在物流金融业务中提供资金的企业。首先，贷方要有一定的资金，保障贷款工作正常进行，为借方提供合同约定的款项。其次，要向中介方发出质物进出库指令，评估质物的价值，必要时可通过专业的第三方评估机构进行价值评估，确定质物的质押率以及跟踪质物价格的变化。最后，在借方归还全部贷款时，撤销对质物禁止放行的指令。

（二）存货质押融资业务管理的要求

（1）贷前调查阶段。贷前调查阶段的管理主要包括以下内容。

①业务申请。借款企业申请办理存货质押融资业务，除按照单项业务品种办理要求提交申请材料外，还应提交以下资料：质物的合法性权属证明，如购销合同、增值税发票、进口报关单、货运单、付款凭证、完税证明等；出厂质量合格证、专业质检机构出具的产品质量检验报告、《商检证书》等能够证明商品规格、质量、等级的权威证明文件；质物清单；商品许可证或批文（如需）；银行要求的其他资料。

②业务调查。办理存货质押融资业务，除按照单项业务品种办理要求进行业务调查外，须履行双人调查手续，重点调查的内容如下：质物、监管人及融资用途等是否符合相关准入规定；借款企业是否在其他行办理过贸易融资业务尤其是存货质押融资业务，是否存在不良记录；调查借款企业对质物的合法权属证明，质物是否为借款企业合法拥有，是否存在争议，质物是否已用于质押，贷款行能否保管证明权属的文件；调查质物的商品特性、市场状况等，评估质物价值，初步确定质押率；质物近三年来国内外市场价格波动情况；对已入库的质物，初步核查质物的名称、品种、数

量、质量、重量、包装、仓储地点等；落实借款企业是否愿意对质物办理相关保险。

③金融机构调查部门调查。金融机构调查部门应根据实际调查情况，设计详细可行的监管方案，质物监管方案至少应包括以下内容：仓储地点的选择，是否具备独立仓库；监管人及监管方式；是否配备足够的现场监管人员进行现场监控；是否具备视频监控条件；具体的核库、巡库要求；质物存入和提取的具体方案等。

（2）贷中审核阶段。贷中审核阶段的管理主要包括以下内容。

①信用发放前的准备工作。已获批准的存货质押融资业务，在信用发放前，贷款行应尽快落实质物质押和质物保险。落实质物质押时，金融机构至少应安排双人赴物流企业所在地及其仓库现场进行真实性核查，核查质物的名称、品种、数量、质量、重量、包装、仓储地点等要素与仓储单据的记载及借款企业提供的其他资料是否相符，以确保单据各要素的真实性、准确性和完整性；深入了解质物的质量情况，必要时可聘请专业检测机构出具检测报告；最后对质物价值及质押率进行准确核实。

②协议签署。金融机构应与借款企业、监管人签订存货质押融资监管协议，明确三方对质物的入库、监管、变更、出库等事项相关的权利和义务。另外，金融机构还应与借款企业签订单项信贷业务合同。

③质物入库。金融机构与借款企业根据存货质押融资监管协议，联合向监管人出具《出质通知书》或有关质物种类、价格、最低要求的通知书。监管人按照通知书列明的内容核查出质人交付（或已在库）的质物，并办理相关手续。

④信用发放。信用发放应遵照各项贸易融资业务的有关规定执行，并满足以下条件：金融机构已收到监管人签发的仓单或质物清单，并与质押合同中对质物的各项约定核对无误；金融机构核保无误，核定价值符合质押率的规定；借款企业已按合同约定对质物投保，并将保险单交给贷款行；金融机构要求的其他信用发放条件。

（3）贷后管理阶段。贷后管理阶段主要包括以下内容。

①日常管理及风险防范。金融机构必须切实加强贷后跟踪检查，除按照单项产品要求进行贷后管理外，尤其需要通过建立存货质押融资业务质物管理台账等手段，加强对质物的管理，对采取普通监管模式的，贷款行应至少每 15 天对质物做双人现场检查；对采取输出监管模式的，贷款行应至少每周对质物做双人现场检查。另外，金融机构进行现场检查时，须检查质物的保管是否完整、保质，核对仓单或质物清单，并填写《存货融资业务质物核库情况表》。最后，金融机构还应注意与监管人保持沟通，当出

现任何不利于银行物权控制或质权实现的情况时，及时采取风险防范措施。

②出现以下预警信号或不利情况时，贷款行须采取有效措施控制风险，必要时提前收回信用或行使质权。

· 借款企业未按约定用途使用融资资金；
· 借款企业或监管企业面临重大诉讼或出现重大纠纷；
· 质物发生减少、损坏、灭失或质物的市场价格波动剧烈；
· 质物权属发生争议或被银行、其他机关查封；
· 借款企业出现违约或未按期支付质押监管费用；
· 借款企业未按约定办理质物保险；
· 借款企业应收账款、存货余额发生大幅异常变化。

③出现下列情形之一时，贷款行应根据融资合同和存货质押融资监管协议的约定，向监管人出具行使质权的通知书，直接向监管人提取质物，依法变卖、拍卖，或者以质权人的名义将仓单背书转让给第三人，将所得款项用以偿还借款企业在银行的债务。采用仓单背书转让方式处置质物的贷款行应同时要求监管人在仓单上盖章并签字。

· 贷款到期后借款企业不能偿还；
· 实际质押率达到警戒线时借款企业未按要求追加保证金或提前还款；
· 实际质押率达到平仓线；
· 金融机构认为有必要提前收回融资的其他情形。

④收回融资和释放质押解除监管。借款企业归还融资后，贷款行核实无误，签发《提货通知书》，书面通知监管人解除质押监管，质押关系解除，返还仓单及其他相关单据并取得回执妥善保管。

第 3 节　应收账款融资产品的过程控制与业务管理

一、应收账款、借款企业、物流企业的选择与评估

（一）应收账款的选择与评估

对借款企业应收账款的选择与评估主要考虑以下几个方面：应收账款的基础要素、应收账款受让的合法性、应收账款的可实现性和应收账款的集中度管理。

（1）应收账款的基础要素。应收账款主要有以下特征。

①真实性。核实应收账款是否真实存在，买卖双方之间是否有交易记

录且合作良好，买方是否存在长期拖欠现象。

②特定性。用于设立质押的应收账款的有关要素是否明确、具体和固定，包括金额、期限、支付方式、债务人的名称和地址、产生应收账款的基础合同、基础合同的履行程度等。

③时效性。用于设立质押的应收账款债权是否超过诉讼时效。

一般情况下，以下应收账款可用于质押：

①销售货物而产生的应收账款。

②销售水、电、气、暖等产生的应收账款。

③知识产权的许可。

④出租产生的应收账款。

⑤提供服务产生的应收账款。

⑥不动产收费权质押。

（2）应收账款受让的合法性。应收账款受让的合法性需要满足以下几点。

①应收账款转让的法律性质。应收账款的实质是债权人对债务人享有的金钱债权，因此应收账款转让的性质为债权转让。《民法典》第五百四十五条规定，债权人可以将债权的全部或者部分转让给第三人，但是有下列情形之一的除外：（一）根据债权性质不得转让；（二）按照当事人约定不得转让；（三）依照法律规定不得转让。当事人约定非金钱债权不得转让的，不得对抗善意第三人。当事人约定金钱债权不得转让的，不得对抗第三人。据此，我国法律认可债权转让的法律效力。《民法典》第五百四十六条规定，债权人转让债权，未通知债务人的，该转让对债务人不发生效力。债权转让的通知不得撤销，但是经受让人同意的除外。因此，债权转让无须取得债务人同意，仅需通知债务人即可，即只要金融机构与债权方就债权转让达成协议后通知债务人（买方），该债权转让即对买方生效，此后，金融机构有权以债权人的名义依据商务合同的约定向合同的买方行使请求支付应收账款的权利。

《民法典》第四百四十条明确规定了债务人或者第三人有权处分的现有的以及将有的应收账款可以出质，即应收账款可以质押。

②金融机构可以受让的应收账款债权。根据《民法典》第五百四十五条，不得转让的债权仅限于三种情形：一是根据债权性质不得转让的债权，如以特定身份为基础的债权（抚养请求权、退休金请求权等）、以特定债权人为基础的债权（如教授特定人音乐技能等）、基于债权人与债务人间特殊信任关系的债权（如雇佣、委托、租赁关系中，委托人对于受托人的债权或承租人对于出租人的债权）及不作为的债权；二是按照当事人约定不得

转让的债权；三是依照法律规定不得转让的债权。除以上三种债权，金融机构均可以受让。

在应收账款融资业务中，金融机构受让的债权一般为货物买卖合同产生的金钱债权，不属于《民法典》规定的根据合同性质不得转让的债权或依照法律规定不得转让的债权。因此，只要合同双方未在商务合同中约定合同权利不得转让，即为可转让债权，转让具有法律效力。

③质押担保限制。从风险控制的角度出发，一般情况下认为以下应收账款不能用作质押。

• 国外应收账款。国外应收账款存在法律、外币兑换等风险。如果金融机构接受这类应收账款，需要信用凭证或带有扣除条款的保险。

• 分支机构应收账款。如企业集团内部和关联企业的应收账款，在主体机构发生财务危机时，分支机构的财务状况可能同时恶化。分支机构的应收账款同样也会存在风险，特别在其财务状况紧张时。

• 可以相互抵消的账目。当借款企业既是采购方同时也是销售方时，就会产生可相互抵消的账目。这类应收账款不能用作质押的原因是借款企业的客户同时也是供应商，因此可以抵销债务而只付差值，不便于进行质押操作。

• 企业经营权以及各种特许经营权产生的预期应收账款。可用于质押的应收账款主要是已经发生的应收账款（如已经发生的销售货款、贷款、租金）。对于以未来的应收账款作为出质标的，仅限于有基础法律关系但尚未发生的应收账款。如企业未来的营业收入不能作为出质权利，但公路、桥梁等不动产收费权虽债务人不特定，但收费的基础法律关系——不动产经营权确定，收费稳定，可以作为出质权利。

• 非公益性。医疗、教育等公益事业均不属于完全市场化的领域，其中的部分应收账款不宜设立质押。

• 其他不可质押的应收账款。如账龄超过 90 天的应收账款，提前开票或已开票未发货的应收账款，虚构的应收账款，等等。

（3）应收账款的可实现性。对应收账款可实现性的评价是整个质物评价的关键，影响应收账款实现的主要因素包括债务方企业的信用、借款企业与债务方企业的关系稳定性，以及所处供应链的管理和运营水平等。

首先，债务方企业对于应收账款的有效性和时效性的确认是一笔应收账款质押融资的核心。应收账款的实现需要债务方有履约意愿且具备履约能力并遵守时效要求。因此，应收账款可实现性与债务方企业的信用密切相关。因此，贷款人（金融机构）需要着重对债务方企业进行严格的贷前调查，对其进行信用评估，从财务状况、资本实力、企业管理水平、领导人素质、现金流状况、风险承担能力等方面进行严格的调查，重点应考察评估借款企业关于债务方企业的历史财务记录。确认应收账款的有效性和债务人的偿债能力后，要求债务方企业出具具有法律效力的应收账款确认函。

其次，借款企业和债务方企业关系的稳定性也是评价应收账款可实现性的一个重要指标。如果借款企业和债务方企业的关系是长期而非一次性的，这种长期的业务往来使借款企业和债务方企业的利益捆绑在一起，形成关系联盟，双方的交往越深，共同利益越多，越能实现双赢，双方的关系就越稳定，应收账款的实现就越有保障。一般来说，在对借款企业和债务方企业关系的稳定性评估中，物流企业有着独特的优势。物流企业和供应链上下游企业有着密切的业务联系，比较了解上下游企业过往的交易记录和信誉，也知道双方利益的共同点和价值观的共同性，因此能够比较准确地评估借款企业和债务方企业的关系稳定性。

最后，借款企业和债务方企业所在供应链的管理与运营水平将影响应收账款的实现，金融机构对供应链涉及的行业以及供应链自身的情况都需要作出评估。对供应链管理与运营水平的评估应该从评价供应链上的核心企业入手，这些核心企业往往决定了整个链条的效率和盈利水平，它们的战略决策、运营水平和面临的风险大小将决定整个供应链的竞争力。处于同一链条上的中小企业如果拥有对这些核心企业的应收账款则比较容易获取金融机构的质押贷款。

(4) 应收账款的集中度管理。像所有其他贷款组合一样，金融机构的借款对象如果表现为更高的集中程度，就会给金融机构带来更高的风险，即贷款集中度风险。对于金融机构来说，当少数几家借款企业占据绝大多数应收账款融资资源或是应收账款融资只针对某一种行业时，就产生了集中，如许多借款企业专门生产某种产品或是从事某种服务时，就会产生应收账款集中。

一般来说，金融机构的应收账款越是集中于同一行业、同一类型的供应链或同一类企业，金融机构面临的风险就越大，如果这些行业突然遭受打击，来自该行业的借款企业的应收账款将有极大的收回风险。这就需要通过合适的融资组合将风险分散化，从而降低金融机构面临的风险水平。降低应收账款融资业务过于集中的风险的方法有两种：一是选择能够降低集中度从而分散组合风险的应收账款进行融资；二是降低应收账款融资业务的质押率。

但是，在某些特殊行业或特殊时刻，集中收回某一行业的应收账款反而可以降低风险。在确定合适的应收账款融资业务模式时，除了考虑应收账款的集中度外，还要兼顾平衡，考虑应收账款的选择是否影响金融机构自身的收益，使风险和收益达到平衡。

另外，也可利用应收账款融资业务相对集中的优势实施应收账款池融资方案。对于业务相对固定、交易频繁、笔数多、单笔交易金额较小、过往记录良好的借款企业，把其贸易形成的零散应收账款集合成“池”，为其提供融资服务，有利于帮助该企业迅速发展壮大。当然，这种服务方式对金融机构的业务管理水平提出了更高的要求。

（二）借款企业、物流企业的选择与评估

（1）借款企业的选择与评估。对借款企业的选择与评估主要考虑以下几个方面：生产经营能力、财务运作能力、行业特征、管理团队等。除此之外，结合应收账款融资的特点，还应从借款企业客户的质量、借款企业应收账款集中度、借款企业业务延迟程度和可能性、借款企业客户的运营能力等方面进行重点分析和判断。

①借款企业客户的质量。企业的下游客户往往多种多样（如可以分为国有大型企业、小型私有企业、个体户等）。对于不同的客户，企业的应收账款也存在着不同的风险级别。大多数应收账款的价值取决于借款企业下游客户的信誉和经营能力。因此，对于应收账款的分析也应该从对借款企业客户的财务状况、金融状况的评估开始。

一般来说，借款企业客户群体的财务状况越好，借款企业客户的质量越好。当一家企业的应收账款对象是财务状况较差的企业时，该企业收回应收账款的风险相对较大。为了判断借款企业客户的财务状况，金融机构应当参考以往的信用记录、交易记录和负债情况进行信用评级和风险评估。

②借款企业应收账款集中度。金融机构一般认定应收账款的集中度不能超过总应收账款融资额的 10%。对于客户过于集中的借款企业，金融机构应该控制其最高融资规模在总应收账款融资额的 10%～20%，或者通过降低质押率来控制风险。

③借款企业业务延迟程度和可能性。一般说来，供货不足导致生产受阻、价格波动造成企业产品销售不畅、自然原因造成供应链链条断裂、上下游信息不透明造成供应链协作出现不协调等，这些都会导致借款企业预定的业务经营周期延迟。逾期 30 天的账目或是比合同约定的交易期限推迟的情形都认为是延迟。延迟的产生即表明风险的增加。金融机构应尽可能掌握借款企业与其客户企业之间的交易记录，特别是要分析业务延迟的程度和出现的概率。对于业务合作中出现大量业务延迟的企业，应慎重开展应收账款融资业务。

④借款企业客户的运营能力。为了控制借款企业可能发生的风险，金融机构常常将评估重点延伸到借款企业的客户身上。对客户运营能力的评估，金融机构要在物流企业的协助下进行。客户的运营包括采购、生产、销售、物流和应收账款回收等各环节，其运营能力直接影响借款企业应收账款的实现。对于采购，要分析采购成本，了解成本的高低以及在贷款期间可能的波动；分析采购的方式，了解为实现订单生产，采购究竟是一次性进行还是分批进行，如果是分批进行，周期是多长，每批的批量究竟有多大；分析采购团队的能力，了解采购团队的反应速度和历史上反映采购能力的记录；此外，还要分析供应商，了解供应商的类型、实力、信誉和数量等。对于生产，要分析生产流程、生产能力以及质量控制水平。对于销售，要分析售后服务水平和反应速度，销售的组织水平和销售团队的业务素质等。对于物流，要分析物流模式，究竟是通过自己、下游企业还是第三方物流企业解决物流问题；还要分析物流成本究竟有多高，物流的反应速度究竟有多快，物流过程面临的风险究竟有多大等。

（2）物流企业的选择与评估。中华人民共和国国内贸易行业标准《质押监管企业评估指标》（SB/T 10979—2013）明确规定了质押监管企业（现实中常常是物流企业）的选择条件和评估标准，同时也描述了质押监管企业的责、权、利，具体内容见本章第 2 节中“物流企业的评估与选择”部分。

实例

办理应收账款融资业务的资料清单

1. 借款人和债务人各自的《企业（法人）营业执照》、企业（公司）章程。

2. 借款人和债务人法定代表人的身份证明或其授权书，授权代理人的身份证明原件及复印件。

3. 借款人和债务人近三年财务审计报告及最近一个月月度审计报告或财务报表。

4. 抵/质押物清单、产权证明（原件）和有处分权人同意抵/质押或保证人愿意提供保证的有关证明文件。

5. 表明真实贸易背景的经济合同和相关单据，如产生应收账款的基础合同、发票、提单等。

6. 债务人同意提供质押担保的书面文件。

7. 记载或体现应收账款的合同、凭证、借条和欠条的应收账款确认函。

二、应收账款融资业务合同设计

（一）合同三方的基本权利和义务

应收账款融资业务合同将确定金融机构、借款企业和物流企业三方的基本权利和义务。金融机构的权利一般包括对应收账款实现过程的检查权和监督权，对物流企业监管情况的监督、咨询和处置权；义务是提供便捷的融资服务。借款企业的权利一般是将本企业拥有的应收账款质押给金融机构获取贷款；义务是向金融机构提供作为质物的应收账款的真实信息，在应收账款抵借融资模式下对债务方企业有追索权，如果不能收回应收账款，有义务承担相应的损失。物流企业的权利一般是获得向借款企业提供相关运输、仓储等物流服务的报酬；义务一般是负责借款企业销售过程中质物的仓储以及运输服务，向金融机构提供相关的建议和咨询，防止借款企业作假，对由自己失误或借款企业作假造成的金融机构的贷款损失须承担相应的责任。

（二）合同的关键性指标

(1) 贷款期限。贷款期限的确定主要依据从原材料采购到应收账款完全收回的整个运营周期的长短，一般情况下贷款期限为3～12个月。

(2) 质押率。应收账款融资业务的质押率一般为50%～90%。对于质押率的设定，应分析金融机构对风险的容忍水平、收回应收账款的风险大小、借款企业和债务方企业关系的稳定性、债务方企业运营周期的长短以及是否有多周期业务等因素。一般来说，对拥有高风险债务方企业的借款企业，金融机构应该给予更低的授信额度，即更低的质押率；而对拥有低风险债务方企业的借款企业，金融机构则可以给予较高的授信额度，这样可以使金融机构对应收账款融资业务的风险进行有效控制。质押率经常受到质物价格波动幅度、趋势以及借贷期限内利率等因素的影响；同时，对借款企业而言，其供应链上下游企业的市场反应与协作策略（如供应商的回购策略、零售商的促销策略等）也将对借款企业的融资风险产生影响。

应收账款融资业务的质押率的计算公式：

$$\begin{matrix}\text{应收账款融资}\\\text{业务的质押率}\end{matrix}=\frac{\text{应收账款质押贷款金额(含贷款期内利息)}}{\text{应收账款金额}}\times 100\%$$

(3) 利率。在利率市场化条件下，影响利率变动的因素越来越多，除了风险影响利率定价外，价格波动、制度限制、同业竞争等因素均会对利率定价造成影响，正确确定利率水平对融资业务的顺利进行具有重要意义。

应收账款融资业务遵循一户一策的利率定价原则。

（4）收益分配。在应收账款融资业务合同中应事先确定金融机构和物流企业的收益分配方案。按照应收账款融资业务的不同模式，收益分配方案可以分为两种：一种是金融机构获得贷款利差收益，物流企业获得监管费、运输仓储费，可以直接由借款企业付给物流企业；另一种是金融机构获得应收账款差价收益，物流企业获得运输仓储费等，由金融机构从应收账款差价收益中向物流企业支付。在确定了基本的收益分配方式后，具体的收益指标应在合同中明确列出，且需指明结算方式、交接程序和违约处理方式等。

（5）违约处理。应收账款融资业务合同应明确对违约的处理方式。根据质押模式的不同，对违约的处理方式也不同：在应收账款抵借融资模式下，由于借款企业拥有追索权即承担赔偿坏账损失的责任，如果无法收回应收账款，则判定借款企业发生违约，金融机构可以依据合同或相关法律冻结借款企业在金融机构开设的账户；在应收账款让售融资模式下，应收账款的追索权属于金融机构，如果无法收回应收账款，金融机构应承担相应的损失，这种情况下，金融机构只能依据相关法律挽回自身的损失。

（6）质物的留置权问题。需要特别强调的是，质物的留置权在合同中必须有强制性条款予以保证。由于应收账款不停地在金融机构和借款企业之间转让，借贷双方必须在合约中对质物的留置权作出明确规定以避免损失。为了保证金融机构质物留置权的优先地位，金融机构必须在正式贷款给企业前对质物的留置权进行审查。理想情况下，一家企业只向一家金融机构进行存货质押融资或应收账款融资。但是，有时候金融机构只针对借款企业的部分存货或是应收账款放贷，借款企业可能用其他部分向另一家金融机构进行融资。这种情况下，由于存在多个借款方，有时难以区分各自管理的质物，从而增加信贷风险。通过频繁、全面的审计和对质物的详细描述可以降低这类风险，但也会降低业务运作的效率。最简单的解决办法是金融机构要确定自己是拥有借款企业存货或应收账款留置权的唯一一方。

三、应收账款融资业务管理

（一）应收账款融资业务管理的内容

传统的供应链一般是推式供应链即以制造商为核心，产品生产建立在需求预测的基础上，并由经销商逐级推向顾客，顾客处于被动接受的末端。新型的拉式供应链则以顾客需求为核心，生产企业对需求进行分析，力求快速反应。供应链管理理论和实践指明的发展方向更趋向于以顾客需求为核心的拉式供应链，应收账款融资业务即产生于拉式供应链模式中。相对于存货质押融资业务，应收账款融资业务由于弹性更高、融资时间更短、融资方式更灵活等特点更具有发展前景。存货质押融资业务管理的许多思想、方法可供应收账款融资业务借鉴使用。

本部分将从以下四个方面介绍应收账款融资业务的管理。

（1）金融机构审批流程及组织结构设计。贷款主体（金融机构）及其内部的协作关系直接决定了应收账款融资业务的管理能力和安全水平。

（2）贷前质物的选择和借款企业的选择。应收账款融资是一种短期的商业贷款，注重上游企业的融资问题。该业务的管理在于核心企业的经营能力、信用风险监控及产-销供应链的合作稳定性。

（3）贷中应收账款融资业务的合同设计。应收账款融资业务中的质押率设计取决于应收账款的各种特性。对于一般合法的应收账款，金融机构制定的质押率一般在50％～90％；如果金融机构认为某种应收账款有更高的风险，那么质押率可能降低。

（4）贷后应收账款融资业务的风险管理与控制。相对而言，应收账款融资业务风险较高。其风险管理的重点是在监控核心企业的经营能力和产-销供应链合作稳定性的基础上对应收账款的管理和控制，最重要的是借款企业对应收账款的履约意愿和能力。同时对物流企业也需进行风险监控，防范操作风险及道德风险。

（二）应收账款融资业务管理的要求

（1）组织结构设计。金融机构通过设立专门的管理部门来加强对业务的管理与审批是融资业务顺利开展的关键。常用的审贷分离、分级审批制度的职责分工如下：

- 经办机构负责应收账款融资业务的受理、贷前调查、贷款发放与贷后管理；
- 信贷管理部负责应收账款融资业务的审查、授权范围内的审批；
- 风险管理部负责应收账款质押登记、放贷审核、贷后管理的检查，风险预警处置、控制以及信贷档案管理；
- 上级机构信贷审批负责人负责应收账款融资业务授权范围内的审批；
- 贷款审批委员会负责权限内的信贷业务审批；
- 法律合规部负责不良贷款的监控、清收和转化工作，负责信贷业务合规性审查及法律事务的咨询；
- 稽核监察部负责业务专项稽核检查与责任认定及处罚。

（2）贷前调查阶段。贷前调查阶段的管理要点包括：

①贷前调查关注点。应收账款在出质人资产中的占比、应收账款周转率、应收账款的平均回收期、应收账款的集中度、是否存在关联方交易等。应收账款债权人、债务人的信誉，在金融机构有无不良还款记录。

②贷前调查后作出业务评价，撰写调查报告。调查报告主要包括以下内容：借款企业的贷款用途、信用状况、偿还能力、资料的真实性。此外，还应对以下内容进行分析：出质人的资信状况和逾期趋势；质物是否合格；应收账款的融资比率。根据业务评价，对应收账款质押风险点进行详细的分析，特别要分析应收账款融资业务是否符合信贷业务政策、相关部门的指导意见及政策。

③信贷管理部关注点。对作为质物的应收账款的相关情况进行审查，包括应收账款项下的产品已发出并验收合格；应收账款债务人必须资金实力较强，无不良信用记录；应收账款的到期日早于借款合同规定的还款日等；产生应收账款的基础合同是否真实有效；应收账款是否符合会计制度要求的收入确认规定。只有能按会计制度的要求确定为收入的应收账款，才能相应确认为出质人资产。

（3）贷中审批阶段。应收账款融资业务的审批与发放，有如下要求。

①信贷管理部审查后提出明确的审批意见，按照授权或转授权范围和权限进行审批，决定是否贷、贷多少以及贷款的方式、期限和利率。

②开立应收账款质押监管专户，借款企业以现有的应收账款作质押的，出质人须在经办机构开立应收账款质押监管专户，或将出质人原有的基本账户或一般账户视作专户进行监管。

③签订质押合同，落实应收账款质押的前提条件。应收账款融资业务审批通过后，经办机构应按照要求与应收账款的出质人及时签订质押合同、《应收账款质押登记协议》，并落实其他必要的前提条件。以现有的应收账款质押的，还应按审批意见取得应收账款债务人的书面承诺函作为质押合同的附件。应收账款债务人应在承诺函中表明：应收账款真实，债务人在出质期间不会有损害质权的恶意行为，不得向出质人清偿，但可向质权人指定的监管专户直接清偿，或予以提存，否则要承担赔偿责任。

④办理应收账款质押的登记，风险管理部通过中国人民银行征信中心的应收账款质押登记公示系统代为办理。质押登记手续办妥的日期原则上不得迟于贷款的实际发放日期。

（4）贷后管理阶段。贷后管理主要包括以下几方面的内容及要求。

①业务资料登记归档。业务资料应归档保管，原件含《应收账款质押登记协议》等重要权证及法律文件上交上级机构归档保管。建立应收账款

融资业务档案，档案主要包括应收账款融资业务申请书、财务报表、借款企业基本材料等文件，融资合同，借款借据等。

②贷后检查。贷后检查中及时监控债务人的经营状况和资金流转情况，将上下游客户纳入监控范围，加强对出质人应收账款回笼资金的监督管理，一旦发现风险苗头，要及时采取措施收回贷款，确保资金不受损失。以现有应收账款作质押的，经办机构应加强监测，出质人每收回一笔账款，必须划转到指定的应收账款监管专户，以偿还贷款，不可挪作他用；注意分析已办理质押登记的应收账款中的坏账损失，特别是应收账款的账龄分析，提高坏账损失认定标准，及时增加其他质物或变更其他物保、人保等担保方式，防止坏账损失造成的质押风险。金融机构应尽可能掌握与应收账款相关的各种信息和文件资料。例如，掌握经借款企业销售部门核准的销售发票、发货单和下游企业的相关法律文件；根据应收账款的明细账户余额定期编制应收账款余额核对表，并将该表寄送还款客户核实；定期编制应收账款分析表，从中分析出虚列的应收账款或不能收回的应收账款；设专人对应收账款账龄较长的客户进行催收和索取货款，以保证债权的收回。

③展期、变更登记及注销。应收账款的各种贷项调整（包括展期、变更、坏账冲销、折扣与折让的给予等）须经严格批准才能进行。

• 应收账款质押展期登记。在登记期限届满前 90 日内，经办机构可以申请展期。经办机构可以多次展期，每次展期期限不得超过 5 年。经办机构在办理展期登记之前需与出质人重新签订《应收账款质押登记协议》。

• 应收账款质押变更登记。一旦发现登记内容存在遗漏、错误等情形或登记内容发生变化的，经办机构应当申请办理变更登记。经办机构在原质押登记中增加新的应收账款出质的，新增加的部分视为新的质押登记，登记时间为最新提交公示系统的时间。经办机构办理登记时所填写的出质人法定注册名称或有效身份证件号码有变更的，应当在变更之日起 4 个月内办理变更登记。未办理变更登记的，质押登记失效。经办机构在申请办理变更登记之前需与出质人重新签订《应收账款质押登记协议》并提交上级机构办理。

• 应收账款质押注销登记。有下列情形之一的，经办机构应自该情形产生之日起 10 个工作日内办理注销登记：主债权消灭；质权实现；经办机构放弃登记载明的应收账款之上的全部质权；其他导致登记质权消灭的情形。

注销登记时需提供的资料：证明该笔质权已消灭或已实现的凭证，如还贷凭证、金融机构承兑汇票已划款的凭证；法院判决登记机关进行注销的通知书。

首先，金融机构需要了解借款企业的财务状况来确定借款企业是否有能力还款，因此借款企业需要定期提供审计报告及财务报表。审计报告帮助金融机构确定不能收回的应收账款是否已经被区分，用于质押的应收账款是否已经形成坏账。提供审计报告的频率应当取决于对借款企业信贷风险的评估。由于物流金融贷款多数为短期贷款，因此一般需要一个月审计一次。

其次，金融机构和物流企业建立良好的业务协作关系是融资业务顺利开展的重要保障。金融机构和物流企业是结成联盟进行长期的业务来往还是偶尔的合作，是委托物流企业进行质物监管还是统一授信给物流企业使物流企业有更大权限开展应收账款融资业务，这些都会影响金融机构和物流企业的合作质量，从而影响融资业务监管水平。一般来说，在委托物流企业进行监管的模式下，物流企业更多的是发挥第三方物流服务的功能，充分发挥其在运输、仓储、配送等方面的优势，保证质物的安全。在这种模式下，融资业务涉及多方的合作和配合，需要重视业务流程的改善和管理手段的改进，以提高业务操作的效率。在统一授信模式下，物流企业有更大的权限开展应收账款融资业务，在某种程度上对整个融资业务起主导作用，而金融机构则成为跟随者。在这种形势下，物流企业的运营状态在很大程度上决定了整个融资业务的监管水平，因此，金融机构在前期对物流企业信用的评估非常重要；同时，业务开展过程中对物流企业运营能力的要求比较高，物流企业的信用水平、经营绩效、信息化水平、专业人才等都必须达到应有的标准。

最后，物流企业的信用、实力和服务能力对融资业务的开展影响很大。承担质物仓储、运输业务的第三方物流企业，成为协助金融机构控制应收账款融资业务风险的最直接、最有效的支持者。第三方物流企业通过发挥自身业务优势，在很大程度上可以帮助金融机构了解借款企业销售产品的情况以及债务方企业的财务状况，可以有效控制信息不对称给金融机构造成的放贷风险。在应收账款融资业务中，物流企业应建立一套完整的管理体系和现代化的管理手段，因为该项业务的开展涉及多方协作，所以，物流企业应建立有效的业务管理信息系统来提升业务运作的效率。

知识拓展

应收账款质押登记程序

中国人民银行颁布了《应收账款质押登记办法》（以下简称《登记办法》）和《中国人民银行征信中心应收账款质押登记操作规则》，建立了电子化登记平台应收账款质押登记公示系统（以下简称“登记公示系统”）并规范了质押登记程序。具体流程如下。

1. 签订并上传质押登记协议

根据《登记办法》，“质权人办理质押登记前应与出质人签订协议”，《应收账款质押登记协议》应对质权人与出质人已签订质押合同、由质权人办理质押登记等相关事项进行明确约定，并上传至登记公示系统。应特别注意的是，《中国人民银行征信中心应收账款质押登记操作规则》要求以影像格式在登记系统的“质押财产描述附件”栏目上传《应收账款质押登记协议》，否则登记无效。

2. 在登记公示系统中进行登记记载

《登记办法》规定，登记内容包括质权人基本信息、出质人基本信息、应收账款描述、登记期限四个要素。《登记办法》对质权人基本信息、出质人基本信息的登记要求比较详细明确，现就应收账款描述、登记期限介绍如下。

(1) 应收账款描述。应收账款描述是应收账款登记中最重要的环节之一，是质权设定和实现的基础，只有对应收账款作出完整、清晰、无歧义的界定，才可以确定质押标的范围与质权人处分的对象。由于应收账款涉及种类繁多的商务交易，对应收账款的描述也应采取“多要素识别法”，即区别不同种类的应收账款，从不同的角度、不同的特点，对质押应收账款进行最精确的界定。对应收账款的描述要避免过于笼统，比如简单地描述为“收费站收费权”“出租房产的租金收入”或“销售货物产生的所有应收账款”等。典型的销售货物产生的应收账款描述应做到：如果是设立质押时已经产生的应收账款，至少要明确合同名称、编号、付款人、金额、付款到期日和发票号等要素；如质押时应收账款还未产生，则要对应收账款发生的特定时间、范围和特定付款人进行描述，比如“××公司从 2018 年 11 月 1 日起至 2019 年 6 月 30 日止，因销售轮胎给××公司（付款人）而产生的所有应收账款货款”。出租产生的应收账款描述一般要求明确动产或不动产的种类、状态、租金金额、租赁期限、承租人等；有租赁合同的还要包括合同名称、编号、付款到期日、当事人等要素。提供服务产生的应收账款描述要明确服务的项目、服务提供的对象和期限等，比如“××公司为××公司提供 20××年全年电梯维修养护服务所产生的应收账款”；同样，已签订合同的还要包括合同名称、编号、付款到期日、当事人等要素。

(2) 登记期限。《登记办法》规定：“质权人应根据主债权履行期限合理确定登记期限。登记期限最短 6 个月，超过 6 个月的，按年计算，最长不超过 30 年。”

执行应收账款质押登记程序需要特别关注，登记公示系统中提供了初始/变更/展期/注销/异议登记这几种方式，供不同情况下选择：①初始登记用于质权的最初设立，起到质权设立和对一般社会公众公示的效果，是最重要的一个登记环节，在质押合同签订后应尽快办理。②变更登记一般没有时间限制，发现登记内容存在遗漏、错误等情形或登记内容发生变化的，质权人随时可以办理变更登记。但金融机构应特别注意，若出质人法定注册名称或有效身份证件号码变更，质权人应当在变更之日起4个月内办理变更登记，为此，质权人金融机构一方面应要求出质人及时提供名称变更的有关信息，另一方面应随时关注出质人基本信息的变化，防止因出质人未及时提供信息而导致质权受到不利影响。③展期登记要求在登记期限届满前90日内办理，起到公示期限延续的效力，每次展期的期限不能超过5年，并且办理展期登记前，质权人要先与出质人签署展期协议并上传至登记公示系统。④注销登记应从注销情形产生之日起10个工作日内办理。注销登记起到取消质押公示的效力，一般在质押担保的债权得到全部清偿后才予以办理注销。⑤异议登记是出质人或其他利害关系人在质权人不同意变更或注销登记错误的时候所办理的登记，在注销登记之前办理，异议登记可以由出质人或其他利害关系人自行注销。

实例

应收账款质押三方协议（样本）

甲方：（应收账款出质人）________ 法定代表人：________

乙方：（应收账款债务人）________ 法定代表人：________

丙方：（应收账款质权人）________ 法定代表人：________

甲方拟将对乙方的应收账款权益质押给丙方，作为丙方发放贷款的质押担保，为此，甲、乙、丙三方经平等充分协商达成如下一致协议，共同遵守：

1. 乙方已知悉甲方将相关应收账款质押给丙方的事实，乙方对此无异议并将继续按照原已签订的和应收账款有关的文件履行付款义务，甲、乙双方在此确认，上述应收账款的总金额为人民币：________（小写）________万元，（大写）________万元。

2. 三方协议签订后，乙方就上述应收账款支付的款项必须划入经甲方和丙方确认，并受丙方监管的如下账户中（或经丙方书面确认的其他账户）：户名：___________ 账号：___________ 开户行：___________该账户中资金用于提前偿还甲方在丙方处的借款，或用于质押担保甲方在丙方处的借款，在全部还清所欠丙方的贷款前，甲方使用该账户中的资金必须取得丙方的书面同意。

3. 三方协议签订后，甲方应立即将有关应收账款的合同原件、凭据等交付丙方保管，甲方就该应收账款办理转让、再次质押、减免债务人付款义务等可能影响丙方权益之事项必须事先取得丙方的书面同意。

4. 协议签订后，由甲方协助丙方在中国人民银行征信中心办理应收账款质押登记。

5. 三方协议自甲方全部偿还上述应收账款质押担保的贷款本息之日起自动失效。

6. 三方协议签订后，甲方或乙方就上述质押给丙方的应收账款主张抵消、应收账款合同撤销或改变付款方式等危及丙方质押权的行为或意思表示的，须取得丙方的书面同意。

7. 本协议所质押担保的丙方对甲方享有的债权为贷款本金及利息，贷款本金为：（小写）________元，（大写）________元。

甲、乙、丙三方均同意将上述主债权内容进行登记。

8. 本协议一式五份，甲、乙、丙三方各执一份，自三方均签章且法定代表人签名，经质押登记并办理具有强制执行效力的公证书起生效。

甲方：　　　　　　　　乙方：　　　　　　　　丙方：

法定代表人：　　　　　法定代表人：　　　　　法定代表人：

年　月　日

第4节　各类供应链金融业务模式的风险点及风险管理措施

一、预付款融资业务的风险点及风险管理措施

借款企业要实现订单并获取转化为现金形式的利润，需要完成一系列的任务，经历一个相当复杂的过程，中途可能会遇到各种问题，所以要控

制预付款融资业务的风险就必须首先了解借款企业贸易实现的整个过程。按照一般的过程，借款企业的生产经营常常包括采购、研发、生产、销售运输、提供服务和货款回收六个环节。借款企业运营是否成功主要看是否能实现订单并收回货款，因此，借款企业的生产经营满足下游厂商的要求是借款企业业务管理的关键所在。

（一）预付款融资业务的风险点

除了融资企业的经营状况、核心企业的资信状况、供应链的整体状况外，根据风险来源进行分析，预付款融资业务主要涉及以下几种风险类型，即订单实现的流程性风险、信用风险、供应链运行风险、物流企业或监督企业的道德风险和环境风险。

（1）订单实现的流程性风险。一般情况下，借款企业的生产运行过程包括从采购到货款回收六个环节。因为生产经营链条长，产生风险和问题的点也就多。这种生产经营流程上发生的问题，多体现为借款企业内部因素引发的风险，是借款企业履约的重要风险所在。在整个生产经营过程中，借款企业内部从采购到货款回收的各个环节都有可能出现问题；而借款企业与客户企业的合作关系、客户企业的经营是否正常、各种突发的环境变化等因素，也会引发各种各样的风险。因此，金融机构和物流企业合作对拥有下游厂商订单的企业开展订单融资业务，其风险控制的重点应是借款企业实现订单并最终收回现金的整个运营过程。不同于传统的信用贷款，订单融资业务将以主体准入为基础的风险管理理念转变为基于流程控制的风险管理理念。

采购环节可能包含一些重要的风险因素。首先，价格和合同条款方面存在风险，这些风险指的是借款企业由于缺乏相关可靠的信息而在定价和拟定合同条款时不能有效地维护企业利益，如不能及时采购、成本太高以及采购的零部件不达标等。其次，进货渠道也会影响采购，如一些关键资源的进货渠道过于狭窄，可能会影响借款企业以合理的成本及时生产质量合格的订单产品的能力。最后，资源的配置也会影响采购，如稀缺的资源是否能够保证在各个部门之间配置均衡，是否能利用得更有效率，这些都将影响借款企业在采购环节的竞争优势，从而影响采购的效率和效果。

在研发环节也存在一定的风险因素。首先是产品设计的风险，即企业的新产品设计是否能够满足下游厂商对产品改进的要求。其次是研发方式选择的风险，这种风险与借款企业选择采取什么方式研发产品有关，即企业究竟是选择自行开发还是选择合作伙伴开发，如选择合作伙伴开发究竟选择几个合作伙伴，合作的风险究竟有多大等。最后是产品生产的可行性，包括技术可行性和经济可行性：生产的可行性不仅取决于是否有能力设计出订单所需的产品，还取决于是否能够在公司要求的利润空间内进行生产。

在生产环节，借款企业通过生产制造将劳务和原料转化为最终产品，产品生产过程的复杂性将导致订单实现过程的大量风险。首先，生产效率是影响生产的一个重要因素，借款企业如果不能以有效率的方式生产出价格合理和质量较高的产品，就会威胁到订单的顺利实现。其次，借款企业可能缺乏足够的产能，导致无法及时满足订单生产的需要。最后，借款企业也可能由于产能过剩而导致利润降低从而引起风险。

在销售运输阶段，借款企业应尽量满足下游厂商的交接要求，包括时间、数量和服务等方面的要求。对于运输，借款企业需要制订详细的计划，确定是自行运输，还是外包给第三方，或由下游厂商来运输，并需确定用什么方式将产品交给下游厂商。当借款企业将运输职能外包给第三方物流企业时，协作沟通产生风险的概率将增大，也可能会产生第三方的道德风险。当第三方没有按照合同规定履行其职能时，就会影响借款企业物流战略的实施，从而影响订单实现的效果。另外一个影响产品运输环节的风险因素是运输周期的不确定性，即订单产品是否能够在规定的时间送达指定的地点。

在提供服务阶段，借款企业需要向下游企业提供产品交接和相应的售后服务，售后服务的内容包括辅助下游厂商正确使用产品、回收有缺陷的产品以及保证产品的使用安全等。此时，会遇到与客户满意度相关的风险，如借款企业处理下游厂商的抱怨、问题和提供的售后服务时无法满足顾客的预期，从而影响货款的正常回收。另外，在这个环节还会有大量客户信息的反馈，这些信息对后续订单的采购、研发和生产影响很大，处理不当会产生风险。由于产品缺陷导致的高返回率也意味着借款企业货款正常回收的风险增大，而产品在使用过程中的安全也是影响订单顺利实现的重要因素。

货款回收是最后一个阶段，借款企业需继续保持和下游企业的长期稳定关系，并组织专门人员严格管理应收账款的回收工作，以降低货款回收风险。在这个环节，货款的回收期是产生风险的一个重要因素，一般回收期越长，由下游厂商还款不确定性造成的风险越大，而与下游厂商保持稳定的关系也会影响货款的回收。此外，货款的有效回收还与借款企业本身的回收能力有关，借款企业是否有专门管理应收账款回收的部门，与其他部门尤其是财务部门的配合是否有效率，是否有一贯稳定的程序处理货款回收等，这些都将影响货款回收的顺利实现。

（2）信用风险。信用风险主要包括以下四种类型。

①保证金风险。借款企业向银行发出提货申请时是否及时存入了需追加的足额保证金对业务至关重要。故在借款企业发出提货申请后，银行需及时查询借款企业的存款账户以查明资金是否到账。只有在将借款企业的资金从结算账户转入保证金账户之后才可办理相关提货手续，否则就会发生货物发货、敞口没有相应的货物对应，从而导致风险发生。

②质物变现风险。预付款融资模式下，金融机构对于借款企业的授信时间较长，需要经历预订、生产、运输、存储、销售等环节，对于质物的特性及其价格稳定性的要求较高。除此之外，质物是借款企业违约后金融机构减少损失的最为重要的保证，应当容易变现。

③赎货时间风险。在金融机构承兑汇票开出后，借款企业的销售情况是否正常，借款企业是否及时地将仓库中的货物提取，是否发生长时间没有提货的现象，这些都属于借款企业赎货时间风险。借款企业超过一定时间没有提货，很可能是借款企业的销售情况发生了变化，也可以说是借款企业长期占用了银行的信贷资金。

④账实相符风险。相对于一般抵押质押贷款而言，未来货权的质押是动态的，货物处于不断的变动之中，因而银行的风险敞口也在不断变化。让银行的风险敞口和企业的货物形成动态的对应关系以避免银行的风险敞口在没有货物的情况下发生。

（3）供应链运行风险。借款企业对订单的履行涉及供应链上下游企业的协同，供应链运行风险主要是指由借款企业的上下游企业经营不善引发的风险。例如，上游供应商供货延误导致借款企业生产经营停滞；下游发出订单企业经营不善、资金紧张，出现销售回款不及时，最终导致借款企业出现连带的运营困难；等等。

（4）物流企业或监督企业的道德风险。在物流企业的业务监管过程中，金融机构和物流企业是委托代理关系，所以有可能会产生物流企业的道德风险，也就是说物流企业有可能欺骗、不负责任、虚假上报或者监管失误。在实践中，已经出现过物流企业与借款企业合伙骗取金融机构贷款资金的案例。由物流企业方面产生的风险将直接影响订单融资业务的实现。

在基于预付账款的供应链金融业务中，金融机构引入了第三方机构——监管公司，监管公司严格有效的监管是银行资产安全的保障。然而由于监管公司的监管现场位于异地客户所在的城市，客观而言，监管公司存在为减少自身运营成本而不按照银行要求进行监管的风险以及与借款企业串通的风险。另外，由于金融机构不参与企业实际的物流过程，所以对于货物而言其实存在较大的风险。

（5）环境风险。环境风险主要是指市场、政策等环境因素引发的风险，一般包括自然风险、经济风险和政治风险三种类型。自然风险是最难预测的，主要指的是由火灾、洪水、风暴等引起的自然灾害。经济风险主要是指金融市场和产品市场的不确定性引发的风险，如国际金融危机的产生给众多行业带来了巨大的负面影响。政治风险指的是地方、国家乃至国际上的一些重要事件所导致的环境的不确定性，如发生战争或其他突发事件等，或者是政府颁布法律规章改变了已有的市场环境。环境风险往往发生在借款企业的外部，常常超出了借款企业的控制范围，表 4-4 按照风险发生阶段对风险进行了分类。

表 4-4　预付款融资业务风险点汇总表

阶段	风险点	风险管理措施
贷前调查	伪造贸易背景	全面了解借款企业的经营情况、财务状况及贸易真实性
		审核贸易订单原件，查阅过往贸易往来情况及单据，全面了解借款企业信用情况
		了解以往贷款的使用情况，贷款回流情况，是否出现用自有资金还款或者订单取消等异常情况
贷中审核	挪用银行资金 文本签署不规范	按照借款企业上游原材料的来源，确保融资款项仅用于支付订单项下的货物采购
		合同要素填写齐全、规范
		涉及的商品应为卖方主营业务商品，交易市场成熟
贷后管理	不通过指定账户结算 贷款未按约定渠道回笼 借款企业挪用回款	跟踪借款企业资金使用及生产备货情况，关注借款企业所在的行业及其下游客户
		根据订单约定的交货时间、装运时间，监控卖方在合理时间内办理应收账款结算手续
		监控货款回笼进度，防止回款流失及挪用

（二）预付款融资业务的风险管理措施

（1）贷前调查阶段。此阶段的风险管理措施主要包括以下内容。

①现金流封闭运作和交易对手付款周期风险控制。预付款融资业务强调贸易背景的真实性和贸易的连续性，强调贸易对手的规模、信用、实力，强调客户的违约动机和违约的可能性并提示违约成本；强调封闭运作（资金票据不直接给客户，由金融机构直接给交易对手，并直接从交易对手处

控制贸易单据）和货款的自偿性；强调对合同与单据的控制。

在实践中，一是要选择资源性的优质企业为上游厂商，企业生产的产品在同类产品市场中具有较大的市场份额和较强的市场竞争力，且具有良好的信用；二是应该核实全套合同、单据以及上游厂商的情况，确保交易背景的真实性和时效性；三是通过封闭操作，将授信直接按贸易链条付给上游厂商，密切跟踪企业的实际经营情况和贸易流程，确保贸易流程按照计划进行；四是利用某些金融产品组合使其暗含的连带责任和追索权有利于金融机构向上游企业直接进行追索，比如商票、商票保贴、应收账款转让等。

②注重质物选择。建立一套从质物的品种选择、仓储保管到价格分析的质押权管理机制，控制质物变现风险。选择以基础原材料、基础战略物资、大宗商品为初级品和重要中间品或市场需求大的终端消费品为主，属性稳定、保管条件要求不高、流动性较强、公开报价、可利用期货或场外市场套期保值或者有成熟规范交易市场变现的商品作为质物。在购销合同中约定质物的具体品质要求，对不同的质物选择不同的仓库进行专业保管，购买商业保险，以降低质物品质变化的风险等。在条件成熟的情况下，建立关于质物的相关风险考核函数，设定一定的风险率，利用风险率在合同中规定金融机构应承担的责任，以降低金融机构的信贷风险。

③贯彻会计审慎性原则和质物价格跟踪机制。选择市场价格透明度较高的质物，与借款企业约定跌价补偿机制，当质物价格下跌幅度超过约定的范围时，借款企业需要在约定的时间内补充保证金，并将质物质押给金融机构的日期控制在半年内，最长不超过一年。绘制价格走势图，建立价格变动模型及数据模型，设定价格变动风险率，通过跟踪市场上价格的变化来判断质物价值的变动情况。当质物市场价格较出质价格或者最近一次调整的价格跌幅超过 5%时，应予以高度关注，一旦价格跌幅超过 10%，金融机构应该立即要求借款企业无条件补充保证金，以弥补跌价带来的质物价值下跌部分。此外，还需要密切做好预警预报工作，关注质物的市场供求关系、购销渠道、替代品变动情况等，及时了解质物最新的变现能力，及时采取相应措施减少金融机构的损失。

④把握借款主体准入标准。预付款融资业务强调对物流和资金流的控制，故应选择满足以下条件的企业为借款主体：企业至少成立 1 年以上，有相关的从业记录，具有相对稳定的上下游渠道，具有一定的销售规模；企业实际控制人或管理团队的关键人员有 5 年以上直接或间接从事该专业工作的经历，管理层稳定，无逃税、漏税记录，无异常信用记录，在贸易链中不存在明显对价不等的关联交易，不存在虚拟交易。

⑤对监管方严准入、强监管。为保证监管方具有相应的监管能力，监

管方应具备以下条件：成立满 1 年以上（成立时间至授信日期满 12 个月）或注册资金 500 万元以上；有合法的仓储经营资格或货物保管资格，具有相应的货物监管经验，组织架构清晰，内部管理完善；与金融机构、企业未发生过质物监管纠纷或其他道德风险，具备一定的违约责任赔偿能力；运输及交通条件便利，与借款企业无股权上和投资上的关联。金融机构需定期和不定期对监管方监管的货物进行巡查，保证金融机构实现对贸易项下货物的转移占有。

（2）贷中审核阶段。贷中主要对合同进行审核、对放款进行控制，可参考应收账款融资业务贷中审核阶段的风险控制办法。

（3）贷后管理阶段。贷后管理中金融机构必须进行严格的订单融资业务台账管理，详细记录授信申请人（借款企业）每笔订单项下的业务进展流程及资金收付等情况。同时，需要重点关注以下方面：资金的使用情况；授信申请人的生产经营情况、履约能力和履约意愿是否发生变化；买方（核心企业）的经营情况变化、付款时间和履约意愿是否发生变化；订单的履约进度，回款是否回笼到指定账户，回款周期是否正常，有无账期延长的情况；订单项下有无贸易纠纷，产品市场价格的波动情况；订单的变化情况，订单的条款变化是否对银行授信产生不利影响，涉及付款条件、账期、金额等重大变化的有无事先征得银行同意，订单减额的按照订单减额部分的要求，客户提前归还相应的融资部分。订单项下的回笼资金直接用于偿还银行融资，或划入相关融资保证金账户备付未到期的融资。

如有发生下列情况的，应立刻停止办理订单融资业务，并清收融资款项：授信申请人将订单融资资金挪作他用的；授信申请人的生产经营情况发生较大变化，严重影响其履约能力，使其不能按期、按质、按量交货的；授信申请人恶意将订单项下的回款不汇入银行指定账户的，或订单融资逾期的；授信申请人将订单项下的业务在他行办理重复融资的；订单条款发生不利于银行的重大变化的；订单项下发生重大贸易纠纷；买方发生重大负面事件或出现重大信用风险的。

（4）全面发展信息化监管手段。预付款融资业务具有主体多、管理跨度大等特点。从提高管理效率和质量的角度出发，基于金融系统工程的思想，我们提出物流金融业务风险战略控制系统，主要包括制度创新支持平台、组织平台、信息平台和综合集成技术支持平台四大部分。在风险因素分析的基础上，采用科学的风险管理方法，应用信息技术构建物流金融业务运行与管理信息系统，不仅要注意防范借款企业自身的风险因素，而且要防范供应链风险和环境风险。

应该说，金融机构与借款企业之间的信息不对称是产生风险的重要因素。构建物流金融业务信息系统能有效地共享信息，实现物流金融业务运营管理和风险控制的自动化和可视化，是推动物流金融业务发展的重要手段。一般来讲，物流金融业务信息系统将对物流金融服务的全过程实施管理，原则上应基于先进的面向服务的体系架构（service-oriented architecture，SOA）来构建物流金融业务信息系统，遵循 SOA 的模块化和开放标准接口设计，实现 IT 系统架构动态和柔性变化组合，使得物流金融业务信息系统能够与企业业务紧密结合，提高物流金融业务流程的灵活性。物流金融业务信息系统一般主要包含以下几个功能模块。

①系统设置模块。系统设置模块包括金融机构设置、客户设置、物流资源设置、质押模式设置、质押流程设置、监控等级设置、工作组/角色/员工设置等。

②信息查询模块。系统用户可以根据系统设置的不同权限对系统内的信息进行查询，包括货物运输、仓储、销售、金融业务、企业信用等信息。

③业务管理模块。业务管理模块包括订单管理、存货质押、解除质押、存货流量监控、存货品质监控、存货价值监控、质押到期预警、客户信用评级、计费与结算、工作量统计、存货物流信息汇总、金融信息汇总等。

④决策分析模块。决策分析模块包括系统建模分析、风险评估与预警、融资成本分析、服务增值分析、潜在客户挖掘等。

⑤风险控制模块。此模块需要通过应用相应的风险评估技术和预警技术来对质物的市场风险、政策风险、信用风险等进行识别与预警。

物流金融业务信息系统应该适用于物流金融业务的动态管理，集仓储物流、存货质押等融资管理、风险管理的功能于一体，实现各环节的无缝衔接；融订单管理、存货实物监管、工作量统计及成本核算于一身，为质押融资各方提供全方位的管理决策依据。在确保数据安全的基础上，还应该为金融机构、物流企业的监管信息系统以及客户（借款企业）的企业信息系统等外部信息系统提供多种开放式的数据接口，以确保仓储—质押—监管的业务联动和数据共享。此外，物流金融业务信息系统还需要考虑未来社会发展和潜在需求的情况。例如，智能移动设备的普及给移动互联带来了无限潜力，将来会有更多的用户群通过移动设备登录系统以使用物流金融业务信息系统提供的功能。

二、 存货质押融资业务的风险点及风险管理措施

（一）存货质押融资业务的风险点

（1）操作风险。存货质押融资业务涉及物流企业与银行之间的协作配

合，业务流程相对复杂。操作风险主要包括物流企业和银行内部操作失误的风险，以及物流企业与银行之间业务衔接操作失误的风险。首先，在总量控制的业务模式中，需要按规定控制质物的质量和数量。同时，货物的实时流动性要求物流企业不但要保证质物的名称、规格型号、材质等属性符合规定，还要使质物的库存数量保持在规定的额度以上。否则，如果不能控制质物存量，或者质物进出库时没有避免提好补坏、以次充好的现象发生，将给整个业务带来很大风险。其次，防止物流企业、银行内部人员作案或者内外串通作案。

（2）客户信用风险。存货质押融资业务中，银行和借款企业（出质企业）之间存在信息不对称。由于信息不对称，在信贷交易过程中，出质企业拥有关于自己盈利水平、质物合法性与质量状况等方面的更多、更真实的信息，处于信息优势地位，而金融机构与物流企业没有此类信息，处于信息劣势地位。金融机构是存货质押融资业务中的资金输出方，物流企业需要对出质企业承担连带责任，因此风险主要集中于银行与物流企业。如果出质企业存在故意隐瞒或欺骗的情况，银行与物流企业难以知晓和判断出质企业提供的相关信息的真伪，一旦对出质企业所提供的信息进行评估时出现失误，就可能造成财货两空的局面。

（3）质物选择风险。质物选择风险包括以下内容。

①法律风险。质物的法律风险识别是存货质押融资业务开展的必要条件，也是质物选择的第一步，其重点是进行质物的合法性审核。根据国家法律的有关规定以及相关责任，质物的法律风险识别主要包括以下几点：首先，业务开展的质物应当为允许市场流通的物品，即不能为国家违禁物品，如毒品、假货等。其次，《民法典》规定，质物必须所属权明确，为借款企业所有。最后，所选质物须信贷身份单一，即未涉及其他担保关系。

②物流操作风险。《民法典》指出，质权人负有妥善保管质押财产的义务；因保管不善致使质押财产毁损、灭失的，应当承担赔偿责任。国家法律的相关规定督促质权人，即银行或物流企业在进行质物的选择时，慎重考虑质物的物流操作潜在风险，并有效控制质物的物流操作风险。在质物的选择过程中，基于物流操作风险应注意以下几点：

- 应当注意质物是否为有形动产，并且质物的质量是否具有标准化的测量方式，或质量测量方式是否在三方之间可通过合同达成共识；
- 所选的质物质量应相对稳定，保质期应当足以覆盖贷款期加上货物结算期所用的时间，以防止货物变质等现象的发生而使得质物失去原担保价值，给银行和物流企业带来变现风险；
- 所选的质物应易存储，即质物在运输、保管过程中危险程度较低，所选质物在运输保管中造成的质量损失及物流设备设施损坏是微小可控的。

任何业务在操作过程中都无零风险的可能，物流企业只有通过发挥自身的业务优势，结合已有的业务经验，详细全面地考察质物在物流操作过程中涉及的业务费问题，将其尽可能量化到业务成本之中。随着物流管理水平的提高和物流基础设备设施的完善，在存货质押融资业务中，物流企业对物流操作风险的防范能力将越来越强。

③价格波动风险。质物价格波动属性是质物经济属性中需要重点考察的一项。银行在贷款给企业后，质物价格的变化直接影响了质物的变现能力以及质物对这笔贷款的担保能力。除了法律风险、品种初步鉴别以及物流操作风险外，必须考虑质物价格波动带来的风险。存货质押融资是一种短期融资方式，采用时间序列分析这种有效的短期价格预测工具是一个不错的选择。融资业务主体通过获取此质物的近期价格历史数据，或与此质物最为接近的同档次物品最近一段时间的历史价格数据，利用时间序列分析方法，对未来一段时期内质物的价格状况进行预测，得到未来几个月内的价格曲线。通过进一步分析该曲线的价格波动情况及所带来的风险，判断此价格波动是否超过了整个业务开展可承受的风险上限，以进一步确定是否将质物纳入业务开展的选择范围之中。另外，依据经济学理论中商品的价格受供求关系影响并围绕价值波动这一规律，结合市场对此种质物的供需状况判断质物价格的变动，通过对质物短期需求的预测来间接识别价格波动，及时避免质物价格变动给融资业务带来的风险。

（4）质物管理风险。质物管理风险包括以下内容。

①质物价值评估风险。出质企业为了更多地获得贷款往往刻意虚报、高报质物的价值，而银行及物流企业由于自身经验能力的原因对其在市场上的真正价值难以判断，也不能准确预测质物的价格变动趋势，或者因轻信出质企业一方之词致评估结果失真，对质物的高估成为质押业务的核心风险。该风险包括以下两个方面：一是质物的选择风险。并不是所有的商品都适合做质物，所选择的质物价值不稳定，其价格和质量随时间变化较大，其变现能力弱，这样也会在实行质权时导致损失。二是质物的质押率确定风险。由于存在逆向选择和道德风险，在信息不对称条件下为了降低信贷风险，很难对不同资信的出质企业使用不同的质押率。如果质押率过高，就会造成出质企业还贷不积极；如果质押率过低，又会挫伤企业参与质押业务的积极性。

②权属确认难度大。存货不同于房地产等不动产类质物，没有所有权证明，只能通过购销合同、发票等资料来判断存货的所有权，如上述资料不全，无法排除委托加工等情况，存货的所有权就存在不确定性。

③处置变现风险。除大宗商品以外，存货类质物没有成熟的公开市场信息，没有足够的成交案例，存货质物价值不易核定，评估难度大。对于市场价格变动幅度大的质押存货，当其价格大幅下降时，可能造成质物的价值低于贷款价值，提高了企业的违约概率。同时，大部分存货类质物质量缺乏稳定性，有些质物在储存过程中容易发生变质、挥发或价值下降等问题。当企业违约时，银行必须把质物拿到市场上出售以弥补贷款损失，银行如果想出售这些质物，一般要通过司法拍卖的形式，但时间较长，易发生质物腐败变质及其他可能导致价值下降的情况，如冷冻食品等，虽然在冷库中存放，但一旦企业违约，对存货进行司法处置，很可能因处置期限过长，超过存货保质期而无人问津，从而导致贷款无法受偿的风险。

（5）第三方监管风险。存货质押融资业务中，存货一般由第三方监管公司监管，对质押存货的管理更多依赖监管公司，而银行和监管公司之间存在信息不对称，存货存放于出质人或第三方仓库，如由借款企业支付租赁费甚至监管费，监管公司在监管过程中会受到不同程度的制约。目前监管机构的市场管理有待规范，没有专门的行政管理部门，缺乏有效的监督约束机制和考核机制，容易造成质押存货的监管风险。第三方监管风险主要包括以下内容：

一是监管脱节。目前国内部分物流企业管理水平落后，设备陈旧，缺乏现代管理意识，有些物流企业虽然建立了信息管理系统，但是在企业资信提取、分析、流程监控等方面仍有待完善，无法完全掌握存货真实有效的信息，无法与银行形成无缝衔接，容易造成监管脱节。

二是监管不尽责。在监管人员不尽责，而监管企业减负不到位的情况下，容易造成重复质押或质押存货被挪用的情况。质押存货出质不实施移库，质物仍存于原仓库中，如果监管不到位，则有可能发生仓库重复开具提单或同一批存货重复质押的情况，同时也很难完全避免质物未经质权人同意而被转移、挪用等情况，造成质押不足值。如为浮动抵押的存货，抵押财产长期处于波动状态，一旦监管不到位，被挪用的风险更大。质物如果被重复质押或者被挪用，银行作为质权人则无法实现对质物的支配权，进而影响了债权的实现。

（6）法律风险。根据《民法典》，“质权人自出质人交付质押财产时设立”“当事人有证据证明监管人系受出质人委托监管该货物，或者虽然受债权人委托但是未实际履行监管职责，导致货物仍由出质人实际控制的，人民法院应当认定质权未设立”。对于质物存放在出质人仓库的，一般是由监管公司与借款企业签订场地租赁合同，该租赁合同属形式上的合同，并未交付租金等对价，司法上易被判定为无效合同，因而导致认定质权未设立。

同时，如果监管公司未实际履行监管责任，也会被认定为质权未设立。《民法典》第四百一十五条规定，“同一财产既设立抵押权又设立质权的，拍卖、变卖该财产所得的价款按照登记、交付的时间先后顺序确定清偿顺序”。如果质物在他行抵押登记时间要早，那么质物变现后无法获得第一顺位受偿权。《海关法》规定，“海关监管货物，未经海关许可，不得……抵押、质押、留置、转让……或者进行其他处置”。属于海关监管的存货，未经海关许可质押的，可能会面临质押无效或被海关处罚的风险。另外，中国人民银行征信中心仅提供登记平台，并不对材料的完整性、登记的准确性以及存货的所有权、数量、质量、价值等信息进行审核，如果登记要素缺失、错误，会导致登记存在瑕疵，产生法律风险。

(7) 市场变动风险。市场变动，尤其是质物的市场价格下跌，会造成质物价值缩水。而在市场价格下跌的形势下，借款企业往往会面临极大的经营困难。这种情况会造成银行掌握的质物无法满足偿还贷款的问题。例如，2008 年 7—8 月钢材价格在短时间内下跌 50%以上，一大批与钢材经营相关的企业和提供质押贷款的银行陷入经营危机。

(二) 存货质押融资业务风险管理措施

(1) 贷前调查阶段。贷前调查阶段的风险管理措施主要包括以下内容。

①加强借款企业准入管理。贷前调查阶段需要重点考察企业的经营能力和信用状况，尽量选择主营业务突出、配套资金充裕、内部管理制度健全、管理层素质较高、无不良信用记录的企业，严格实行贷款资格准入制度。其中，良好的信用是企业履约的必备条件。尤其是存货质押过程中，重点要评估借款企业的历史履约情况和履约意愿，防止企业欺诈风险。同时结合行业特点，对借款企业的经营状况、财务状况等进行全面细致的分析，对其偿债能力及资金缺口进行合理评估和测算，准确判断借款企业的信用风险，保障第一还款来源。加强借款企业准入管理主要从以下几方面着手：第一，综合分析企业性质、主营业务、股权结构及演变过程，判断其是否具有借款主体资格。第二，分析企业产品品质及其同类产品的市场需求情况、行业排名、近三年销售收入、利润增长等以及为改善经营采取的措施；分析企业未来的生产计划及战略定位，生产计划与主要产品市场需求量预测是否相符；关注企业是否有稳定的下游客户，其销售结算方式、货款回笼等是否及时。第三，审核近三年经审计的财务报表，分析判断企业的偿债能力、盈利能力、资金运营能力等综合财务指标，对于财务数据的大幅变动、财务指标的异常构成、劣势指标形成原因进行分析；重点关注企业的现金流量、可支配利润、资产状况和授信结构的配比、存货和应

收账款的构成、集团客户关联交易等。第四，对资金需求的合理性进行分析。

②加强物流企业、监管公司准入管理。物流企业的信用状况及资产状况直接关系到贷款的风险，在物流企业的选择上要遵循以下几个原则：资产实力雄厚，对贷款损失具备足够的清偿能力；依法合规经营，内部管理严格，社会信誉良好，无不良记录；有完善的内部制度，从业经验丰富，有具体的监管计划和方案；具有承担质物监管和对银行负责的态度和能力。因此，应优先选择具有国标及国家级物流企业 AAAA 级（含）以上资质，具有较强的 IT 技术能力、完善的物流信息系统、远程监控技术及测量和质检手段等的监管公司，这些监管公司可以做到监测货物出入库流程，实时掌握现场情况，遇到突发情况能迅速采取有效措施。

在对出质企业的资信审核中，难以获得真实信息一直是一个问题，但从目前物流的发展趋势来看，物流企业越来越多地介入借款企业的产销供应链，特别是一些专业化程度很高的大型物流企业，掌握着大量的行业交易信息，对出质企业的物流信息有着详细、动态的了解，因此能够在这些企业内部的准确信息的基础上，对其盈利能力和还款能力进行科学的判断，从而保证资金的安全性和收益性。同时，物流企业获取的物流信息是其物流业务的副产品，与出质企业之间的交易成本也将大大降低，使企业更容易获得贷款。物流企业通过物流服务容易与出质企业建立长期固定的合作关系，从而使双方利益关系由短期、临时转向长期、固定。在这种利益关系下，出质企业的信用机制将会加强，因为出质企业的信用缺失不仅影响银行对企业今后提供的贷款，而且也影响自己的物流业务。因此，物流企业可以通过延伸物流功能，使其尽可能融入客户的产销供应链中，掌握更多出质企业内部的准确信息，这样不但可以降低资信审核风险，还可以稳定已有的客户，减少监督与客户维护成本。

③做好质物准入管理。一是要对质物所有权进行严格的确认，拟质押存货须为出质人生产、销售、经营过程中合法所有，能够在市场上合法流通，对外未设置其他担保，非委托加工且不存在所有权、货款、税收等方面的纠纷及其他债权债务争议的原材料、产成品。二是谨慎选择质物种类。拟质押存货应具有通用性、用途广泛、具有流动性、易于变现、价格明确且相对稳定；物理和化学性能稳定、损耗小、不易变质、便于长期保管、质量合格并符合国家或行业的有关标准；符合环保要求、具有可分割性、规格明确、便于计量；市场交易活跃、销售渠道便利、变现价格公开且相对稳定。三是考察质物来源的合法性，非法途径取得的物品不能作为质物。四是明确出质人、质权人、监管人的法律关系及权利义务，注意货物的验收确认、货物出质、

质物的置换和解除监管等关键环节的控制。五是合理确定质物价值和质押率。质物价值的核定应以商品的进价（或成本价）、地区内过去 6 个月的最低市场价中的低者确定。融资金额应综合考虑借款企业的资信状况，授信额度，质物种类、质量、市场行情、变现难度等因素合理确定。

（2）贷中审核阶段。贷中审核阶段的风险管理措施主要包括以下内容。

①基础合同风险管理。业务发起部门应与借款企业签订相关授信协议/合同，与出质人签订质押合同，明确质物种类的范围，列出质物清单。为减少存货质押设立效力的不确定性影响，原则上应同时设立质押权和抵押权，办理质押和抵押登记手续，并在中国人民银行征信中心等机构核实质押存货是否已被抵/质押，存在融资租赁、价款担保等情形。对于海关监管的货物，应取得当地海关的书面许可文件。另外，为应对存货灭失或损毁风险，应为质押存货购买足额保险，同时要求抵/质押人将保险项下因保险事件发生而享有的保险金权益转让给银行。

须确保监管公司受银行委托且与出质人、监管人签订监管协议，协议中明确监管人的监管义务和违约责任，确保监管公司严格履行协议中约定的监管职责，银行实现对质物的管理控制，防止质押权未设立的风险发生。协议包括但不限于以下内容：明确三方对质物的入库、监管、变更、出库等相关事项的权利和义务，办妥入库手续；监管公司受银行委托监管质物，银行对质物享有占有返还请求权；监管公司负有妥善保管质物的义务，如审查核验（如对质物的品名、数量、质量等进行查验，确保与相关协议及清单相符）、保存保管（如选择合适的保管场所、提供适当的保管条件）和监管（如在质物入库后对其进行监控、定期检查，防止质物未取得银行同意出库，在质物有毁损灭失的风险时及时报告银行并采取必要的措施）等；未按照监管协议履行监管义务的违约条款；等等。

②贷款发放审核。贷款发放前做好充分核查，一是是否符合准入要求；所有权是否真实，是否有相应的证明材料，如发票、付款凭证、购销合同、报关单等；是否为海关监管货物，是否取得海关许可文件；是否购买保险，保险金权益是否转让银行等。二是核查质物是否存在；其名称、数量、质量、状况、存放位置、所有权等内容是否与抵押合同、质押合同及登记信息一致，是否进行品质抽检及抽检结果是否与合同约定一致，如其质量检测超出银行或监管公司的专业能力，应聘请专业的质量检测机构进行检测，确保符合合同约定的质量标准。三是在中国人民银行征信中心查询抵/质押是否有效，登记信息是否准确，是否重复抵/质押；是否存在冻结、查封等限制信息。四是质物是否由监管公司监管，监管公司是否符合准入标准，质物是否独立存放并设置银行质物标示或粘贴银行质押标签等。

（3）贷后管理阶段。存货质押融资业务的贷后管理可以参照预付款融资业务的贷后管理。主要包括以下几方面：一是定期现场巡库、对账，及时了解质物的数量及市场价值的变化，遇有市场波动剧烈、质物价值变动频繁等问题，应增加对账及查库频率，掌握质物市场价格的变动情况，确保质物数量、品质、价值等符合合同约定；如遇质物不足值，应督促出质人按照合同及相关协议约定履行补充质物、提前还款、追加保证金等义务。二是检查监管人的履职情况，确保其对质物实施有效的监管，履行核验、保管及监管义务，及时发现风险隐患；日常工作中发现因保管合作机构原因导致的质物减少、损坏、毁损、灭失时，须采取必要的应对措施维护银行的权益；对于未按协议约定履行监管义务的机构，应要求其及时退出，如造成损失应追究其法律责任。

此外，还可以利用科技手段，实时掌握质物状态。在互联网技术的基础上，建立质物管理信息平台，充分运用大数据、物联网、云仓储等科技手段，对质物进行严格的实物管控，实时披露仓库的库存动态；同时加强与国家金融监督管理总局、中国银行业协会、中国人民银行等机构的对接，积极争取与监管机构登记系统建立接口，使存货质押与登记公示信息高度匹配，根据出入库情况对质物信息实时更新，以解决不实质押、重复质押、质物更换后登记不及时等问题。

由于物流企业间的竞争越来越激烈，大量的信息技术被采用以提高该行业的效率和服务质量。在 2007 年获准通过的《通用仓库等级》国家标准中也提出了信息系统方面的要求，要求三星级以上的仓库都应具有库存范围内的信息管理系统和进行电子数据交换的能力。但仍有很多企业的物流工作仍主要依靠人工来完成，特别是仓储环节的工作。因此在物流企业参与仓单质押业务时，仓储环节就成了其薄弱环节。无线射频识别技术（RFID）作为一项逐渐走向成熟的自动识别技术，在质物监管方面有其独特的优势。在应用 RFID 技术的仓库中，质物的出/入库可全部由计算机控制，在出/入库门都设有门禁系统，无指令的质物出/入库都会自动报警。物流企业在仓单质押业务中使用 RFID 技术，不仅可以提高仓库储存空间的利用率，更重要的是可以大大降低质物的监管风险；对于滚动提单的质物，还可以做到先进先出，减少因滞压而造成的损失。

三、应收账款融资业务的风险点及风险管理措施

（一）应收账款融资业务的风险点

金融机构除了需要在贷前调查阶段选择优质应收账款外，还应在贷中

审核及贷后管理阶段进行风险管理与控制。根据业务流程，可将应收账款融资业务风险进行分类，如表 4－5 所示。

表 4－5　应收账款融资业务风险汇总表

阶段	风险点
贷前调查	应收账款不符合质押要求
	应收账款合法性、真实性调查不实
	贷前调查对于借款人、债务人及第三方物流企业提供资料审查不严，未发现明显错误或发现后未及时纠正
贷中审核	基础合同效力风险
	质押登记时对应收账款界定不明确
贷后管理	档案归档时资料缺失
	应收账款质押登记失效
	未按规定进行贷后检查
	丧失追索权
	应收账款未得到批准就进行处置
	应收账款债务人的偿付能力和信用风险

根据风险来源的不同，应收账款融资业务风险可分为四类，即信用风险、法律风险、操作风险和其他风险。

（1）信用风险。应收账款最重要的风险是信用风险，该风险存在于信贷评估、贷款审查、贷款管理和债务清算等各个环节。应收账款融资业务是一种自偿性或闭合性授信业务，金融机构对于还款来源的考虑更多的是贸易能否顺利完成，第三方债务人到期偿还的能力是否可靠。该业务的信用风险包括借款人信用风险、债务人信用风险和应收账款质量风险。

①借款人信用风险。该风险是指借款企业因自身经营管理和财务状况、所在行业变化、宏观经济和政策变化等多种因素导致的借款企业无法按期偿还贷款的风险。

②债务人信用风险。该业务主体虽然不与金融机构直接发生债权债务关系，但是该业务主体能否履行与借款企业的商业合同则直接关系到借款企业的还款意愿和能力。因此，第三方债务人的信用状况是信用风险分析的一个关键点。影响第三方债务人能否如期履约的因素主要有企业的内部经营管理能力、财务实力、市场竞争力以及行业环境、宏观经济状况等。

③应收账款质量风险。该风险主要来自虚假的应收账款，主要是假合同、假发票（真发票也可撤销）、假交易；按照会计准则不能被认定为应收

账款的款项，主要是未来应收账款和附回购条款的应收账款；价格虚高，指出质人或借款企业虚报应收账款价格，超过合同或实际应付金额；货物折价销售，且出库价与返还折扣双条线记账；转让已质押的应收账款或再次出质。

（2）法律风险。由于应收账款质押的法律关系复杂、盲点较多，金融机构时常面临审查无从下手、质权变现难、落空概率大等问题。用于设立质押的应收账款是否成立、能否最终实现，直接与产生该应收账款的基础合同效力密切相关。

①基础合同效力风险。基础合同效力直接影响应收账款存在与否。倘若该基础合同本身存在违反法律规定、违背社会公德、合同自成立之初就无法履行等情形，很可能被认定为无效，比如基于博彩、走私、销售国家专卖产品等的基础合同即为无效合同。

②应收账款权利风险。应收账款权利本身虚假或者已经消灭，表现为：出质人通过虚假合同及虚假会计账务，虚构一笔或多笔根本不存在的应收账款；出质人原来存在应收账款但在设立质押之前已清偿，只是出质人未通过会计账务进行入账处理，应收账款质押前已经消灭；出质人设立质押之后收取了应收账款债务人清偿的款项，但未提存或设专户储存，而是将款项用作其他用途，致使应收账款质押后不再存在。

③应收账款范围风险。应收账款既包括现有已发生的债权，也包括将来发生的债权，由于将来发生的债权其数额、产生时间等不确定，质押时将面临如何公示和担保实现的问题。

④应收账款时效风险。应收账款作为一种债权，具有债权的共同特性，同样这种债权在依法追偿时受到法律诉讼时效的约束，用于设立质押的应收账款债权应当是未超过法律规定的诉讼时效的权利，超过诉讼时效的债权，债权人丧失胜诉权，人民法院不予保护。

⑤应收账款价格风险。应收账款价格风险包括两种。一种是出质人或出质人与质权人合谋虚报应收账款价格，使其超过合同或实际应付的价格；另一种是出质人通过将货物折价销售，使账务上的应收账款与最终实际应付价款不一致。此种情形下，第二还款来源的价值会大打折扣。

⑥应收账款转让风险。如果出质人转让已出质应收账款或者人为提前相关单据的形成时间，而质权人由于信息不对称无法知晓和获取证据证明权利转让的真实性，出于对善意第三人利益的保护，该事实有可能会被认定为在质押合同签订之时，质物已不存在，质押合同可能因缺乏权利对象而无效。

⑦质押登记效力风险。登记机关对应收账款的质押登记采用形式审查

方式，只审查要素是否完备，既不要求登记人提交质押合同，也不对双方主体的合法性、真实性进行审查，更不对权利范围的真实性、准确性进行审查。质权人在办理质押登记时，登记内容则由质权人自行填写，对登记内容的变更或撤销，完全由质权人自行行使和控制。对应收账款的实质审查责任由质权人承担，当然，由此产生的操作风险和道德风险也完全由质权人负责。登记机关对质押登记错误不承担赔偿等法律责任，质押登记并不具有公信力，从某种角度讲，仅仅起到一种公示的作用。登记的权利事实与应收账款的主体、对象等客观事实不一致时，必然当以客观事实为准。一旦这种情形出现，质押登记便失去了实际意义。

⑧代位行使风险。债务人责任财产的多少反映其偿债能力的强弱。倘若债务人怠于行使其债权，或者债务人其他债权的债权人代位向债务人行使其他债权人之债权，均可能会使债务人的责任财产减少，偿债能力减弱，进而可能影响质权的实现，给金融机构的第二还款来源带来潜在风险。另外，出质人的其他债权人是否可依法代位要求债务人清偿应收账款，尚无明确法律规定，这也对金融机构质权的实现带来潜在风险。

⑨管理不善风险。因出质人的管理不善，致使应收账款在法律上可能已不存在，或出质价格比实际应付价格高。管理不善风险主要有两种情形：一是债务人已清偿销售款，但销售人员未将该款项上交单位，而是挪作己用，使应收账款“空挂”在账务上，实际已无法追回。此种情形下，应收账款可能在出质时已消灭，也可能在出质后消灭，但是均使第二还款来源失去意义。二是销售人员有一定的折扣浮动权，如按最低折扣销售，却按全价或较高折扣上报销售额，以获取更多奖金或其他利益，但是出质人不知悉，并以销售人员所报销售价格记入应收账款，以致出质价格高于实际应付价格，这可能使第二还款来源价值不足。

⑩放弃应收账款权利风险。倘若出质人在出质后放弃全部或部分应收账款权利，或者应收账款债务人放弃全部或部分债权，以及应收账款债务人将财产赠与第三人，究竟有何法律后果，《民法典》无明确规定。但《民法典》第五百三十八条规定，债务人以放弃其债权、放弃债权担保、无偿转让财产等方式无偿处分财产权益，或者恶意延长其到期债权的履行期限，影响债权人的债权实现的，债权人可以请求人民法院撤销债务人的行为。但若应收账款债务人主观善意，法院可能出于保护应收账款债务人或第三人权益的目的，认定质押合同全部或部分无效。应收账款债务人放弃债权，其责任财产将会减少，偿债能力会随之减弱，因而应收账款存在无法清偿的可能，由此可能影响质权的完全实现。

⑪限制出质风险。质权行使时，应收账款可能因拍卖、变卖而被转让。

因此，任何被限制转让的应收账款均不能用于质押。如应收合同债权在性质上、约定上或法律上有不得转让等限制，贷款金融机构均不得接受。但在约定不得转让情形中有一问题需明确，即依据《民法典》，当事人可对合同作补充约定，若出质后出质人与债务人补充约定合同债权不得转让，是否影响出质效力，尚无明确法律规定；补充约定时间也存在“倒签”的可能；这也增加了法官自由裁量的空间变数，影响第二还款来源的实现。因此，要关注收费权的性质或法律的特殊限制，确保收费权的可转让性，以免质押合同无效，导致第二还款来源无法实现。

（3）操作风险。应收账款融资业务至少涉及三方的参与，其业务过程往往涉及多个法人主体之间的切换。由于业务过程环节众多，会出现由于协调不畅等而对业务造成损失或降低工作效率的情况，各方协作主体也会成为产生风险的点，主要表现为因质押登记无效、不及时和质权质押展期操作不规范等造成的金融机构债权损失。

①应收账款质押登记的效力。《民法典》第四百四十五条规定，以应收账款出质的，质权自办理出质登记时设立。应收账款出质后，不得转让，但是出质人与质权人协商同意的除外。但登记设立不具有排他性，同一笔应收账款可由不同质权人在同一系统同时办理多次质押登记；如同一笔应收账款质押给不同的金融机构，均办理登记，则先登记的质权优于后登记的质权，质权人必须防范重复质押导致的风险。

②质押登记失效的风险。该风险主要包括以下内容。

·出质人要素变更引发的风险。金融机构办理登记时所填写的出质人法定注册名称或有效身份证件号码发生变更的，金融机构应当在变更之日起4个月内办理变更登记。如果未及时办理变更登记手续，质押登记可能失效。

·质押期限届满引发的风险。金融机构办理的质押登记期限最长不超过5年。登记期限届满，质押登记失效。如果金融机构在登记期限届满前90日内未及时进行展期登记，将可能引发质押登记失效，从而丧失第二还款来源。

③质押登记不规范的风险。该风险主要包括以下内容。

·未上传登记协议或者上传有瑕疵的登记协议。

·在登记“收费站收费权质押”时未说明该权利对应的基础合同、权利存续期限、收费权种类等信息。

·在登记系统中录入“销售类应收货款质押”时，未描述货款所对应的基础合同、金额、货款到期日、发票号等信息。

·在“质押财产”的“描述栏”内明确注明“具体质押财产内容见附

件《应收账款质押合同》”，但是实际上并未上传该附件。

如果出现上述问题，将会导致质押财产界定不清，应收账款无法特定化，权利难以主张；应收账款质押公示效力下降。

（4）其他风险。其他风险包括借款企业运营风险和环境风险。

①借款企业运营风险。借款企业的运营与管理直接决定着未来的发展，对所发生的应收账款融资业务会产生直接影响。一般来说，借款企业运营风险主要包括借款企业战略决策风险、借款企业人力资源风险等。

·借款企业战略决策风险。企业融资的目的是借助金融机构的贷款进行项目运营或者扩大生产规模，贷款到期时企业必须偿还贷款本息，这就要求企业必须从事利润较高的生产项目并且保证有较高的项目成功率。在企业的决策层，战略制定者必须认真分析行业动态和市场需求，确定企业发展的方向，保证企业能够获取稳定的利润。如果企业的战略决策出现偏差甚至重大失误，那么对本来就资金紧张的企业来说无疑是雪上加霜，也会给金融机构带来连带风险。因此，金融机构对于借款企业大的战略决策必须有知情权，并且要对相关战略决策进行评估，根据信贷合同对借款企业战略决策风险进行控制。

·借款企业人力资源风险。高素质、复合型人才是完成应收账款融资业务的重要保障。在业务开展过程中，金融机构应特别关注借款企业管理团队的变化，特别要注意了解高层领导与关键岗位人员的变动和调整。一般而言，如果管理团队出现问题，势必会对业务的开展产生较大的影响。

②环境风险。在现代企业运营过程中，企业间的分工与协作成为一种常态，此时，供应链风险的影响也比以往任何时候都大。一旦出现供应链中断，必然对供应链上企业的应收账款融资产生负面影响。环境风险可以分为自然风险、经济风险和政治风险三种类型。自然风险是最难预测的，它主要是指由火灾、洪水、风暴等自然灾害引发的供应链风险与融资业务风险。经济风险主要是指因市场的不确定性、行业因素等对应收账款融资业务引发的风险。政治风险主要是指地方、国家乃至国际上的一些重要事件所导致的环境的不确定性，这些不确定性最终将影响应收账款的实现。环境风险会对借款企业的决策、生产销售过程产生影响，并最终影响现金流，但它属于企业外部因素，超出了借款企业的控制范围，因此，对借款企业和金融机构来说，管理和控制环境风险的难度都比较大。

（二）应收账款融资业务风险管理措施

一般来说，金融机构进行风险管理的策略通常分为四种：一是规避风险，即自觉地选择不会产生风险的业务活动，对风险超过了金融机构容忍水平的活动进行严格的控制和规避；二是转移风险，即通过将风险转移给第三方来降低业务的风险暴露；三是缓释风险，即通过控制风险过程来减少风险的影响程度，如在应收账款融资业务中，金融机构可以通过物流企业的协助，对借款企业的财务状况、战略决策进行评估，从而减少呆坏账的产生；四是接受风险，即当风险收益高于风险造成的损失并且风险能够得到有效控制时，金融机构可以接受相应的风险。应收账款融资业务风险得到有效控制是业务开展的重要保证。在实践中，金融机构常常将这些策略综合起来应用于贷款业务的过程管理。

（1）贷前调查阶段的风险管理。此阶段的风险管理措施主要包括以下内容。

①选择合格的应收账款。用于质押的应收账款必须满足以下条件：应收账款项下的产品已发出并由购买方验收合格；购买方资金实力较强，无不良信用记录；购买方确认应收账款的具体金额并承诺只向销售商在贷款金融机构的指定专用账户付款；应收账款的到期日早于贷款合同规定的还款日等。

②考虑应收账款双方的信誉。金融机构应审查应收账款参与方的信誉，特别是有无不良还款记录。对企业的经营前景进行预测，考虑交易的真实性。保留企业销售合同的原件、卖方企业的发货单、买方企业的收货单及货物验收合格入库的证明等。

③考察企业的财务报表。除企业资产负债率等基本指标外，重点考察五项指标。一是应收账款在企业资产中的占比，这一指标反映了企业应收账款的管理状况，比例过高，说明企业应收账款管理松懈。二是应收账款周转率，这一指标反映了企业应收账款的流动性。三是应收账款的平均回收期，这一指标影响贷款的期限，应收账款的到期日应早于合同规定的还款日。四是应收账款是否集中于某一个客户，这一比例反映企业贷款回收的风险性。五是付款单位是否为贷款申请企业的关联企业，是否存在关联交易。

④确定合理的质押率。依据企业实际情况确定质押率为 50%～90%。应收账款质量主要取决于应收账款债务人的信用等级，债务人中财务稳健、无不良信用记录的企业数量越多，应收账款的质量越高。同时，还要特别关注应收账款的集中度，集中度越高，应收账款的质量越差，风险越大。对集中度较高的企业发放贷款时，质押担保率不应超过 20%，即贷款额不能超过应收账款的 20%。

（2）贷中审核阶段的风险管理。此阶段的风险管理措施主要包括以下内容。

①基础合同风险管理。在贷前调查的基础上，强化对应收账款基础合同的审核，对法律法规或规章明确规定不得或限制质押的应收账款、真实性合法性存疑的应收账款不宜质押。控制合同效力风险，同时依法在贷款合同、质押合同中明确约定风险防范措施。合理审慎地进行合同条款的设置，明确金融机构享有的权利和出质人应承担的义务。一旦质权受到或可能受到损害，金融机构可依合同约定维护其合法权益。合同中需要约定的主要条款包括：一是全部合同原件应移交金融机构；二是出质人不得有转让、放弃权利等行为，否则金融机构有权撤销或可提前清偿债务及行使质权；三是出质人要书面通知应收账款债务人，并取得债务人提供给金融机构的书面承诺函；四是出质人怠于行使权利，致使质权受到或可能受到损害的，金融机构有权代出质人行使质权或金融机构有权提前要求清偿债务或行使质权；五是明确提前清偿债务或行使质权的其他情形，如放弃权利，合同被解除、撤销或变更，管理水平下降和财务可能恶化等。

②质押登记风险管理。《民法典》明确规定，以应收账款出质的，当事人应当订立书面合同。质权自信贷征信机构办理出质登记时设立。在质押登记中主要对以下几方面风险进行控制：第一，由于登记系统不对质押登记内容的合法性、真实性和完整性进行审查，因此，在信用审查和登记过程中，应进行实质性审查，严格内部管理，降低操作风险。第二，由于登记系统不限制、不核实出质登记人的身份，并且赋予出质人对公示登记提出异议的权利，因此应当强化合同管理，确认出质人就是应收账款的债权人。第三，由于登记系统在操作原理上不涉及人工干预，由计算机系统完成，并规定用户管理员和操作员的行为由登记用户负责。因此，在制度设计上应加强对用户管理员和操作员权限及操作程序的设定和监督，强调专人管理、交叉监督和密码保护。第四，登记系统除了作为质权生效的法定要件，还具备查询功能。因此，在针对应收账款出质方进行贷前审查时，应注意通过登记系统对其在先权利进行查询，确保作为担保物的应收账款不存在重复质押或其他权利瑕疵。同时，还应当注意定期对应收账款融资的损失率进行统计，便于为日后进一步完善应收账款融资业务提供经验数据和判断依据。第五，根据登记系统的设计，个人和机构无须向登记系统证明查询需求，只要注册一个查询用户，就可以登录应收账款质押登记系统进行查询，这在提高公示效力的同时，也将对本行的业务信息和商业秘密等造成一定的影响。因此，在进行信息登记的过程中，应当重视对质物的描述方法，在保证业务信息和商业秘密不被泄露的同时，实现对担保标

的有效描述。第六，针对系统具备的债务人或相关利益人异议登记的权利，应加强对已登记信息的后期跟踪，确保在权利受到侵害时能迅速作出回应。第七，质权登记期限最长不得超过 5 年，在登记期限届满前 90 日内，质权人可以申请展期。因此，为避免质权过期而导致权利失效，金融机构应确定专人加强对应收账款质押登记的后期跟踪和维护，确保权利得到及时的延续和保障。第八，其他规定。应收账款出质后，不得转让，但经出质人与质权人协商同意的，出质人应以转让应收账款所得的价款向质权人提前清偿债务。

③放款审查风险管理。放款审查阶段主要注意以下几点：第一，用作质押的应收账款应当在诉讼时效期内，否则，质权人可能在行使质权时无法实际受偿。第二，不宜在应收账款质押合同中规定在所担保的债权未获清偿时可直接获得应收账款，因为这违反了《中华人民共和国担保法》中禁止“流质契约”的原则。第三，要求付款方提供承诺书，确认应收账款的具体金额，承诺只向销售商在本公司的指定账户付款。同时要以书面形式规定，付款方在承诺书中签字确认到期不付款的违约责任，以及如果在未告知质押权人的情况下，擅自支付，对由此对本公司造成的损失，承担赔偿责任等。第四，明确约定两个债权期的限差问题。应收账款质押中涉及两个债权：一是担保债权，二是应收账款债权。而担保债权的期限与应收账款债权的期限往往并不一致，可能出现两种情况：担保债权先于应收账款债权到期；应收账款债权先于担保债权到期。第一种情况下，质权人实际承担着很大的风险，因为应收账款晚于担保债权到期，所以在担保债权未获清偿时，质权人无法立即就应收账款获得担保，需等待应收账款到期，而最终能否实现质权仍是未知的，取决于次贷人履行债务与否。为避免这种风险，在订立质押合同时，质权人应尽量与出质人和次贷人协调将应收账款的期限调整至与担保债权同步。或者采用分期履行的方法，获得一部分应收账款的担保。在第二种情况下，可采取将应收账款提存的方法，待担保债权到期且获清偿时归出质人支配，如担保债权到期未获清偿，则通过实现质权的方式对质权人提供担保。

（3）贷后管理阶段的风险管理。贷款发放后，金融机构应当对产生应收账款的基础合同的履行情况继续跟踪，及时全面收集出质人已经完全履行基础合同项下义务的有关证据，督促出质人及时请求付款，防止诉讼时效超期，及时设立应收账款质押专用账户，以加强对企业应收账款回笼资金的监督管理，防止回笼资金挪作他用。在主债务到期未获清偿的情况下，应尽快与出质人、应收账款债务人协商，尽早采取行动以实现质权。

①债务人风险管理。一方面加强对债务人及其高级管理人员信用评估和经营能力的持续跟踪调查，出现信用状况恶化、履约能力缺失等情况时，应当采取相应的风险化解措施，控制或降低风险；另一方加强对出质人及出质人高级管理人员的信用审查，如有不良行为、恶意交易行为以及其他不诚信行为等，拒绝其权利质押。对于权利欺诈性风险、违约风险等可以通过《中华人民共和国合同法》中代位权、撤销权、违约救济等债权保障制度保障权利实现；对于应收账款质押范围及时效风险，应尽可能审核债权可能存在的有效性，通过与质押权利债务人合作，评估确定权利的真实性；同时，在选择质押权利时应确保债权没有超过诉讼时效，质押贷款期间对可能超过诉讼时效的质押债权，及时督促出质人中断诉讼时效。面对应收账款是否适合入质进行事前调查分析和判断，对存在抗辩权、抵销权的情形进行风险评估，确定是否接受权利质押。

②借款企业风险管理。重点关注借款企业财务指标的重大变动、经营范围或模式的重大变动、税票真实性、账户流水、合同执行情况。

③质押的应收账款风险管理。金融机构应建立一个实时更新的，标识客户名称、平衡账目表和当前支付状态的数据集，记录借款企业对于合同的履行情况，分析应收账款的变化趋势。在此基础上，完成对应收账款和授信额度的管理。在借款企业偿还贷款本息之前，金融机构应当确认应收账款回款账户监控及资金流的监控和管理。另外，金融机构应当进行周期性的留置权调查，特别是对于风险级别较高的借款企业。金融机构应当建立相应的系统来记录有关的过程信息，帮助管理人员进行分析，以使留置权在贷款期限内能得到保证。

④欺诈行为管理。借款企业或合作方的舞弊或欺诈是贷款金融机构发生损失的一个重要原因。在现实中，有舞弊或欺诈行为的借款企业常常会有以下做法：用低价值的质物充抵高价值的质物，提交不真实的销售或应收账款记录，用一笔应收账款向多家金融机构进行融资等。在信息系统的管理下，金融机构采取经常性的质物监测和第三方审计是防止欺诈产生的最佳方法。

⑤物流企业风险管理。一般情况下，物流企业了解借款企业的运作及基本状况，因此金融机构往往需要物流企业实行专人管理、专人负责，做到供产销单独记账、成本费用单独核算、效益利润单独反映，希望物流企业按合同约定担负起监管职责。因为在物流企业的监管过程中，金融机构和物流企业是委托代理关系，现实中也会产生物流企业的道德风险，也就是说，物流企业有可能欺骗、不负责任、虚假上报或者出现监管失误等，

物流企业的监管风险会造成融资业务风险。所以，金融机构应从两方面防范风险：一是通过信息系统掌握质物和物流企业运作过程的有关信息，帮助管理人员加强管理；二是派出业务人员经常性地开展实地检查和账物相符的检查，防止调包、以次充好等现象的发生。

本章小结

本章首先详细介绍了预付款融资产品、存货质押融资产品及应收账款融资产品的过程控制及业务管理，并列出了相关业务合同设计的内容及关键性指标。另外，供应链金融流程控制主要围绕质物展开，法律关系的不同、质物的不同引发了不同的法律风险，导致在供应链流程中关注和控制的要点不同。基于此，本章最后分析了各类供应链金融业务模式的风险点及对应的风险管理措施。

课后习题

一、选择题

1. 下面选项中的（　　）对订单融资的影响最小。

A. 卖方（小企业客户）的生产经营能力

B. 买方的资信

C. 卖方（小企业客户）的品牌知名度

D. 卖方（小企业客户）和买方的合作关系的稳定性

2. 预付款融资业务的安全水平和融资主体的监管水平密切相关，预付款融资业务管理应重点关注（　　）。

A. 建立监管专户

B. 加强对物流企业的评判和日常管理

C. 设立封闭式账户

D. 增加现金流管理

3. 存货质押融资业务中，质物的选择受到（　　）的影响。

A. 金融属性、市场属性、经济属性

B. 法律属性、物流属性、经济属性

C. 资金属性、市场属性、流通属性

D. 经济属性、法律属性、交易属性

4. 在存货质押融资业务中，质物的价值是通过（　　）来计算。

A. 质物价值＝质物单位价格×质物数量

B. 质物价值＝质物单位价格＋质物数量

C. 质物价值＝质物单位价格÷质物数量

D. 质物价值＝质物的单位价格×质物数量－法定优先受偿款

5. 以下（　　）不是金融机构在应收账款融资业务中评估应收账款可实现性的重要因素。

A. 债务方企业对于应收账款的有效性和时效性的确认

B. 借款企业和债务方企业关系的稳定性

C. 债务方企业的注册资本

D. 借款企业和债务方企业所在供应链的管理与运营水平

6. 预付款融资业务的风险管理措施中，（　　）属于贷前调查阶段的重要措施。

A. 加强对监管方的准入和监管　　B. 把握借款主体准入标准

C. 构建物流金融业务信息系统　　D. 注重质物选择

7. 对应收账款融资业务进行风险管理时，（　　）不属于贷前调查阶段的管理要点。

A. 贷前调查关注点

B. 贷前调查后作出业务评价，撰写调查报告

C. 信贷管理部关注点

D. 实时监控借款企业资产负债率

8. 存货质押融资业务管理要求中，贷前调查阶段金融机构主要的风险管理措施包括（　　）。（多选）

A. 加强借款企业准入管理

B. 贷款利率的确定

C. 加强物流企业、监管公司准入管理

D. 做好质物准入管理

二、名词解释

质押监管企业　留置权　法定优先受偿款　平仓线

应收账款池融资方案

三、简答题

1. 简要回答封闭式账户的操作方式及操作时主要考虑的内容。

2. 简要回答预付款融资业务管理的内容。

3. 简要回答第三方监管风险主要包括的内容。

四、思考题

1. 在预付款融资业务中，借款企业和购买方的评估是为了确保交易安全和可行性。你认为金融机构在进行评估时应注意考虑哪些因素？请提出

促进交易顺利进行的建议。

2. 根据第 4 章介绍的内容，结合你对预付款融资业务的理解，思考在这种业务中金融机构应该如何合理评估和控制风险？请至少提供三个相关的评估和控制措施。

五、案例分析题

某银行在应收账款融资业务中未仔细审查借款企业的信用状况，结果借款企业无力偿还贷款，导致银行遭受巨额损失。请分析该案例中存在的风险，并提出防范措施，以避免类似风险再次发生。

第5章

供应链金融的创新应用与典型实践

| 教学目标 |

- 了解不同主导方主导的供应链金融业务模式。
- 了解不同主导方主导的供应链金融取得的成果。
- 了解不同主导方主导的供应链金融的创新点。

案例导入

浦发银行的供应链金融业务创新

2020年，浦发银行上海分行首次运用1+N在线供应链融资方式为上海某建筑公司成功开展展期业务，缓解了这家公司因新冠疫情产生的资金压力。这也是浦发银行上海分行积极响应《上海市全力防控疫情支持服务企业平稳健康发展的若干政策措施》的有关要求，对于受新冠疫情影响较大的行业持续加强信贷支持，通过展期、无还本续贷等方式，对到期还款困难的企业予以支持，坚决做到不抽贷、不断贷、不压贷的一个典型案例。

该建筑公司为浦发银行上海分行青浦支行1+N在线供应链融资“亚士贷”项目的客户。因受到新冠疫情影响，其下游房地产施工企业均难以在2月复工，开工日期待定。这导致公司的资金周转暂时遇到困难——原定2月12—20日到期的共计四笔贷款无法落实还款资金。

经过前期摸排，浦发银行在第一时间了解到该公司的困难。在全面了解了该公司的真实情况后，业务经办单位迅速与总行和分行相关部门沟通，希望对该公司的四笔业务进行展期。最终，在浦发银行内部的紧密协作与高效联动下，2 月 12 日，浦发银行顺利完成了这四笔业务的展期，距离该公司提出申请仅 2 天。

本次在线供应链融资项下展期业务的成功落地有效缓解了上海这家建筑公司的还款压力，确保了其在疫情下的正常生产经营，同时也为浦发银行同类场景下业务问题的解决提供了范本。

资料来源：http://www.financialnews.com.cn/zt/kjyq/202002/t20200216_179386.html.

想一想：目前，国内供应链金融的主导方有哪些？各主导方在供应链金融实践中有哪些创新之处？

2017 年 10 月 13 日国务院办公厅发布了《关于积极推进供应链创新与应用的指导意见》，提到大力发展供应链金融，要让供应链金融推动实体经济发展。2018 年 4 月，《商务部等 8 部门关于开展供应链创新与应用试点的通知》中也明确提出规范发展供应链金融服务实体经济。自从这些政策发布以来，全国范围内兴起了发展供应链金融的热潮，各类企业、金融机构、互联网科技公司等纷纷涉足供应链金融领域。国内供应链金融按主导主体可分为四大模式：银行等金融机构的应收账款征信、核心企业的产业链闭环、物流企业的控货模式以及金融科技公司的科技服务。

最初的供应链金融是银行围绕核心企业展开的，银行基于真实贸易关系（比如评估来自核心企业的应收账款）为上下游企业放款，经过不断的发展，如今许多银行涉足农业领域的供应链金融，例如吉林亿联银行股份有限公司（以下简称“亿联银行”）推出了“亿农贷”产品等。由核心企业主导的供应链金融是核心企业通过旗下的财务、保理、小贷公司介入供应链金融领域，并依靠自身的产业链、信息流优势打造基于产业链的供应链金融服务平台，其中既有传统的保理类业务，也有通过建立平台公司，对接 ERP 系统的供应链金融线上服务。物流企业涉足供应链金融是近几年开始出现的，物流企业作为供应链金融的主要协调者，在精确控制质物的基础上为上下游企业提供融资服务，物流企业掌握着最真实、最基础的信息资源，对整个产业链有控货能力，尤其是在以存货抵押为主要形式的供应链金融中具有绝对优势。科技是提高供应链金融效率的有效手段，随着金融科技的应用，供应链金融正在发生新一轮的迭代变革。云计算、大数据、区块链等新兴技术成为解决许多传统供应链金融业务场景下痛点的重要工具，推动供应链金融实现全线上化操作、数据化交互、自动化管理和平台化生态。

本章分别从金融机构、核心企业、综合物流服务商、金融科技公司四个主导方介绍供应链金融实践，展示当前各主导方主导的供应链金融创新应用。

第 1 节　银行主导的供应链金融

银行是供应链金融最早的主导方，1999 年深圳发展银行（现平安银行）最早涉足供应链金融领域，2003 年，深圳发展银行在业内首先提出了“1＋N”模式，1 是指核心企业，核心企业是银行信贷风险的安全节点。“1＋N”模式将核心企业的信用惠及整个供应链的上下游企业，2006 年，深圳发展银行正式提出“供应链金融”这个品牌产品。之后涉足供应链金融领域的银行包括大型国有商业银行（中国工商银行、中国银行、中国建设银行、中国农业银行、交通银行等）、股份制及地方商业银行（平安银行、招商银行、中信银行、中国民生银行、兴业银行、华夏银行、浦发银行、浙商银行、江苏银行、南京银行、齐商银行等）、互联网银行（网商银行、微众银行、新网银行、亿联银行等）。农业是国之根本和命脉，向农业提供融资服务的金融机构却较少。农资流通领域存在农资经销商赊销率高、农户融资难等问题。亿联银行作为东北首家民营银行、国内四家获得线上信贷业务资格的互联网银行之一，在农村普惠金融等领域进行了积极的创新实践。2018 年 12 月，亿联银行根据吉林省农村市场的特点，创新推出面向农资经销商和农户的农资订单融资类“亿农贷”线上贷款产品，得到了广大农户的认可和好评。

一、 亿联银行简介

亿联银行由中发金控投资管理有限公司和美团旗下吉林三快科技有限公司等七家民营企业于 2017 年 5 月在吉林省发起设立。亿联银行定位为“数字银行”，依托大数据、人工智能、云计算等科技手段，建立了业界先进的分布式技术架构和智能风控系统，可以为客户提供 7×24 小时安全、便捷的金融服务。亿联银行 2018 年专利数量在全球金融机构中排名第 35 位，并顺利通过 ISO 9001 质量体系认证和 ISO 27001 信息安全管理体系认证。2019 年，亿联银行荣获国家高新技术企业认定，成为国内第四家获此认定的银行。

亿联银行已与美团、京东、百度、维信等多家平台建立战略合作关系，在农村普惠金融等领域进行了积极的创新实践。2018 年 12 月，亿联银行根据吉林省金融控股集团对10万多农户进行的融资需求调查和信用评定，创新推出“亿农贷”线上贷款产品，该产品采用数据化分析、模型化审批、自动化引擎、系统化获客等科技手段，实现了远程办理、随用随支等，受到了广大农户的认可和好评。

二、亿联银行供应链金融业务模式

（1）亿联银行向农资经销商提供贷款的业务模式如下。

①农资经销商向农资领域龙头企业（核心企业）下农资订单。

②核心企业对农资经销商进行调查。

③核心企业与亿联银行签署合作协议。

④亿联银行向农资经销商发放贷款，采用受托支付的方式，经客户账户打入客户指定的受托支付对公账户。

⑤核心企业发货给农资经销商，农资经销商将农资出售给农户。

⑥农资经销商向银行还本付息。

（2）亿联银行向农户提供贷款的业务模式如下。

①农户向农资经销商下农资订单，并向亿联银行提出贷款申请。

②亿联银行根据吉林省金融控股集团对农户进行的融资需求调查和信用评定放款给农户。

③农户向农资经销商支付农资采购款。

④农资经销商将农资提供给农户。

⑤农户向银行还本付息。

三、亿联银行供应链金融取得的成果

截至2021年末，亿联银行通过“亿农贷”累计投放13.21亿元，额度支用高达98%，余额5亿元，惠及农户近2万户，无逾期及不良信贷记录，90%以上的客户选择提前还款、结清再贷，形成良性循环，“亿农贷”得到了广大农户的认可和好评。

四、亿联银行供应链金融的创新点

亿联银行建立了数据化、信息化、科技化三位一体的全新的农村金融风控体系，保证了“亿农贷”业务的可持续发展。亿联银行供应链金融的主要创新点如下。

(1) 在贷前调查方面，“亿农贷”系统依托光学字符识别（OCR）＋人脸识别等技术远程核实农户身份，并基于农户的基本信息、IP 地址、通信信息等多维数据构建农户画像。

(2) 在贷中审核方面，基于亿联银行内部及第三方数据库搭建完善的反欺诈风控机制，挖掘线上消费、线上支付等场景数据，综合线下借贷和网贷等借贷数据，引入结构化的传统征信、三方信用评分等信用特征数据，建立风控大数据机器学习模型和自动化决策引擎，辅以人工审核，建立了一套依托模型自主学习、快速迭代，灵活配置规则、可以实时修改的风险评估与监测预警功能体系。

(3) 在贷后管理方面，实行 7×24 小时实时自动化监测，建立并积累自有风险名单库，持续性推进产品风险评估和预警。相比传统的线下风控审批模式，亿联银行搭建的“亿农贷”产品全流程的智能风控体系能够更好地降低风险水平，提高风控效率。

第 2 节　核心企业主导的供应链金融

供应链金融是一种主要涉及企业端的金融服务，可以为上游供应商和下游经销商融资，其特点之一是核心企业是不可或缺的。供应链金融在设计过程中是以实际贸易背景为基础的，因此有必要严格审核销售合同、订单、发票、收据等凭证。在实际对接融资过程中，核实历史交易记录、合理计算交易金额等往往离不开核心企业的配合。核心企业有权决定供应链的构成，对供应商、经销商和制造企业有严格的选择标准和强有力的控制。基于与核心企业的真实交易，金融机构可以跳过对节点企业（供应链上下游中小企业）的信用风险评估，转而评估核心企业的信用状况和实力以及交易的真实性和风险。另外，核心企业也会对节点企业生产中的各个环节进行监督，从而有效地提高节点企业的还款能力和意愿，降低违约风险。

钢铁行业是我国国民经济的重要支柱，对于我国的经济发展和社会建设发挥着重要作用。相比其他行业，钢铁行业具有鲜明的以核心企业为基础的供应链金融特征。一方面，钢铁行业为资金密集型行业，在钢铁材料较长的生产周期中需要大量的资金来保障企业正常的生产及交易；另一方面，钢铁行业供应链上的核心企业明显为大型钢铁企业，其余企业主要为中小型企业，包括上游的供应商以及下游的经销商等，相比核心企业这些中小企业一直处于弱势地位。商业银行在传统信贷业务开展过程中，往往更关注大型钢铁企业的融资需求，在很大程度上忽视了上下游中小企业的融资需求。另外，各大商业银行对于钢铁行业生产运营管理各个环节的了解不够深入，难以对其业务特点以及业务风险进行有效的把握，在供应链金融业务开展过程中如果仅依据钢铁企业以及供应链上下游企业的财务数据很容易出现融资风险。因此，钢铁行业供应链金融业务的开展在客观上需要钢铁企业的积极参与。一是钢铁企业基于自身良好的市场洞察力以及良好的信用评级有助于维持整个钢铁行业供应链的正常运行；二是钢铁企业基于自身与中小企业真实的贸易关系以及多年交易中对中小企业形成的认知，有助于挖掘供应链上优质的中小企业，然后基于自身雄厚的实力为这些中小企业提供担保，提高它们从银行等金融机构获得贷款的成功率。

河钢集团有限公司（以下简称“河钢集团”）是钢铁行业的领军企业之一，选择供应链金融作为战略突破口，依托在钢铁供应链和客户端的流量优势，积极培育基于平台共享的新型商业模式。河钢集团为打造供应链生态圈而推动建设了河钢供应链管理平台，有效解决了中小企业融资难问题，同时实现了产业链各方协同共赢。“河钢铁信”是河钢集团推出的一种结算方式，作为行业内、河北省首例在线金融服务结算产品，在新冠疫情期间，为支持铁铁工业品超市客户复产复工，实施了铁信期限减免30天、融资年化利率降低1%的优惠政策。河钢集团主导的供应链金融是钢铁行业供应链金融的典范。

一、河钢集团简介

河钢集团是世界最大的钢铁材料制造和综合服务商之一，集团以“建设最具竞争力钢铁企业”为愿景，致力于为各行各业提供最具价值的钢铁材料和工业服务解决方案。河钢集团已经成为中国第一大家电用钢、第二大汽车用钢供应商，海洋工程、建筑桥梁用钢领军企业，2021年在中国钢铁企业竞争力（暨发展质量）排名中获竞争力“极强”评级，是世界钢铁协会会员和理事单位、中国钢铁工业协会轮值会长单位。

在做强做优钢铁材料的同时，河钢集团以钢铁产业链条纵向延伸、横向拓展为主线，大力发展战略性新兴产业，面向上下游企业提供工业技术、工程技术、数字技术、工业贸易、产业金融等多元服务，积极培育新的战略支撑点和效益增长点。2018年9月，河钢集团供应链管理有限公司成立，作为河钢集团金融产业管控平台和产融协同平台，河钢集团实际管控河钢财务公司、河钢融资租赁、河钢商业保理、河钢售电、河钢碳资产、河钢财智云等金融类企业。河钢集团供应链管理有限公司打造了“河钢铁信”供应链金融平台、“河钢钢贸”金融服务平台、“铁铁智运”网络货运平台、“铁铁物联”采购服务平台、“铁铁易融”钢贸平台等。

二、河钢集团供应链金融业务模式

“河钢铁信”作为供应链金融平台的主要工具，是河钢集团及成员企业在与供应商发生采购业务的基础上，通过河钢供应链系统铁信平台向上游供应商开具的，体现双方真实贸易关系的电子信用凭证，是河钢集团最新推出的一种类似商业汇票的结算方式。“河钢铁信”具有可拆分、可流转、可融资等功能，风险可控，使用灵活便捷，为产业链上下游企业提供了全新的和高效的融资渠道，帮助中小供应商解决融资难等问题，实现产业链各方协同共赢。

“河钢钢贸”金融服务平台以真实贸易背景为基础，充分发挥河钢集团整体产业链的优势，帮助中小型钢贸企业及钢终端企业快速解决银行授信问题并获得专项业务信贷，解决其订货融资的需求。

“河钢铁信”供应链金融平台和“河钢钢贸”金融服务平台共同支撑“铁铁物联”采购服务平台即铁铁工业品超市、“河钢云商”河北钢铁交易中心和“铁铁智运”网络货运平台的原材料采购、钢材销售和物流配送阶段的供应链金融业务，有效缓解了中小企业融资难、融资程序复杂等问题。河钢集团供应链金融业务模式如下。

（一）原材料采购阶段（“铁铁物联”）的供应链金融业务模式（应收账款融资）

①河钢集团向上游的原材料供应商下达采购订单。

②河钢集团使用“铁信”向上游原材料供应商支付货款。

③上游原材料供应商到期解付或者将“铁信”拆分或直接用于其他购买事项。

（二）钢材销售阶段（“河钢云商”）的供应链金融业务模式

(1) 买方订单融资的业务模式。

①买方通过河北钢铁交易中心与河钢集团在线签订购销合同。

②买方缴纳30%的保证金，同时根据购销合同在交易中心申请办理订单融资业务。

③交易中心根据采购信息进行审核，审核是否突破融资额度、买方是否符合资质等；审核通过后，冻结买方30%的保证金。

④交易中心/金融机构将全部货款（或等值“铁信”）拨付给卖方，卖方将货物过户给买方，交易中心进入仓单质押融资流程，自动将货物进行质押。

（2）买方仓单融资（现货融资）的业务模式。

①买方将所持有的货物存入指定的监管仓库后，监管仓库负责对存入的货物进行检测，同时在仓储系统中生成存货凭证。

②买方将存货凭证（全部或部分）注册为仓单，在线申请办理仓单质押融资业务。

③平台冻结仓单，同时通知仓库对货物进行监管，开始计算利息、监管服务费等。

④买方还款（或提供等值“铁信”）赎货，解押仓单，交易中心/金融机构收到货款（或等值“铁信”）后，向仓库发送解押并发货的通知。

（三）物流配送阶段（“铁铁智运”）的供应链金融业务模式

①河钢集团向司机或物流企业提出运输要求。

②河钢集团使用“铁信”向司机或物流企业支付运费。

③司机或物流企业到期解付或者将“铁信”拆分或直接用于其他购买事项。

三、河钢集团供应链金融取得的成果

2014 年，河钢集团围绕资金管控，借助互联网＋新思维对内部网络进行了重塑，有效盘活了闲置资金与票据，形成了河钢集团统一的大资金池、票据池。河钢集团与多家金融机构开展“总对总”战略合作，积极推进新型银企合作关系，银行授信总额达 3 000 亿元，融资利率由 12%降到 6%，覆盖上游供应商 15 000 家，下游客户 5 000 家。

在采购端，河钢集团搭建“铁铁物联”平台，按照垂直电商发展的思路打造铁铁工业品超市，为客户提供寻源、比价、结算、物流、防伪、售后以及供应链金融等服务。工业品超市共上架 34 个大类、349 个中类、2 398个小类、15 万个单品，年采购额百亿元，实现一站式工业品采购与服务。在金融端，基于真实的贸易背景，设计封装“河钢铁信”在线金融服务产品，实现信用凭证电子化，信用额度可拆分、可流转、可融资。“河钢铁信”已连接 12 家外部银行，服务 7 000 余家中小微企业，年保理融资近 200 亿元，持续赢得上游供应商和金融机构的青睐。在销售端，建设河北钢铁交易中心（“河钢云商”）、“铁铁易融”钢贸平台，“河钢云商”的钢材年交易量超过 6 000 万吨，“铁铁易融”自 2021 年上线以来累计取得银行授信 7 亿元，完成钢贸业务融资 3.2 亿元。支持集团废次材、循环物资、化工产品在线竞拍。在物流端，建设“铁铁智运”网络货运平台，借助平台化思维，构建互联网+高效物流的智慧物流新模式，快速集聚货源、车源、承运商等物流要素，平台年运费结算约 20 亿元，管理运输车辆近 3 万辆，“铁铁智运”将供应链各方紧密地联合起来，成为大宗商品运输服务的引领者之一。

四、 河钢集团供应链金融的创新点

河钢集团建立了“河钢铁信”等业务平台和供应链金融服务平台，基于其钢铁供应链核心企业的优势地位，实现了对钢铁原材料采购、钢材产成品销售、钢材产成品物流配送等全业务流程的供应链金融产品覆盖和业务支撑。“河钢铁信”具有可拆分、可流转、可融资等功能，实现了在围绕河钢集团的钢铁生态体系内，跨单一环节的生态化供应链金融，为提高钢铁行业运行效率，降低融资成本，实现数字化转型升级，提供了有力的支撑和有益的探索与实践。河钢集团供应链金融的创新点如下。

（一）针对供应链上下游抽象化的产品提供服务

立足于钢铁行业供应链的各个环节，将融资服务产品化。同时，与交易模式结合，有针对性地提供基于各个贸易环节的融资服务，打造标准化的融资产品。

（二）为中小交易会员提供便捷的融资服务

在线融资能够将过去线下烦琐的融资过程便捷化，同时降低融资门槛，聚集中小交易会员的融资需求。以交易中心的信用为保障，以融资产品的整体授信额度为依托，弱化单个交易会员的资质，减少融资过程中的时空成本，以客户融资为核心，打造便捷的服务产品。

（三）融资成本优惠，具有规模化效应

利用交易中心的客户渠道能够保证客户群体的稳定性与规模化，降低单个客户购买的成本，使每个客户都能够分享低成本带来的收益。

第 3 节　综合物流服务商主导的供应链金融

物流业是支撑国民经济发展的基础性、战略性、先导性产业。物流业

属于第三产业中的现代服务业。全球每年大宗商品的产值为10万亿～20万亿美元，占全球GDP的20%左右，大宗商品市场对上下游产业影响巨大，并通过资本市场、利率市场、汇率市场、船运市场等进一步扩大影响。中国已经进入后工业化时代，各类大宗商品的消费占全球消费总量的10%～50%，大宗商品物流是我国物流的主要部分。

大宗商品货物流转的供应链管理能力是实体经济转型升级的重要体现，中国正面临经济结构的转型，重工化的巅峰或许已经过去，市场的惯性依然存在，增量正在衰减、总量仍在上升，大宗商品行业的调整已经展开。在这种情况下，制订提升大宗商品流通领域的整体运营效率、降低行业融资成本的解决方案势在必行。目前，在大宗商品仓储服务环节，物流服务商分散、管理水平参差不齐、单据管理不规范、信息化程度偏弱、作业盲点多等问题导致交易交付环节存在货不对板、一货多卖、付款和交货存在时间差、买卖双方互信难等问题；在融资环节，信用风险问题仍然存在，货物确权存在技术难度，仓储环节控货缺乏信用，难以防范重复融资，这些导致流通商有强烈的融资需求，却面临融资难的困境。

中储京科提出"五朵云"组合服务理念，通过线上资源整合协同、线下实物作业监控的方式对供应链流程进行全方位管理。打通作业初期的主体认证、筛查、征信，中期的交易、交付、结算，后期合同、发票存证等全流程数据链，打破数据不透明难题，从应用层、网络层、系统层综合考虑产品数据结构，实现数据安全、可靠并可追溯可取证，有效解决了企业面临的融资难问题，保证了货物的流转效率。

一、 中储京科简介

中储京科供应链管理有限公司（以下简称"中储京科"）成立于2019年10月17日。中储京科的股东为中储发展股份有限公司（以下简称"中储股份"）、京东数字科技控股有限公司（以下简称"京东数科"）、北京中储创新供应链管理有限公司。

中储股份是具有中外合资性质、国有控股的A股上市公司。公司实际控制人为国务院国资委直属的中国物流集团有限公司，第二大股东为全球领先的物流和工业地产商普洛斯。

基于股东的专业化能力，中储京科的定位是以科技能力、业务模式创新为基础，做最专业的大宗商品供应链服务公司。中储京科的目标是降低大宗商品行业的成本，提升全行业的效率，最终做到整个市场的模式升级。

中储京科要打造的核心能力是数字科技在大宗商品行业的应用能力、生态资源整合能力、一体化解决方案设计能力和线上运营能力。

货兑宝平台由中储京科投资研发构建，平台集成中储股份在供应链管理上的丰富经验与京东数科在金融科技上的领先技术能力，以大宗商品的交易、交付为切入点，独创“天网+地网”的产品模式，集成 ABCDI 高科技手段——人工智能（AI）、区块链（block chain）、云计算（cloud computing）、大数据（big data）、物联网（IoT），打造大宗商品领域仓储智能管理体系。货兑宝平台于 2020 年 4 月 17 日正式上线金融模块。

货兑宝平台提供三种服务。一是在线仓储服务。通过货兑宝平台把仓储客户和仓库打通，实现了仓储客户在线办理出入库，在线查询库存，在线查看仓储物资库存状态，在线进行仓储物资过户等，完全实现仓储业务的线上化办理，把单据通过区块链进行存证，实现仓库的信息化改造和升级，有效提高了仓储服务水平和服务效率。二是在线交易交付服务。货兑宝平台基于仓库的现货物资，满足客户的在线交易交付，实现在线看货、在线签合同、在线收付款、在线货物交付的全过程，并把交易的单据通过区块链进行存证。平台的挂牌交易功能，满足了不同交易模式的需求。平台的“保兑货”功能，可以实现“一手钱一手货”交易，有效解决了交易中的不信任问题。三是金融服务。货兑宝平台基于京东数科区块链 BaaS 平台，搭建大宗商品现货电子仓单系统，实现电子仓单的全生命周期管理。平台通过区块链技术，将用户的关键操作和关键单据记录在区块链上，直连广州互联网法院和北京互联网法院天平链，保障电子存货仓单的安全性、唯一性、开放性，防篡改，可追溯，进而与银行系统对接，使电子存货仓单融资成为可能。

二、 中储京科供应链金融业务模式

中储股份青岛分公司、中国建设银行青岛自贸区支行、青岛诺顿进出口有限公司（以下简称“青岛诺顿”）与货兑宝平台共同合作的首单基于区块链技术的电子存货仓单质押融资在“海陆仓转现货仓”的业务模式中放款成功。此举标志着货兑宝平台金融服务解决方案开始在实际业务中应用，更标志着由中储仓库在货兑宝平台线上化出具的区块链电子存货仓单获得了金融机构和行业内供应链企业的认可，完成了从“0”到“1”的突破。中储京科供应链金融业务模式如图 5-1 所示。

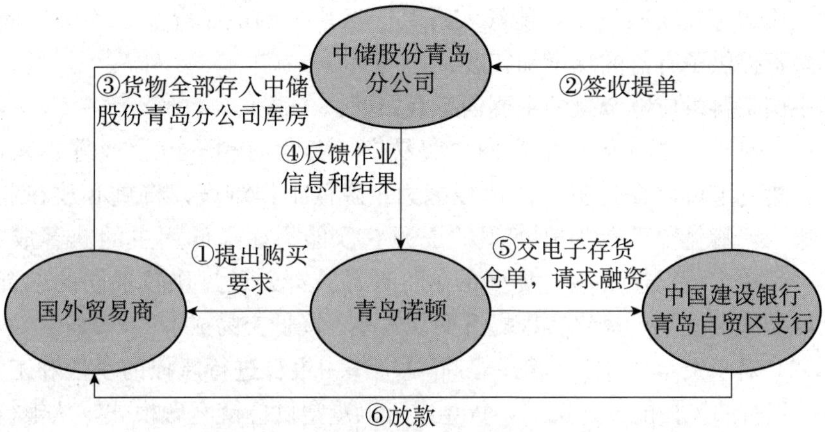

图 5-1　中储京科供应链金融业务模式

注：①青岛诺顿向国外贸易商提出购买要求。

②中储股份青岛分公司从建行青岛自贸区支行处签收提单。

③中储股份青岛分公司办理换单、报关、配合查验、背箱、入库等一系列操作，货物全部存入中储股份青岛分公司库房，纳入有仓库管理系统（WMS）＋物联网支持的数字化仓库管理。

④中储股份青岛分公司通过货兑宝平台将作业信息和结果反馈给青岛诺顿。

⑤青岛诺顿操作人员按规定的流程向货兑宝平台提出开具区块链电子存货仓单的申请。青岛诺顿操作人员通过货兑宝平台将该电子存货仓单交给建行青岛自贸区支行。建行青岛自贸区支行的操作人员在货兑宝平台上完成该电子存货仓单的接收。中储股份青岛分公司的操作人员在货兑宝平台上完成保管方记载。

⑥建行顺利放款，支付款项给青岛诺顿的国外贸易商，实现业务落地。出于谨慎考虑，业务在中国动产业融资统一登记系统（中登网）做仓单质押登记。

三、中储京科供应链金融取得的成果

货兑宝平台在大宗商品数字化的应用上已取得阶段性成果，如完成中储山东四家仓库及山东国储 29 万平方米的仓储上线工作，客户的在线作业比率达到 65%；货兑宝与建行开展基于数字化仓库＋区块链仓单的合作，帮助青岛自贸区的一家民营橡胶贸易企业成功融资。在货兑宝平台上，公司可以以仓库里的货物做质押，直接从银行获得贷款，年化利率仅为 3%，融资成本下降一半。

四、中储京科供应链金融的创新点

中储京科作为具备物流行业和金融科技双重基因，其核心平台货兑宝通过区块链等互联网技术，能够实现基于区块链的电子仓单，为大宗商品仓单融资提供了有益的探索和实践。

中储京科供应链金融的主要创新点如下。

(1) 对于货主（包括生产商、贸易商、套利商和下游企业等）来说：第一，货兑宝可以提升货主的风控能力，降低工作难度，将重心放在业务上。第二，货兑宝可以提升货主的资源获取能力，降低货主的获客成本。第三，货兑宝可以让货主有更多的融资产品选择，通过比较不同的融资产品，降低融资成本。最终实现提升交易效率、降低交易成本的效果。

(2) 对于资金方来说：第一，货兑宝作为银行进行风控的手段和工具，提升了银行的风控能力。第二，货兑宝可以重塑供应链金融模式，从银行单一的对核心企业集中授信转向去中心化，不要中介，回归真正的供应链金融模式。第三，货兑宝可以帮助资金方通过数字化资产，不断地创新融资产品。

(3) 对于仓储企业来说：第一，货兑宝可以帮助仓储企业降低仓库的经营管理难度，提升仓库的效率、响应速度和服务质量，降低仓库的操作难度和运营风险。第二，货兑宝的在线管理功能会带来全新的客户体验，提升客户的黏性，同时在线化运营可以衍生出更多的功能场景，比如远程看货、区块链电子仓单融资等，解决仓库收费单一的问题，增加仓库收入，降低经营压力。第三，货兑宝可以提升仓储节点在整个产业链中的价值，从单一的仓储功能向关键功能转化。让仓储的货物种类更科学，货源更稳定。

第 4 节　金融科技公司主导的供应链金融

近年来，随着供应链与互联网、物联网、大数据等技术的深度融合，供应链连接的主体越来越丰富多元，供应链不再是线性结构而是网络化生态，使得以大数据支撑、网络化共享、智能化协作等为特征的智慧供应链体系有了雏形，并为供应链金融模式创新提供了条件。伴随着供应链的智慧化，特别是信息通信技术对供应链运营的变革推动，供应链金融活动开始呈现出与信息通信技术高度融合的趋势，使供应链运营基础上的金融活动变得日益高效、智慧，产生了金融科技。

金融科技公司的优势在于技术和互联网运营能力。借助大数据、人工智能、区块链等技术，金融科技公司可以围绕核心企业对上下游企业的交易、物流等信息进行整合与深度挖掘；互联网运营能力则使金融科技公司能够更加灵活地进行创新运营，提升效率。金融科技公司的加入为供应链金融市场注入了活力，使供应链以及金融活动实现决策智能化、主体生态化、活动服务化以及管理可视化，有效降低了产业活动以及金融活动中的信息不对称和道德风险问题，实现了用金融推动供应链生态发展，同时借助供应链运营，实现金融生态的拓展和增值。中企云链构建了“$N+N+N$”共享供应链金融体系，打破了当前供应链金融以金融机构为核心的传统模式，让大企业成为供应链金融真正的核心，使金融服务回归本质，极大提高了产业链大企业参与的积极性，加快了供应链金融的融资速度，提高了融资额度。

一、 中企云链简介

中企云链成立于2015年，是由中国中车联合众多央企、国企、民企以及中国工商银行、邮储银行等金融机构，经国务院国资委批复成立的一家国有控股混合所有制企业。中企云链打造了一个产业互联网＋供应链金融服务平台，充分利用互联网开放、合作和免费等特性，整合企业资源、金融资源、供应商资源，打造“$N+N+N$”供应链金融模式。在平台上可以实现营销端、金融服务、综合资源、研发技术、后台支持等全方位的共享共通。

2019年3月，中企云链在深入运营公有云平台的同时，推出金融科技服务平台——中企云链供应链金融应用中间件（以下简称“云链中间件”），对外输出、共享公司在产业互联网领域的商业逻辑创新、实践成果，为客户提供多元化的金融科技服务。云链中间件通过八大中间件服务（电子确权凭证中间件、生态服务中间件、金融服务中间件、账户体系中间件、用户体系中间件、消息服务中间件、风控服务中间件、数据资产中间件），将传统企业应收账款融资的八个业务环节简化为三个环节，帮助企业快速搭建平台，实现以电子凭证确权、拆分、流转、保理融资、还款清算为核心应用的全流程闭环服务。

云链中间件根据企业自身的业务特性和应用需求可实现公有云、本地化部署以及SaaS（软件即服务）三种服务模式。云链中间件可针对用户入口、应用、数据存储方式的灵活配置，借助区块链底层穿透实现不同业务间基于数据加密、隐私保护的数据共享，即公有云、私有云、SaaS方在入口、应用、数据存储上各自隔离，但在业务和数据应用上借助区块链技术实现共享，最大限度激发数据资产的活力。

二、 中企云链供应链金融业务模式

中企云链创新出一种“N家银行＋N家核心企业＋N家上下游企业”的全线上“$N+N+N$”供应链金融平台模式。通过云信实现核心企业信用流转和中小企业快速融资，让传统金融无法涉足的产业链末端企业也能利用产业链中核心企业的优质信用，充分发挥互联网金融带来的长尾效应，惠及产业链上下游的广大中小企业。核心企业首先从银行等资金方获取授信支持，而后由核心企业根据供应链上中小企业的规模大小、经营状况，由核心企业分配并在中企云链平台设定供应链上中小企业可使用云信的最高额度，其可分配的总额度即该核心企业取得的银行授信额度。

供应商通过拆分流转所持有的云信，将云信快速流转到更多供应链上的广大中小企业，免费清理企业三角债，大幅降低供应链交易成本。同时，供应商也可以将持有的云信进行转让融资，即可实现高效低成本融资。中企云链平台保理公司以应收账款商业保理的形式受让云信，以再保理的形式将云信转让给银行等金融机构以获得融资，在此过程中平台保理公司仅收取非常低的固定服务费，不收取利差，从而将银行资金以安全、便捷、高效的方式引入产业链末端中小企业。

以供应商中金国泰控股集团有限公司（以下简称“中金国泰”）为例，中金国泰以供应商角色与央企或者地方国企合作，在中企云链上贸易往来的流程如图 5－2 所示。

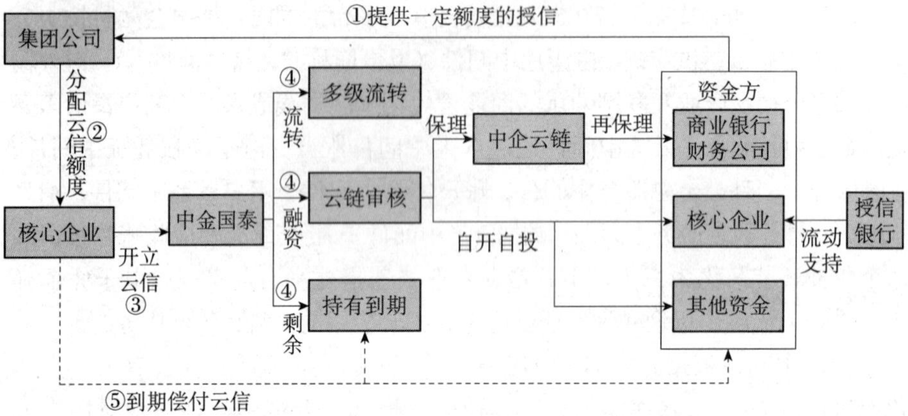

图 5－2　中企云链供应链金融业务应用流程

注：①资金方（包括商业银行、核心企业、其他资金方）向集团公司提供一定额度的授信。

②中企云链推动集团公司向核心企业分配云信额度。

③核心企业基于供应业务向中金国泰开立云信。

④中金国泰持云信可进行三方面的操作：一是可以多级流转到其上游供应商；二是通过中企云链以保理的方式进行融资变现，抑或自开自投；三是持有云信至到期日。

⑤云信到期之后，核心企业偿付中金国泰持有的到期的云信以及所欠资金方的云信。

三、 中企云链供应链金融取得的成果

中企云链供应链金融服务平台自运营以来，截至 2022 年 12 月末注册企业

用户已超过 22 万家，累计核心企业云信确权超过 8 600 亿元，保理融资超过 6 000亿元，累计交易超过 2.6 万亿元。中企云链平台得到了行业的广泛认可，已为工业制造、建筑、能源、军工、现代服务等行业的核心企业提供供应链金融定制化服务，与近百家银行进行业务对接，实现中小微企业融资 $T+0$ 乃至秒级放款，打造了便捷、高效、低成本的供应链金融新生态。

四、 中企云链供应链金融的创新点

中企云链供应链金融的主要创新点如下。

（1）模式创新。中企云链创新出一种“N 家银行＋N 家核心企业＋N 家上下游企业”的全线上“$N+N+N$”供应链金融平台模式。

（2）产品创新。中企云链八大中间件均可根据业务需求进行定制化配置，可快速与 ERP 等内部系统高效连接，适应实体企业个性化应用场景；综合应用 OCR 及大数据分析等技术，提升资产审核效率，满足供应商融资小额高频的融资需求，提升融资效率；引入多平台数据校验、电子签章等金融科技手段，确保业务合规性及不可抵赖性，构建金融级风控屏障。

（3）组织创新。通过组建庞大的资料审核团队来降低资金方成本，并通过人力＋技术手段构建“金融工场”的组织模式，标准化、智能化地解决了平台客户小额高频的融资需求。

本章小结

本章分别从金融机构、核心企业、综合物流服务商、金融科技公司四个主导方介绍供应链金融的典型实践，以亿联银行、河钢集团、中储京科、中企云链为例，详细介绍了各主导方的背景、供应链金融业务模式、取得的成果以及开展供应链金融业务的创新点，帮助读者更好地了解供应链金融在实践中的应用。

课后习题

一、选择题

1. 供应链金融最早的主导方是（　　）。

A. 银行　　B. 核心企业

C. 综合物流服务商　　D. 金融科技公司

2. 供应链金融在设计过程中是以实际贸易背景为基础的，因此有必要

严格审核（　　）。（多选）

A. 销售合同　　B. 订单　　C. 发票　　D. 收据

3. 货兑宝平台提供的服务有（　　）。（多选）

A. 在线仓储服务　　B. 交易交付服务

C. 金融服务　　D. 物流服务

4. 供应链金融按主导主体可分为（　　）。（多选）

A. 银行等金融机构的应收账款征信　B. 核心企业的产业链闭环

C. 物流企业的控货模式　　D. 金融科技公司的科技服务

二、简答题

1. 简述河钢集团供应链金融的创新点。

2. 简述中企云链供应链金融的创新点。

三、思考题

金融科技公司主导的供应链金融的发展趋势是怎样的？

四、案例分析

本章通过翔实的案例介绍了金融机构、核心企业、综合物流服务商、金融科技公司四个主导方供应链金融的典型实践，例如亿联银行、河钢集团、中储京科、中企云链等企业的实例。

问题：通过案例的学习，谈谈你对我国供应链金融创新应用的看法和建议。

第6章

供应链金融市场管理与风险防范

| 教学目标 |

- 了解供应链金融市场管理。
- 了解供应链金融市场管理体系与相关制度建设。
- 了解供应链金融市场系统性风险管理与风险防范。

案例导入

中国证监会通报2021年案件办理情况

2022年2月18日，中国证监会通报2021年案件办理情况时指出，2021年全年共办理案件609起，其中重大案件163起，涉及财务造假、资金占用、以市值管理名义操纵市场、恶性内幕交易及中介机构未勤勉尽责等典型违法行为。依法向公安机关移送涉嫌犯罪案件（线索）177起，同比增长53%，会同公安部、最高检联合部署专项执法行动，证券执法司法合力进一步加强。总体看，案发数量连续3年下降，证券市场违法势头得到初步遏制。

供应链金融监管政策

近年来的供应链金融监管政策见表6-1。

表6-1 近年来的供应链金融监管政策概览

发布时间	发布单位	文件名称
2019年7月	最高人民法院、最高人民检察院、公安部、司法部	《关于办理非法放贷刑事案件若干问题的意见》

续表

发布时间	发布单位	文件名称
2019年10月	中国银保监会	《关于加强商业保理企业监督管理的通知》
2020年5月	中国银保监会	《融资租赁公司监督管理暂行办法》
2020年9月	中国银保监会	《关于加强小额贷款公司监督管理的通知》
2020年8月	最高人民法院	《关于审理民间借贷案件适用法律若干问题的规定》
2021年1月	上海票据交易所	《供应链票据平台接入规则（试行）》
2022年2月	中国人民银行、市场监管总局、中国银保监会、中国证监会	《金融标准化“十四五”发展规划》

想一想：在当前快速发展的供应链金融市场下，如何有效地进行供应链金融市场管理，防范风险事件发生？

第1节　供应链金融市场管理

一、供应链金融市场管理及管理对象

（一）供应链金融市场管理的概念和主要内容

供应链金融市场是指供应链成员企业通过供应链金融实现物流畅通、信息流通、资金融通活动的总称[13]。供应链金融市场管理是指国家、金融管理机构和有关自律性组织等对供应链金融市场的各类参与者及其融资、交易活动所做的各种规定以及对供应链金融市场进行的组织、协调和监督。

供应链金融市场管理的主要内容包括：制定供应链金融市场相关法规；审定供应链金融市场参与者的资格和条件；检查监督供应链金融市场的交易活动；管理供应链金融市场对象；维护供应链金融市场秩序；等等。

（二）供应链金融市场的管理机构及管理对象

（1）供应链金融市场的管理机构。长期以来，我国金融市场一直实行“一行三会，分业监管”的管理方式，对各类金融机构在金融业分业经营的条件下实行分业监管。其中“一行”指中国人民银行，“三会”为中国银行业监督管理委员会、中国保险监督管理委员会和中国证券监督管理委员会。然而，在金融混业的大趋势下，跨界金融产品纷纷涌现，分业监管体制的弊端日益凸显，出现了许多金融监管盲区。为了实现金融风险监管全覆盖，2018 年 3 月，第十三届全国人民代表大会第一次会议通过《国务院机构改革方案》，将中国银行业监督管理委员会、中国保险监督管理委员会合并为中国银行保险监督管理委员会，至此“一行三会”调整为“一行两会”的管理方式，其中“两会”为中国银行保险监督管理委员会和中国证券监督管理委员会。2023 年 3 月，根据《党和国家机构改革方案》，在中国银行保险监督管理委员会基础上组建国家金融监督管理总局，“一行两会”变为“一行一局一会”。

供应链金融市场管理机构包括外部监管机构（“一行一局一会”）和内部自律性监管机构，内部自律性监管机构包括中国物流与采购联合会、中国银行业协会等。外部监管机构进行事后的惩罚性监管，具有强制性，对违反规则的参与者进行惩罚，运用的是行政权力；内部自律性监管机构进行事前的规范性监管，是自我约束，负责制定规范性的交易规则，无行政权力，其权威源自专业性。

（2）供应链金融市场的管理对象。供应链金融市场的管理对象可分为三类：供应链金融服务的供给方，包括金融机构、大中型核心企业等；供应链金融服务的需求方，包括供应链上下游资金短缺的企业，特别是大量的中小型企业；供应链金融服务的中介方，主要是以物流企业、第三方电子商务平台、产业互联网平台、商品交易所为代表。

二、 供应链金融市场管理原则

（一）供应链金融业务管理原则

（1）精准金融服务原则。精准金融服务原则要求供应链金融业务的开展以市场需求为导向，重点支持符合国家产业政策方向、主业集中于实体经济、技术先进、有市场竞争力的企业。

（2）交易背景真实原则。交易背景真实原则要求在供应链金融业务开展的过程中，严防虚假交易、虚构融资、非法获利现象。金融机构在开展供应链融资业务时，应加强真实性审查，应对交易真实性和合理性进行尽职审核与专业判断。可将物联网、区块链等新技术嵌入交易环节，运用移动视频感知等技术，对物流及库存商品实行远程监控，提升智能风控水平。

（3）全面管控风险原则。全面管控风险原则要求供应链金融业务的开展既要关注核心企业的风险变化，也要监测供应链上下游企业的风险。要明确企业准入标准和名单动态管理机制，加强对核心企业所处行业发展前景的研判，及时开展风险预警、核查与处置。通过建立健全完备的风控体系，提高事前、事中、事后各个环节风险管理的针对性和有效性，以确保资金流向实体经济。

（4）业务合规原则。业务合规原则要求供应链金融业务的开展应切实按照回归本源、专注主业的要求，合规审慎地开展业务创新，禁止借金融创新之名违法违规展业或变相开办未经许可的业务。不得借供应链金融之名搭建提供撮合和报价等中介服务的多边资产交易平台。

（二）供应链金融市场监管原则

供应链金融市场作为金融市场的一部分，对其监管应遵循以下原则。

（1）依法管理原则。法律是对供应链金融市场进行监管的重要依据和保障，供应链金融市场监管部门必须依靠强有力的法制建设，合理划分有关各方的权利与义务，严禁欺诈、蒙蔽，禁止一切非法的供应链金融市场交易活动，保护供应链金融市场参与者的合法权益。

（2）“三公”原则。第一，公开原则。公开原则要求供应链金融市场信息公开化，要求信息披露及时、完整、真实、准确。根据公开原则，监管者在对供应链金融市场进行监管时，也应当公开有关监管程序、监管身份以及违规处罚，并努力建立一个融资信息系统，为融资者创造一个信息畅通的融资环境。第二，公平原则。公平原则要求参与市场的各方都有平等的法律地位、均等的交易机会、平等的获取信息的机会，遵循相同的交易规则，各自合法权益都能得到保障。第三，公正原则。公正原则要求监管部门在公开、公平的基础上，给予被监管对象公正待遇。根据公正原则，金融立法机构应当制定体现公平精神的法律、法规和政策；供应链金融市场监管部门应当根据法律赋予的权力履行监管职责，要在法律的基础上，对一切金融市场参与者给予公正的待遇；对供应链金融市场违法行为的处罚、对纠纷或争议事件的处理，都应当公正地进行。

（3）自愿原则。供应链金融市场上一切金融活动必须遵循市场规则并按交易各方的需求进行，不允许行政干预，保护交易各方按自己的意愿和偏好自由成交。

（4）政府监督与自我管理相结合的原则。该原则是指在加强政府主管机构对金融市场监管的同时，也要加强从业者的自我约束、自我教育和自我管理。政府监督与自我管理相结合的原则是世界各国共同奉行的原则。

三、 供应链金融市场的监管手段及管理的必要性

（一）供应链金融市场的监管手段

供应链金融市场的监管手段主要包括法律手段、经济手段和行政手段。

法律手段是指运用经济立法和司法来管理供应链金融市场，即通过法律规范来约束供应链金融市场行为，以法律形式维护供应链金融市场良好的运行秩序。法律手段约束力强，是基本的监管手段。经济手段是指政府以管理和调控金融市场为主要目的，采用利率政策、公开市场业务、税收政策等经济手段间接调控金融市场的运行和参与主体的行为。例如，央行通过调节准备金率或再贴现率、开展公开市场业务等手段来调节和稳定金融市场价格。行政手段是指依靠国家行政机关系统，通过命令、指令、规定、条例等对金融市场进行直接的干预和管理。与经济手段相比，行政手段具有强制性和直接性的特点。行政手段存在于任何国家的金融市场的监管历史之中，一般地，在市场发育的早期阶段行政手段用得较多，在成熟阶段用得较少，这是由于金融市场发展的早期往往会出现法律手段不健全而经济手段效率低下，造成监管不足的局面，故需行政手段作为补充。行政手段具有权威性、强制性和收效快的特点，但需要有法律来限制，否则可能有负面作用。

（二）供应链金融市场管理的必要性

供应链金融近年来取得了飞速的发展，在促进银行业盈利结构转变、缓解中小企业融资难等方面作出了重要贡献。然而，信息不对称、组织架构不合理、业务流程不规范以及风险分担机制不合理等现实因素导致这种创新存在巨大的潜在风险。因此，供应链金融风险成为掣肘供应链金融业务发展的关键因素。只有充分认识、理解业务中可能存在的风险，才能有针对性地采取措施预防风险，也才能使供应链金融业务健康有序地发展。

国内关于供应链金融风险的界定并未形成统一的标准。在对供应链金融市场进行管理时，要特别加强对系统性风险和法律风险的管理。

（1）系统性风险。系统性风险是指由于宏观经济环境和行业发展要素发生变化造成行业内大部分企业亏损的情况。对于系统性风险的考察，可以从宏观经济运行情况和行业发展状况两个层面来进行。具体到供应链金融业务中，系统性风险更直接地来源于供应链本身以及核心企业，因为宏观经济的变化会影响包括核心企业在内的供应链上所有的企业，这也是2008年国际金融危机爆发时，很多银行暂停供应链金融业务的原因。因此，为防范风险，银行应对核心企业主导的供应链所处行业的发展前景，以及在行业中的竞争地位变化作出实时准确的跟踪和评估。

（2）法律风险。《巴塞尔协议》中将法律风险视为广义操作风险的一部分。关于供应链金融法律风险，尚未有一个清晰的定义，这是因为法律风险的外延往往比较模糊，在质物风险以及信用风险中也可能出现法律风险，如质物的权属风险，以及客户违约后，在债权的追索中，一旦诉诸法律，同样会产生法律风险。深圳发展银行（现平安银行）与中欧国际工商学院供应链金融课题组将法律风险分为以下三种形式[11]。

第一，法律上的无效行为。此类行为往往导致银行的动产担保物权得不到保护，如质押、转让交易时没有使用法律文件对相关业务加以规范，或者本身就是非法的，得不到法律的保护。供应链金融作为一项创新业务，其业务模式不断推陈出新，但标准化程度相当低，业务中的相关合同虽然日趋标准化，但种类繁多的相关协议、声明、通知书等很难统一，极易产生法律上的无效行为。

第二，法律的不确定性。法律的不确定性主要是指我国相关的法律制度尚不健全，有待进一步完善。

第三，法律的执行效率。银行对动产担保物权的实现可以概括为快捷高效、成本低廉。现实中，银行在借款企业违约，不得已选择诉诸法律时，往往要经历冗长、烦琐的法庭审理程序，最终债权的实现还有赖于法院的执行，除此之外，还面临立案、诉讼、执行等环节的垫付费用。

由于我国开展供应链金融业务的市场和制度环境尚未完全成熟，虽然涌现出能够实现多方共赢的新型金融业务，但同时也伴随着诸多风险。例如，银行、核心企业和借款企业之间的契约关系是否能有效规避合作方的道德风险？供应链企业的管理是否规范、能否有效控制管理中的漏洞？诸如此类的因素都给供应链金融业务的开展带来很大的不确定性，因此，要想使供应链金融业务健康有序地发展，必须充分认识、理解各种风险因素，在开展业务的过程中采取针对性的措施，谨防系统性风险和法律风险的产生。

第 2 节　我国供应链金融市场的管理体系与制度建设

一、我国供应链金融市场的管理体系

近年来，随着行业的发展和产业运作模式的变化，我国供应链金融市场的规模不断扩大，市场参与主体的数量不断增加。供应链金融业务也逐渐步入业务模式集成和服务范围扩大的发展阶段，对社会经济的影响日益增大且潜在风险也在累积，这一阶段需建立统一的、全方位的市场管理体系，以促进供应链金融业务的健康发展。

（一）供应链金融市场管理体系的结构

供应链金融市场管理体系的结构包括：搭建平台、沟通信息；制定标准、规范行为；引领市场、促进融合。首先要搭建一个由政府部门、立法执法机构、金融企业、供应链企业、借款企业构成的平台，沟通信息、表达诉求、取得共识；其次是共同参与制定技术标准、管理标准，用于规范各主体的行为，明确各主体之间的关系、权利、责任和义务；最后是通过监管体系建设引领市场发展方向，促进各行业更好地融合。

（二）供应链金融市场管理体系的组成

供应链金融市场管理体系主要由监管联席会议、银行系统内部控制、行业自律机制、社会监督机制和行业标准组成，如图 6－1 所示。

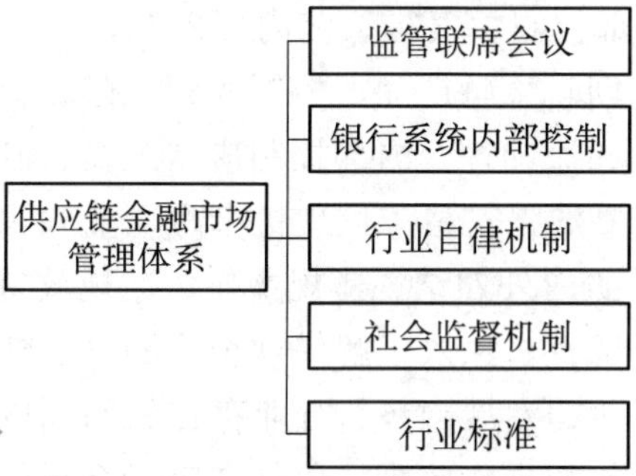

图 6－1　供应链金融市场管理体系的组成

（1）监管联席会议。自二十国集团华盛顿峰会以来，监管联席会议作为加强对跨境银行集团有效监管的一种国际合作机制迅速形成并在全球范围内推行。中国作为新兴市场国家代表，积极参与了这一创新性的制度实践，取得了良好成效。

监管联席会议遵循所谓的比例性原则，即根据供应链金融业务主体的规模、关联度、复杂性、可替代性、经营情况及在整个供应链金融业务体系中发挥的作用和所处的位置，提出对业务主体的监管要求、确定监管频率和深度、分配监管资源和采取监管措施。

监管信息的交流是有效开展跨行业监管合作的重要前提，是监管联席会议的一项重要功能。信息应当反映供应链金融业务的规模、复杂程度、风险状况和主要风险所在，一般应包括以下内容：供应链金融业务的环境信息，业务模式、业务规模信息，不同领域的风险信息，风险评估结果，相关的法律法规政策，现场检查结果，组成机构业务领域的市场状况，各国或地区已批准或正在批准进程中的重要许可，机构的重要组织变动。为促进监管信息共享，灵活而有效的信息交流渠道是必不可少的。交流渠道的选择应当确保信息交流的有效性、可行性、完整性和保密性，并充分考虑各国或地区在地理和文化上的差异。为此，监管者可选择以下几种途径：正式会议、官方通信、电子邮件、电视电话会议等。其中，正式会议需定期举行。

监管行动的合作与协调是加强对供应链金融业务进行持续监管的关键所在，是监管联席会议的另一项重要功能。为强化该功能，应注意以下两点：其一，从合作范围来看，监管行动的合作与协调应集中于供应链金融的特定业务，如风险评估、压力测试、联合现场检查和业务模型检验等。其二，从合作过程来看，合作行动一般应由牵头部门主导，但参与联席会议的各监管方应明确自己的角色、参与程度、相关的法规限制及保密性约束等，并应就此与供应链金融业务主体进行直接沟通。

(2) 银行系统内部控制。银行系统内部控制，主要是指银行通过设立一套内部控制制度来创新金融产品、控制经营风险、提高经营效益，以保证金融资产的安全性和流动性。内部控制应从人员、制度、信息三个方面入手。在人员方面，要加强对员工供应链金融专业知识的培训及考核，加强法制纪律教育，严防内外勾结、违规操作、违规放贷、违规放货。在制度方面，要规范尽职调查，深入了解借款企业的真实情况和资金用途；要了解借款企业所在行业的发展趋势、行业存在的问题以及上下游企业的真实贸易关系；要严格执行操作流程，包括向审贷会提供真实、细致的考察报告和风险控制办法；要认真考察选择物流服务商，坚持价格跟踪、现场巡察；对于借款企业的选择、质物的选择、供应链企业的选择以及融资方式的选择都要经过严格的程序和严谨的评估。在信息方面，要建立通畅的信息沟通渠道，保证 24 小时通畅；做到随时掌握质物的进、出、存、质量、数量、价格等情况；总体全面把握信息的收集、整理、发布，总结经验教训，发布风险预警，协调事故处理等。

(3) 行业自律机制。供应链金融市场仅靠政府监管机构的监管是不够的，供应链金融行业的自我监管是一个不可缺少的重要方面。行业自律是指供应链金融主体基于共同的利益组织起来，通过行业内部协作、调节和监督，实行自我约束、自我管理。我国供应链金融行业自律机制主要通过以下方式发挥作用：

首先，协助监管联席会议实施监管。这一方式体现在两个方面：一是通过制定行规与行约，协调银行和物流企业的竞争行为；二是以国家颁布实施的法律法规为基础，监督银行和物流企业以及借款企业共同遵守法律法规，为供应链金融市场的规范与合理竞争创造条件。

其次，成为信息反馈者及供应链金融宏观管理决策的参谋。这一方式主要体现在两个方面：一是供应链金融市场的问题需要及时反馈给供应链金融监管机关，以便制定或修改一些管理规定；二是通过同业公会来了解联席会议制定的管理规章是否适合供应链金融业务的管理与发展，因为同业公会汇集了银行、供应链企业、借款企业的意见，为供应链金融监管机构修改有关规章提供了信息。

（4）社会监督机制。供应链金融业务的快速发展越来越受重视，构建一个既符合我国国情，又符合国际惯例的社会监督体系，最大限度地借助社会监督力量来提高监管效率、健全完善供应链金融管理体系，具有现实而深远的积极意义，社会监督机制的运作途径如图 6-2 所示。

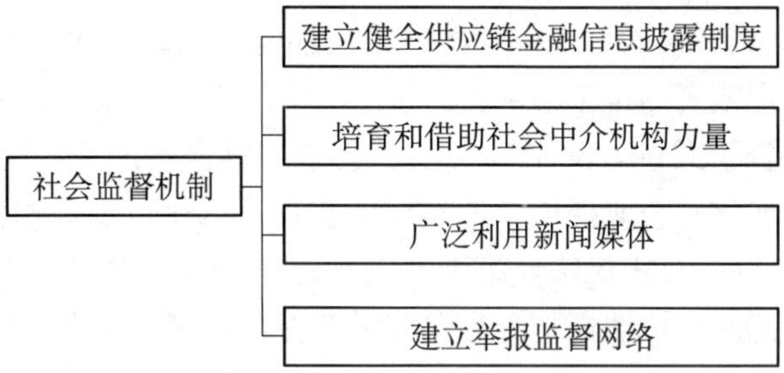

图 6-2　社会监督机制的运作途径

（5）行业标准。供应链金融业务在监管人方面面临的趋势是：参与该项业务的企业增多，竞争激烈。除了原有的第三方物流企业外，担保公司、资产管理公司、贸易公司等纷纷参与进来，从事相关的质押监管业务。监管人资质认定有待进一步规范，监管业务缺乏统一标准的问题可能会导致一定的风险隐患。因此需要制定和完善行业标准，规定当事人各方的义务和责任，并对业务元素进行统一的规范，为出质人、质权人提供选择监管人的指标体系，为监管人树立开展此项业务的自我评价标杆，减少投机套现事件发生的概率。同时，现有的标准并不能完全适应供应链金融业务创新发展的需要，这就要求各参与主体在实践中不断摸索和论证，并及时反馈和交流，共同制定符合现实情况的行业标准，做到与时俱进，不断规范。

二、我国供应链金融市场的制度建设

供应链金融的稳健发展离不开国家法律的支持，相关的法律法规主要有：《中华人民共和国刑法》、《中华人民共和国民法通则》（以下简称《民法通则》）、《中华人民共和国担保法》（以下简称《担保法》）、《贷款通则》、

《中华人民共和国商业银行法》、《中华人民共和国合同法》（以下简称《合同法》）、《中华人民共和国票据法》、《中华人民共和国电子签名法》、《中华人民共和国物权法》（以下简称《物权法》）。此外还有有关部门发布的规定及最高人民法院的各种司法解释。2020 年 5 月 28 日《民法典》发布，2021 年 1 月 1 日正式实施。

《民法典》是新中国第一部以法典命名的法律，在法律体系中处于基础性地位。《民法典》施行后，《婚姻法》《继承法》《民法通则》《收养法》《担保法》《合同法》《物权法》《侵权责任法》《民法总则》同时废止。

《民法典》中与供应链金融相关的重大制度革新设计主要包括以下内容[16]。

(1)《民法典》第六百八十六条第二款规定：当事人在保证合同中对保证方式没有约定或者约定不明确的，按照一般保证承担保证责任。

供应链融资模式中，除了以货物、仓单、票据质押外，资金方一般也会要求融资人或核心企业提供其他类型的担保，其中以保证担保最为常见。在《民法典》之前，《担保法》第十九条规定，当事人对保证方式没有约定或者约定不明确的，按照连带责任保证承担保证责任。《民法典》第六百八十六条第二款对此有所修改，规定“当事人在保证合同中对保证方式没有约定或者约定不明确的，按照一般保证承担保证责任”。一般保证与连带责任保证的区别就是保证人是否享有先诉抗辩权，前者的保证人有此权利，而后者没有，所以，后者的保证人的责任更大。因此，供应链三方当事人在设定担保时，对资金方而言，为了最大限度保护自己的权益，应该在合同中明确保证方式为连带责任保证。

(2)《最高人民法院关于适用〈中华人民共和国民法典〉有关担保制度的解释》（以下简称《民法典担保解释》）第五十四条及第六十七条规定：未办理抵押登记、所有权保留登记、融资租赁登记的动产担保物权无追及效力。

对于动产抵押，虽然严格奉行登记对抗主义，不登记，动产抵押也能够设立，但是，一旦抵押人处分抵押物，如果未经登记，就不能对抗善意第三人，只对于知道存在抵押合同的第三人具有对抗效力。根据《民法典担保解释》第五十四条，若动产抵押未经登记，一旦抵押人转让抵押财产、出租抵押财产，并已转移占有，抵押权都将丧失。未经登记的抵押财产，一旦被抵押人的其他债权人采取财产保全或者执行措施，那么，抵押权的优先受偿权将无从存续。在抵押人破产的时候，未经登记的抵押财产将成为一般责任财产，由抵押人的债权人平等受偿，抵押权人将丧失优先受偿权。因此，在供应链金融业务中，接受以融资人一方的动产抵押作为担保方式的资金方，为了保证自己的抵押权经久不失，除了可以与抵押人协议限制抵押人对抵押物的处分外，还应该及时办理抵押登记，以防范抵押人的道德风险。另外，根据《民法典担保解释》第六十七条，在所有权保留买卖、融资租赁等合同中，出卖人、出租人的所有权未经登记不得对抗的“善意第三人”的范围及其效力，参照《民法典担保解释》第五十四条的规定处理。所以，所有权保留、融资租赁中的所有权人也适用上述不登记不能对抗善意第三人的规定。

(3)《民法典》第四百零四条及《民法典担保解释》第五十六条扩大了动产浮动抵押的专属规则，规定抵押权人、所有权保留买卖中的出卖人、融资租赁的出租人不能对抗正常经营活动中的买受人。

动产浮动抵押是企业、个体工商户、农业生产经营者将现有的以及将有的生产设备、原材料、半成品、产品抵押，债务人不履行到期债务或者发生当事人约定的实现抵押权的情形，债权人有权就实现抵押权时的动产优先受偿的一种抵押形式，该抵押属于供应链融资方式之一。浮动抵押期间，抵押人有权处分抵押物，抵押物处于流动状态，抵押物一经转让，其上的抵押权即可消灭，《物权法》第一百八十九条第二款规定浮动抵押权人不得对抗正常经营活动中已支付合理对价并取得抵押财产的买受人。

根据《民法典》第四百零四条，以动产抵押的，不得对抗正常经营活动中已经支付合理价款并取得抵押财产的买受人。此外，根据《民法典担保解释》第五十六条第二款，出卖人正常经营活动是指出卖人的经营活动属于其营业执照明确记载的经营范围，且出卖人持续销售同类商品。不得对抗的担保物权人是指已经办理登记的抵押权人、所有权保留买卖的出卖人、融资租赁合同的出租人。由此可见，《民法典》及《民法典担保解释》将正常经营活动中的买受人规则扩大适用于所有的动产抵押、所有权保留以及融资租赁交易中，即便已经办理了动产抵押登记、所有权保留登记或者融资租赁登记。

对于供应链金融业务而言，如果抵押人是以特殊动产抵押，或者是以生产设备、原材料、半成品、产品进行固定抵押，为了防止抵押财产流失，可以在抵押合同中约定未经资金方同意，抵押人不得转让抵押财产，防止抵押物被转让之后担保物权消灭，但这不可避免会导致抵押人的生产经营停滞，对债权人而言，也并无益处。资金方最优的选择是在合同中明确，抵押人对其正常经营的收入，应当用于向抵押权人提前清偿债务或者提存。

(4)《民法典》首次规定了动产价款债权担保权利的超级优先权。动产价款债权的超级优先权是指动产的买受人在购买动产时，因资金有限，无法支付全额价款，只能通过融资获得授信以支付价款，同时在其买的动产之上为价款债权人设定担保权益。从世界几大法系的立法规定来看，价款债权的超级优先权规则最初是为了解决先登记的浮动抵押权具有优先性所带来的问题，如果将来购入的生产设备、原材料、半成品、产品都纳入浮动抵押的范围，就没有资金方愿意为抵押人提供授信，因为即便设定了抵押，该抵押也劣于浮动抵押，抵押人难以继续融资，阻碍其扩大再生产。而赋予价款债权以超级优先权，就能够解决这个问题。此种超级优先权应该在买受人、承租人取得标的物之后的 10 日内办理登记，否则，不享有优先权。

根据《民法典》第四百一十六条以及《民法典担保解释》第五十七条，在动产之上享有超级优先权的权利人包括四类：①已经转移所有权的动产的出卖人，买受人以其所有的动产为出卖人设定抵押，担保其价款债权的实现；②在价款清偿之前对出售的动产保留所有权的出卖人；③买卖关系之外的为买受人支付价款提供了授信资金的第三人，买受人从而向出卖人支付了价款，买受人以所受让的动产为该第三人设定抵押担保；④融资租赁关系中的出租人，该出租人享有动产的名义上的所有权，由承租人以支付租金的形式支付租赁物的价款，在租金支付完毕之后，租赁物的所有权归承租人所有。

超级优先权的优先性体现在以下两方面：一是登记在后的价款债权担保权优先于登记在先的浮动抵押权。根据《民法典担保解释》第五十七条第一款，在先的浮动抵押权并不会给在后的价款债权人的债权实现带来障碍，但是，如果已经设立了浮动抵押，却在后面不断购买存货时，为其他债权人设立价款债权抵押权，就会使在先的浮动抵押权落空。需要重点强调的是，在后的担保权优先于在前的浮动抵押权，仅限于价款债权担保权。二是价款债权担保权优先于其他担保物权受偿。买受人取得动产或者承租人占有租赁物却未向债权人支付或清偿完毕，又以标的物进行担保融资的，只要卖方或者出租人的担保权利在动产交付后 10 日内登记，该登记的担保权利就优先于其他担保物权。例如，一套融资租赁设备是 1 月 9 日交付给承租人，承租人在 1 月 12 日为其他债权人设定了抵押，在 1 月 15 日进行了融资租赁所有权登记。按照超级优先权规则，即便融资租赁登记在后，出租人也能对抗在先的抵押权人。当然前提是，融资租赁登记应该发生在租赁物交付后的 10 日内，如果登记日期超过此限，价款债权担保将成为普通的担保物权。

(5)《民法典》细化了在仓单质押的设立方面的规定，对于仓单及其项下存货的重复质押问题作出了明确规定。《物权法》《担保法》对于仓单质押的规定特别简单，《民法典》保留了《物权法》在仓单质押方面的规定，在此基础上，《民法典担保解释》细化了在仓单质押的设立方面的规定，另外，对于仓单及其项下存货的重复质押问题作出了明确规定。

①仓单质押的设立条件规则不明。《民法典》规定仓单质押要签订质押合同以及交付仓单，质权自交付仓单之时设立。《民法典担保解释》第五十九条对此却有不同的规定，该条第一款："存货人或者仓单持有人在仓单上以背书记载'质押'字样，并经保管人签章，仓单已经交付质权人的，人民法院应当认定质权自仓单交付质权人时设立。没有权利凭证的仓单，依法可以办理出质登记的，仓单质权自办理出质登记时设立。"

上述规定并没有明确如果未在仓单上背书记载"质押"字样，且未经保管人签章，即便仓单交付，是否质权也无法设立。这会给实务操作带来混乱，留下法院同案不同判的隐患。

因为《民法典》并不要求质押背书和签章，只要求订立质押合同和交付仓单即可。《民法典》关于仓单质权设立的条件规定还会引发后续问题，如果未经质押背书且未经保管人签章，交付仓单后，仓单的持有人享有的权利类型以及权利的实现都会存在问题，持有仓单的人到底是质权人还是所有权人就不清楚，其向保管人要求提货时，因未经保管人签章，保管人是否接受质权人的提货请求将存在疑问。因此，最为稳妥的操作还是要对仓单进行质押背书且由保管人签章，这样才能明确质权人的权利性质和权利实现，减少不必要的纷争。

②仓单重复质押的优先顺位规则。存货/仓单质押中的一个问题是重复质押，《民法典担保解释》直面问题所在，其第五十九条第二、三款规定："出质人既以仓单出质，又以仓储物设立担保，按照公示的先后确定清偿顺序；难以确定先后的，按照债权比例清偿。保管人为同一货物签发多份仓单，出质人在多份仓单上设立多个质权，按照公示的先后确定清偿顺序；难以确定先后的，按照债权比例受偿。"

据此，面对重复质押，应该以公示的先后确定优先顺位规则，《国务院关于实施动产和权利担保统一登记的决定》中已经明确仓单质押可以在中国人民银行征信中心动产融资统一登记公示系统中办理登记公示，所以，对于资金方而言，要最大限度保护仓单质权，就要签订仓单质押合同、在仓单上背书记载"质押"字样、经保管人签章、占有仓单且及时在中国人民银行征信中心办理质押登记的公示。

③重复质押中失权的债权人的损失救济。按照重复质押的优先顺位规则，先公示的质权人获得优先受偿权，以仓单项下货物的价值清偿其债权，而顺位在后的债权人就面临无法受偿的问题。造成该后果的原因是"一物多质"或者"一物多单"。此外，保管人为同一货物签发多份仓单，使得仓

单与货物无法唯一地对应起来，如果保管人是故意为之，那么保管人与出质人具有共同过错行为，应该对债权人的损失承担连带责任。

《民法典担保解释》第五十九条第四款规定："存在第二款、第三款规定的情形，债权人举证证明其损失系由出质人与保管人的共同行为所致，请求出质人与保管人承担连带赔偿责任的，人民法院应予支持。"对出质人和保管人的共同过错行为的举证责任在债权人一方，债权人应该证明出质人与保管人的共同过错行为。

（6）让与担保中的债权人按照担保物权的规定优先受偿。所谓让与担保，是将财产所有权形式上转让至债权人名下，用以担保债务履行的一种担保措施。在供应链金融业务中，也不乏将标的物以这种方式进行融资的操作，比如对机械设备、交通工具的让与担保。虽然让与担保也属于担保的一种，而且实践操作中，让与担保非常普遍，尤其是股权的让与担保为当事人普遍采用，但《民法典》并未对让与担保进行任何规定，《民法典担保解释》填补了这一空白，延续了《全国法院民商事审判工作会议纪要》第 71 条关于让与担保的规定。根据《民法典担保解释》第六十八条，让与担保并不产生所有权转移的效力，当事人之间关于债务人不履行债务，债权人将取得所有权的约定是无效的，但是不影响当事人有关提供担保的意思表示的效力，债权人有权按照担保物权的规定实现优先受偿权。

（7）《民法典》规定保理合同为有名合同。供应链融资的一个重要方式是应收账款融资，该融资模式包括应收账款质押、应收账款转让以及保理。关于保理合同，《合同法》并未将其规定为有名合同，《民法典》规定保理合同为有名合同，是因为各地保理公司数量逐年增加，保理非常普遍，《民法典》中关于保理的条款包括：保理合同的含义、保理合同的内容和形式、虚构应收账款的法律后果、保理人表明身份义务、无正当理由变更或者终止基础交易合同行为对保理人的效力、有追索权保理、无追索权保理、多重保理的清偿顺序、适用债权转让规定。

《民法典》第七百六十八条是关于多重保理清偿顺序的规定，根据该条规定，应收账款债权人就同一应收账款订立多个保理合同，致使多个保理人主张权利的，已经登记的先于未登记的取得应收账款；均已经登记的，按照登记时间的先后顺序取得应收账款；均未登记的，由最先到达应收账款债务人的转让通知中载明的保理人取得应收账款；既未登记也未通知的，按照保理融资款或者服务报酬的比例取得应收账款。

除了《民法典》以外，《民法典担保解释》第六十六条还对保理合同中容易发生争议的问题进行了更为详细的规定，根据该条规定，可以得出以下结论：

①同一应收账款同时存在保理、应收账款质押和债权转让，应该参照《民法典》第七百六十八条的规定确定优先顺序。

②在有追索权的保理中，保理人可以单独起诉应收账款债权人或者应收账款债务人，也可以一并起诉应收账款债权人和应收账款债务人。

③应收账款债权人向保理人返还保理融资款本息或者回购应收账款债权后，有权请求应收账款债务人向其履行应收账款债务。

（8）《民法典》规定应收账款债权人可以以现有的以及将有的应收账款进行质押融资。供应链上下游企业之间往往存在账期，这就导致产生了大量的应收账款，除了进行保理融资外，以应收账款质押也非常普遍。《物权法》规定的权利质押的范围中包括“应收账款”，《民法典》第四百四十条规定“现有的以及将有的应收账款”可以质押，与《物权法》相比，《民法典》多了“现有的以及将有的”这样的描述。

在应收账款质押中，出现争议的多是应收账款债权本身的真实性问题以及将有的应收账款质押的质权实现问题，《民法典担保解释》第六十一条专门对此作出细致规定，根据该条规定，可以得出以下结论。

①关于应收账款真实性的争议问题。一种情况是以现有的应收账款出质，应收账款债务人向质权人确认应收账款的真实性后，不能再以应收账款不存在或者已经消灭为由不承担责任。另一种情况是以现有的应收账款出质，应收账款债务人未确认应收账款的真实性，质权人以应收账款债务人为被告，请求就应收账款优先受偿，能够举证证明办理出质登记时应收账款真实存在的，其优先受偿权能得到支持；质权人不能举证证明办理出质登记时应收账款真实存在，仅以已经办理出质登记为由，请求就应收账款优先受偿的，其请求不予支持。

②对应收账款债务人履行债务的限制。以现有的应收账款出质，应收账款债务人已经向应收账款债权人履行了债务，质权人请求应收账款债务人履行债务的，人民法院不予支持，但是应收账款债务人接到质权人要求向其履行的通知后，仍然向应收账款债权人履行的除外。

③以将有的应收账款质押的质权实现方式。以基础设施和公用事业项目收益权、提供服务或者劳务产生的债权以及其他将有的应收账款出质，当事人为应收账款设立特定账户，当发生法定或者约定的质权实现事由时，质权人请求就该特定账户内的款项优先受偿的，人民法院应予支持；特定账户内的款项不足以清偿债务或者未设立特定账户，质权人请求折价或者拍卖、变卖项目收益权等将有的应收账款，并以所得的价款优先受偿的，人民法院依法予以支持。

《民法典》及《民法典担保解释》在制度方面较以前的担保制度有了很

大的突破，比如首次规定了动产价款债权的超级优先权，对仓储物、仓单的重复质押进行了明确规定，将保理合同规定为有名合同，确立了“买卖不破抵押”规则，明确了“抵押不破租赁”的条件应为转移占有，规定了所有权保留和融资租赁所有权人的权利实现方式，对不同担保物权并存时的优先顺位规则进行了更为清晰的规定。另外，将所有的动产和权利担保纳入统一的登记系统中，这些都为供应链金融业务的开展提供了强有力的制度基础，保证供应链金融业务的开展有法可依。

第 3 节　供应链金融市场系统性风险管理与风险防范

供应链金融业务作为一种新型的具有多赢特性的金融服务品种，为银行、借款企业和第三方物流企业带来的利益毋庸置疑。但由于我国供应链金融市场尚未完全成熟，制度有待进一步完善，在业务开展过程中存在一定的风险。根据风险造成后果的严重程度，供应链金融业务风险可分为局部性风险、区域性风险和系统性风险，其中，系统性风险是指涉及不同地域、不同业务的大部分参与主体的风险类型。根据风险来源的不同，供应链金融业务风险可分为宏观风险和微观风险。宏观风险主要是由于宏观经济、政治环境和法律环境的不确定造成的；而微观风险包括供应链风险、质物风险、道德风险和操作风险等。

系统性风险的破坏力巨大，为保证供应链金融市场能够健康有序地发展，必须充分认识和理解各种系统性风险，从根本上采取有针对性的措施加以预防和控制。本节梳理了近年来供应链金融风险事件，分析了系统性风险的来源，然后针对不同的风险因素探讨相应的防范措施。

一、 供应链金融欺诈手段及风险事件

（一）供应链金融欺诈手段

作为服务中小企业较为有效的一种模式，供应链金融与产业高度融合，近年来一直呈现蓬勃发展的态势。供应链金融的本质是金融，这就必然涉及风险，虽然供应链金融有着严格的风控逻辑，但是供应链金融风险事件时常发生。常见的供应链金融欺诈手段有虚构贸易、重复抵押、自保自融、重复开立虚假仓单、非法集资等。

虚构贸易是指虚构关联企业之间的贸易关系，形成一系列交易合同和单证，然后据此骗取银行或其他金融机构的资金。重复抵押是指借款企业

凭借真实交易和资产从多方获得资金，加大了杠杆，放大了资金借贷风险。具体讲就是借款企业虽然有交易、物流业务或者一定的资产，但是由于不同金融机构或者供应链金融服务提供方之间难以做到信息共享，加之整个社会统一的信息、信用公示平台尚未建立，借款企业凭借自身的业务或资产向多方融资。自保自融是指在银行或其他金融机构要求借款企业提供担保、质押监管等才能获得资金的前提下，借款企业通过虚构担保人或监管人来套取资金的做法。重复开立虚假仓单是指借款企业与仓储企业或相关人员恶意串通，以虚假开立或者重复开立的方式，就他人货物或者同一货物开立多张仓单，供借款企业质押给不同的金融机构以获取大量的仓单质押贷款，并从中牟取暴利。非法集资是指资金的获取是凭借供应链中的业务或资产，但是筹集到资金后，资金的用途和去向并不是供应链，而是将资金投放到借款企业博利的其他领域，诸如股市、房地产、理财等领域，资金并没有真正进入供应链。

（二）供应链金融风险事件概览

通过金融欺诈手段获得的资金一旦出现问题，必将引发系统性风险，带来巨大的社会负面影响。近年来发生的供应链金融风险事件如表 6-2 所示。

表 6-2　近年来供应链金融风险事件概览

时间	事件	简述
2012年	上海钢贸事件	钢贸行业开具虚假仓单，通过重复质押获取银行贷款，钢贸商纷纷“跑路”，危机由上海蔓延至江浙等地，引发行业系统性失衡
2014年	青岛港融资事件	“德正系公司”利用仓单重复质押向银行贷款，多家银行受影响
2014年	淮矿物流百亿元资金黑洞	银行过度授信加之企业内部没有进行合规的担保质押等流程，淮矿物流无法偿还到期债务，经公司内部查证淮矿物流债权总额高达161.57亿元，涉及民生银行上海分行、光大银行武汉分行等19家银行
2015年	泛亚事件	泛亚有色金属交易所自买自卖操控市场价格，制造稀有金属市场繁荣、稀土资源能够保值增值的假象，非法吸收公众资金，最终资金链断裂
2016年	大连机床骗贷事件	大连机床等通过虚构应收账款、伪造合同和公章等方式，从中江信托骗取资金6亿元

续表

时间	事件	简述
2019 年	诺亚踩雷事件	广州承兴利用伪造的应收账款进行融资，诺亚财富为其发行了 34 亿元的理财产品
2020 年	湘瓷公司联保贷事件	湘瓷公司为了套取华融湘江银行“五户联保”的贷款资金，以湘瓷竹木市场做担保，共计骗贷 1.09 亿元

（三）上海钢贸事件

（1）上海钢贸事件案情回顾。2012 年 1 月，江苏省无锡市一洲钢材贸易市场老板李某因企业资金链断裂而携家逃跑。其控制的一洲集团债务高达 10 亿元以上，其中有一半左右来自银行。而其公司在李某逃跑时总资产仅 1.5 亿元。李某携款逃跑并留下巨额债务。

由于钢贸商融资中特有的“联保贷款”模式，李某欠下的巨额债务由其联保的钢材贸易商代为偿还。与其联保的基本为有同乡背景的周宁籍钢贸商，但是涉案金额巨大，与其联保的钢贸商也无力偿还。“联保贷款”模式将钢贸商互相串联，形成了复杂的互保网络，互保链条上的任意一环断裂都将导致整个链条的破坏甚至是瓦解。李某案件造成的资金缺口立刻蔓延至整个联保贷款的上海周宁钢贸圈，但是周宁在沪的钢贸企业有 2.3 万多家，占上海钢贸企业的 70%，几乎所有的钢贸企业都与周宁钢贸商有关系，因此危机迅速蔓延至整个上海钢贸市场。彼时钢材行情持续走低，钢贸企业盈利情况普遍较差，突如其来的巨额赔款将部分钢贸企业推向倒闭的边缘，一些钢贸企业倒闭。在这种情况下，银行为了挽回损失，采取“一刀切”的办法，对所有钢贸企业紧急抽回贷款并冻结其资产。银行紧急抽回贷款，让资金链已经极度脆弱的钢贸企业雪上加霜，加剧了钢贸企业资金链的断裂，使更多的钢贸企业难以为继。

通过“联保贷款”模式建立的钢贸网络盘根错节，资金链的瓦解迅速向外扩张，短短数月，钢贸风波不仅吞噬了整个上海钢贸市场，更是蔓延到了江苏、浙江等地，大量钢贸企业倒闭，造成银行大量的坏账呆账，银行损失惨重。因此，银行将钢贸企业纷纷告上法庭，试图最大限度挽回损失。

（2）事件后果分析。上海钢贸事件产生的后果非常严重，无论是银行、第三方物流企业还是钢贸企业都无法独善其身。

首先，对于银行来说，大批倒闭的钢贸企业和逃跑的企业法人导致巨额贷款无法收回，联保商户由于自身难保也无法代为偿还贷款，同时由于最初放贷时缺乏质物，银行缺乏有效的手段来弥补损失，银行坏账比例急剧上升。以民生银行为例，钢贸贷款余额300多亿元，其中不良贷款11亿元，钢贸贷款不良率高达3.7%，远超全行业0.76%的平均水平[17]。

其次，濒临崩溃的钢贸行业使得原来主营钢材的物流企业利润大幅下滑，不得不重新开拓市场谋求生存，此外，上海钢贸事件中物流企业的违规操作也让它们失去了诚信，导致其他业务也很难开展。

再次，钢贸企业苦心经营数十年的基业荡然无存，同时还背负了巨额债务。沉重的负担导致大量钢贸企业倒闭，存活下来的企业同样步履维艰，在上海钢贸事件中丢失的信誉让它们失去了银行的一切支持，银行"一刀切"的撤贷、停贷、冻结资产措施让整个钢贸行业受到沉重打击。

最后，上海钢贸事件让供应链金融业务陷入了前所未有的危机，除了让银行损失惨重的钢铁供应链金融业务基本停滞外，多家银行叫停了木材和铜的融资业务[16]，质押贷款业务总额大幅下降，同时也让市场对供应链金融业务充满了疑虑。

银行坏账比例飙升，物流企业度日如年，钢贸行业濒临崩溃，供应链金融业务遭到质疑，上海钢贸事件集中暴露出了供应链金融业务在开展过程中的诸多问题，具体包括：

- 监管主体不明确，多头领导下的供应链金融业务在监管方面略显薄弱；
- 供应链金融业务缺乏社会监督体制，导致整体监管效率不高；
- 市场缺乏完善的诚信体系；
- 供应链金融业务参与主体缺乏有效的风险防范体系；
- 供应链金融业务体系不够完善，导致业务在进行过程中缺乏统一的标准和规范，操作流程混乱；
- 缺乏行业自律机制，在政府监管力不从心的情况下，增加了供应链金融业务出现问题的概率。

（3）系统性风险的产生。通过上海钢贸事件不难看出，任何一个微观风险都会导致局部性风险，而多个局部性风险的累积将导致区域性风险。宏观因素始终存在，它扮演催化剂的角色，但作用不固定。当宏观环境一片大好时，会掩盖供应链金融业务中出现的问题，有可能将区域性风险转化为局部风险，将局部风险化解。当宏观因素不利时，会加速风险升级，最终与多种微观风险因素共同作用，将区域性风险演变成系统性风险。

造成此次发端于无锡钢贸市场，继而使整个上海钢贸圈沦陷，最终蔓延至全国各大钢贸市场的事件并不是简单的由某一方所造成的，而是市场变化、参与主体违规操作等多种因素共同作用的结果。钢铁行业全面亏损是导致上海钢贸事件的直接原因，但供应链金融业务参与方非规范化操作却是系统性风险产生的根本原因。

首先，缺乏质物的“联保贷款”埋下融资隐患。“联保贷款”是通过五家左右的企业互相担保进行贷款，当有一家企业不能偿还银行贷款时，由与其联保的企业代为偿还。联保企业的选择主要看三点：行业知名度、行业名声、是否回报社会与家乡[11]。除此之外，并不关注企业在贷款时是否有足额的质物，这就使得“联保贷款”缺乏牢固的根基，一旦整个行业陷入危机，企业资金都紧张时，一家企业出事，其余企业也无法代其偿还银行贷款。此外，由于缺乏质物，当欠款企业和联保企业都无法偿还债务时，银行没有质物进行变现以弥补损失，大大增加了银行的风险。

动产质押是供应链金融业务的基础，所有的供应链金融业务都是围绕动产质押进行创新发展的，而“联保贷款”脱离了动产质押这一核心，从一开始就为融资埋下了巨大的隐患。

其次，一些借款企业和监管仓库相互勾结、违规操作。通过传统的动产质押业务，借款企业用质物进行抵押以获得银行贷款。这样的供应链金融业务需要第三方物流企业对质物进行详尽并严格的检查，帮助银行妥善保存质物，并按银行指令与借款企业进行交接。但是由于利益的诱惑，借款企业和第三方物流企业联手进行违规操作甚至是违法操作。对于同一批货物，仓库出具虚假仓单，由借款企业重复质押给多家银行以获取多次贷款。或者，企业以次充好，用品质较差的质物代替原有的质物。又或者，当企业将质物抵押获得贷款后，在仓库的协助之下擅自将质物变现，银行却浑然不知。更有甚者，企业和仓库联手捏造虚假仓单向银行申请贷款。同时，企业在获得贷款后并没有将资金用于与该行业相关的贸易业务，而是投到回报率更高的行业，比如房地产业。当宏观经济下行时，这些回报率更高的行业风险也更大，导致借款企业违规挪用的贷款大部分无法收回。

最后，一些银行缺乏监管加大了供应链金融业务的风险。银行间为了争夺客户资源，渐渐放松了对贷款企业资质的审核以及对贷款质物的监管。银行间激烈的竞争将“联保贷款”模式推向了极致，过分相信和依赖企业相互之间的保证，对企业的贷款模式已经变为“轻抵押，重保证”，因为疏于对联保企业资质的审核，这样的互保实际上加大了借款企业的违约风险。同时，银行在缺乏有效风险评估和防范的情况下，将多数借款企业的保证金比例放大，有的甚至高达 10 倍，这样的放贷额度远远超过了企业的还款能力。此外，对第三方物流企业缺乏监管，对质物情况缺乏了解，给了仓库和借款企业可乘之机，让它们可以利用重复质押、虚假仓单等轻松骗贷。

二、 供应链金融市场系统性风险的来源

供应链金融市场系统性风险的发生并非单一因素导致，而是多种因素共同作用的结果。要厘清供应链金融市场系统性风险的诱发机理，需借助金融系统工程思想，对供应链金融的各类风险要素进行深入了解。基于金融系统工程思想，供应链金融业务的风险按来源可分为宏观风险和微观风险，其中微观风险包括供应链风险、质物风险、道德风险和操作风险。

（一）宏观风险

宏观风险主要是由于宏观经济、政治和法律环境的不确定造成的，如宏观经济周期性的不景气，与借款企业及质物变现密切相关的劳务、资本和产品市场的价格波动，以及宏观法律制度及执行水平等都会导致宏观环境的不确定性，从而产生宏观风险。上海钢贸事件中经济不景气，国家对钢铁产业下游的调控使得下游用钢企业需求萎缩，原材料价格、人工费用、电费、物流费用等的上涨都是这类风险产生的重要原因。

（二）微观风险

（1）供应链风险。供应链风险主要包括供应链竞争风险、供应链协调风险和供应链控制风险，其中供应链协调风险是供应链金融中较为突出的风险，是由供应链上下游企业的协调不畅产生的。比如供应链上游生产商不顾市场规律盲目生产，导致供大于求。中游的贸易企业采用囤货的方式取得存货质押融资，持续增加的订单传到上游，但这种需求与真实的市场需求相背离。供应链是物流、资金流、信息流的有效结合，所以银行也是供应链中重要的一环。当市场出现危机时，银行在缺乏与相关融资方协调沟通的前提下，采用“一刀切”的停贷措施，也会加剧资金流的崩溃，加速风险暴露。

（2）质物风险。供应链金融中的质押融资业务是以质物为基础的融资方式，所以质物风险对于整个供应链金融业务的影响很大。质物风险分为质物物权风险、质物选择风险以及质物变现风险。质物物权风险是指质物的所有权不清晰，或所有权隶属于多个法人，但由债务人独自将其出质，更有可能债务人根本没有质物的所有权而冒名将其出质，一旦债务人违约，这些混乱的所有权关系都会使债权人（即商业银行）蒙受损失。质物选择风险是指由于所选择的质物的属性导致的风险。在质押融资业务中应选择具有以下特征的质物：无形损耗小，不宜变质，易于长期保管；流动性、适应性强，易变现；标准明确，便于计量。质物变现风险主要由价格风险

和销售风险构成。价格风险来自质物价格在短期内的骤降。销售风险是指质物销售的客户稳定性、账期的合理性、市场容量和覆盖销售范围的大小等因素引发的风险。

（3）道德风险。供应链金融业务中银行面临来自借款企业、物流企业、供应链核心企业的道德风险。具体表现形式包括：借款企业还款逾期，借款企业与物流企业合谋利用重复质押、虚假仓单进行融资骗贷活动，物流企业的监管失误，供应链核心企业不按合同履行回购责任等。

（4）操作风险。供应链金融业务需要对质物进行有效的控制，从而增加了许多中间环节，虽然能够降低信用风险，但是也带来更多的操作风险。因此，需要对供应链金融业务的操作风险给予更多的关注并进行有效的识别。动产质押融资的操作风险主要有模式风险、流程风险和具体操作风险。模式风险涉及业务模式、质押方式、监控强度、监管方控制方式的选择，超额担保程度，业务结算与业务的匹配程度，财务评估报告模式的适用性，资金使用的合理性，个人担保或第三方担保，损害保险的必要性等。流程风险是由内部处理过程失误或准备不足所造成的风险。具体操作风险主要包括人员因素风险、外部事件因素风险等。

三、 供应链金融市场系统性风险的危害

供应链金融业务一旦发生系统性风险，将给银行、融资企业、核心企业等各参与方带来严重危害和影响。

对于银行等金融机构来说，供应链金融市场系统性风险一旦爆发将导致企业大面积违约，大批中小企业难以按时还款而面临破产，造成银行贷款资金面临巨大的风险敞口，银行难以将质物处置变现，从而导致坏账率上升，威胁银行整体资产的安全。随着系统性风险的不断蔓延，银行供应链金融业务发展将面临重大阻碍，已经推行的部分业务将面临停滞，即将推行的相关业务也可能被叫停。

对于融资企业来说，供应链金融市场系统性风险更加致命。一旦爆发供应链金融市场系统性风险，融资企业要面对巨大的债务危机，沉重的债务负担将导致企业发展艰难甚至倒闭，而同行业的其他企业也将受累而信誉尽失，不仅要失去银行的一切资金支持，也不利于其他业务未来的发展。以上海钢贸事件为例，大量钢贸企业倒闭退出市场，由此引发整个钢铁行业的洗牌。随着违约企业数量以及违约资金总量的增长，整个行业的信用丧失殆尽，银企关系紧张，银行惜贷，更多的企业濒临破产，由此形成恶性循环，无疑给经营困难的行业雪上加霜，严重制约了行业的发展。供应

链系统性风险甚至可能跨行业传染，使其他行业的企业在融资活动中受到限制和牵连。

对于核心企业来说，在系统性风险中倒闭的企业将使其失去大量业务来源，造成核心企业的收入和利润大幅下跌，不得不另觅出路开辟新市场。而如果是核心企业违规操作引起系统性风险，核心企业势必失去信誉，其他业务也很难展开。

四、 供应链金融市场系统性风险的防范

供应链金融业务的宏观风险相当于产生供应链金融业务危机的外部因素，而微观风险则是内部因素。任何一个内部因素，即微观风险中的任何一个因素都会造成供应链金融业务局部性的失衡，即供应链金融业务的局部风险，当几个内部因素共同作用时就会产生区域性的震荡。外部因素如催化剂一般，当宏观因素利好时，可以掩盖或延缓微观风险造成的危害，但当宏观风险也非常大时，就会促进微观风险的爆发，使供应链金融业务进入最高风险级别——系统性风险。因此，本书根据风险的不同来源提出相应的防范措施及建议。

（一）宏观风险应对措施及建议

第一，营造稳定的外部市场环境，适时进行宏观调控。供应链金融业务应用于各行各业，所以与之相关的行业的宏观环境就非常重要。政府在制定相关领域的发展规划时，要审时度势、考虑周全、立足长远，为行业的发展和供应链金融业务的开展营造良好的外部环境。

第二，搭建监管科技平台，不断完善现有金融监管体系。严格要求供应链金融服务平台运用大数据和区块链技术辨识并保障中小企业的经营状况、偿债能力、信用水平、融资动机与需求特征等数据的真实性，建立融资过程的风险管理机制与保障制度，完善融资主体信息智能查验、融资服务过程监测、风险智能分析与预警等功能，防范不法分子利用虚假数据恶意骗贷等风险行为。政府部门可从目前已有的自律性组织出发，深入强化对供应链金融自律性组织的指导以及监管，顺应供应链金融平台化的发展趋势，加快供应链金融服务平台的建立，同时派出相关指导机构协助平台关联抵押登记信息查询等服务管理系统，提高供应链金融业务的处理效率，实现物流、信息流以及资金流之间的联合运营，不断提高供应链金融业务参与主体的信息披露水平。同时发挥行业协会自律监管的功能，定期督查供应链金融服务平台开展的融资业务，核查物流、信息流、资金流的一致

性与匹配性，防范供应链金融服务平台出现挪用、占用、滥用授信资金等高风险行为，一旦发现立即停止大数据服务平台相关的交易、结算和金融等功能。建立政府主管部门动态监管制度，搭建监管科技平台。明确中小企业金融服务中各个环节的监管主体、职责和制度。运用大数据、区块链技术全面提升监管科技水平，搭建监管科技平台。强化对中小企业金融服务平台的网络化和智能化监管，对资金投入、企业模式创新、市场风险等进行实时动态监测，提前预防风险。

（二）微观风险应对措施及建议

第一，建立综合协调监管机制，加强行政执法监督。联合与供应链金融业务相关的政府部门比如中国人民银行、金融监管总局、商务部、工信部、司法部、国资委、外汇局、市场监管总局以及公安部门等建立综合协调的市场监管机制，比如建立供应链金融业务监管联席会议等，通过促进监管信息交流、监管行动协调、风险评估及危机管理合作等来提高监管的有效性。同时加强市场监督，加大行政执法的强度和力度，大力打击破坏市场秩序和行业规范的企业和行为，有效防范道德风险和操作风险。

第二，加强舆论宣传、正确引导，形成社会监督机制。构建一个符合中国国情以及国际惯例的社会监督体系，可采取以下具体措施。

①建立健全质物信息披露制度。向社会公众及时、准确、真实地发布有关企业、机构的名单，使参与主体受到合作者与社会公众的监督，提高监督约束效率。

②培育和借助社会中介机构力量。可以将对有关融资主体的资产审计、资格信用审查等工作交由专业的会计师事务所、资信评估公司等中介机构来完成，发挥第三方机构的协助作用。

③广泛利用新闻媒体。鼓励媒体对违法违纪行为进行曝光，引导舆论监督，营造一个和谐、宽松、良好的外部环境。

④建立监督举报网络。建立健全信访举报、电话投诉等监督举报制度，鼓励社会公众积极参与、共同监督。

第三，构建市场诚信体系，完善内控制度，规范企业行为。供应链金融业务除了要依靠完善的规章制度之外，更要依赖多个参与方之间的相互信任。政府应采取多种方式引导供应链金融业务参与主体——银行、借款企业和第三方物流企业构建供应链金融市场诚信体系，比如建立信用资料库将各个参与主体的信用记录在案，用以评估其信用水平，建立涵盖借款企业信息动态收集、分析与查询，质物相关市场信息动态收集、分析与查询，金融信息动态收集、分析与查询，供应链全程监控、调度与优化，结算支持以及交易撮合等功能的跨行业的信息平台。促进信息共享和沟通，引导企业规范经营，对内部操作、外部合作等环节的管理漏洞进行定期排查，做到微观风险的早发现、早干预、早处理，防止其向系统性风险演变。

第四，完善标准体系，加强企业合作，规范业务流程。供应链金融业务的标准化与信息化是促进供应链金融发展，防范供应链金融系统性风险的重要手段。标准化是信息化的前提，信息化是标准化的目的，最终都是为了提高业务运作效率与降低业务风险水平。标准化与信息化的实现需要政府监管部门发挥重要作用，尽快建立供应链金融业务规范，采用多种方式引导供应链金融参与主体规范业务操作；还可以鼓励银行等相关主体的相互合作，交流供应链金融风险管理经验，建立供应链金融业务之间的信息交换制度，通过共享部分业务信息，如质物质押信息等，能够显著降低供应链金融业务中的信息不对称，从而降低微观风险与系统性风险。

第五，发挥行业协会作用，实行行业自律。全面系统的监管仅靠政府监管机构是不够的，供应链金融行业的自我监管是一个不可缺少的重要方面。应当从利益共享的角度建立能够进行自我约束、自我管理的供应链金融业务行业协会，通过行业内部协作、调节和监督，以非强制的手段调节与约束银行、物流企业、借款企业的经营行为，在供应链金融监管机构和各个业务主体之间起着上传下达的桥梁作用与宏观管理的补充作用，从而很好地防范道德风险和操作风险。

第六，加强理论和政策研究，促进供应链金融创新持续发展。供应链金融业务是典型的创新活动，体现了很强的探索的特点。科研工作者应紧密关注行业动态，与业务实践主体多沟通、多交流，从实践出发，加强理论和政策研究，解决供应链金融发展面临的各种重大问题和难题，为供应链金融业务在健康的轨道上发展提出建议。

本章小结

供应链金融涉及的行业比较广泛，包括商业银行、金融机构、核心企业、物流企业、电商平台等各个参与主体。围绕企业的各种需求，发展出供应链融资、贸易融资、物流融资等服务。对供应链金融市场进行监管成为推动供应链金融规范发展、防范风险事件的必要手段。本章首先介绍了供应链金融市场的管理机构、监管手段等内容；其次介绍了我国供应链金融市场的管理体系与制度建设；最后梳理了近年的供应链金融风险事件，分析了上海钢贸事件系统性风险的产生，详细阐述了供应链金融市场系统性风险的来源及危害，提出了防范供应链金融市场系统性风险的措施及建议。

课后习题

一、选择题

1. 供应链金融市场管理对象包括（　　）。(多选)

A. 金融机构　　B. 中小型企业

C. 物流企业　　D. 产业互联网平台

2. 供应链金融业务管理原则包括（　　）。(多选)

A. 精准金融服务原则　　B. 交易背景真实原则

C. 全面管控风险原则　　D. 业务合规原则

3. 常见的供应链金融欺诈手段包括（　　）。(多选)

A. 虚构贸易　　B. 重复抵押

C. 自保自融　　D. 重复开立虚假仓单

4. 供应链金融市场监管手段主要包括（　　）。(多选)

A. 法律手段　　B. 经济手段

C. 行政手段　　D. 文化手段

5. 供应链金融市场的管理体系主要是由（　　）等组成。(多选)

A. 监管联席会议　　B. 银行系统内部控制

C. 行业自律机制　　D. 社会监督机制

二、名词解释

精准金融　服务原则　宏观风险　供应链风险　质物风险

三、简答题

1. 简述供应链金融市场系统性风险的来源。

2. 简述供应链金融市场系统性风险的防范措施及建议。

四、思考题

我国供应链金融业务的行业标准可以从哪些角度进一步完善？

五、案例分析

2021年4月29日，中国人民银行、中国银保监会、证监会、外汇局等金融管理部门（以下简称“金融管理部门”）联合对腾讯、度小满金融、京东金融、字节跳动、美团金融、滴滴金融、陆金所、天星数科、360数科、新浪金融、苏宁金融、国美金融、携程金融等从事金融业务的网络平台企业进行监管约谈。

金融管理部门指出，近年来，网络平台企业在提升金融服务效率和金融体系普惠性、降低交易成本方面发挥了重要作用，发展的总体态势是好的，但同时也普遍存在无牌或超许可范围从事金融业务、公司治理机制不健全、监管套利、不公平竞争、损害消费者合法权益等违规问题。

此次监管约谈的从事金融业务的网络平台企业，具有综合经营特征且业务规模较大，在行业内有重要影响力，暴露的问题也较为典型，必须率先严肃纠正。

资料来源：https://baijiahao.baidu.com/s?id=1704715479102873144&wfr=spider&for=pc.

问题：你认为供应链金融市场管理与风险防范应该从哪些方面着手？

第 7 章

供应链金融服务平台及技术解决方案

| 教学目标 |

- 了解供应链金融服务平台的内涵和特点。
- 掌握供应链金融服务平台的技术解决方案。
- 了解区块链在供应链金融服务平台中的应用。

案例导入

时力科技：基建行业供应链金融服务平台

（一）公司简介

时力科技成立于 1993 年，是专业的产业互联网平台和产业数字化解决方案提供商，提供平台建设、运营支持、金融服务三位一体的集成化支撑服务。时力科技在交易引擎、云计算、移动商务、大数据等方面拥有核心技术，在物流、供应链管理、供应链金融、商业智能和协同工作等领域有完善的产品与服务体系。

时力科技已建设了数百家国内大宗商品电子交易平台，先后参与建设了中国供销总社 B2B 电子商务平台、北京农副产品交易所、贵州乾朗大宗商品交易中心、昆钢集团云道大宗商品交易中心、北京铁矿石现货交易平台、北京国际浆纸交易中心、江苏化工品交易中心、中国纺织材料交易中心等，并建设了陕西子长和信煤炭产业供应链综合服务平台、中粮贸易物流公共信息平台、邯钢智慧物流信息平台、长春市城市配送物流公共信息平台、中国铁路物资总公司中铁在线供应链系统等。公司交易的产品成功应用于钢铁、化工、农产品等多个行业的电子商务重点建设项目和现货交易市场。

（二）产品/服务介绍

基建行业是我国国民经济发展的重要支柱，其市场处于完全竞争状态。实践中，建设方拖欠工程款等原因导致了基建行业供应商普遍有较大存量的应收账款。从中国产业发展研究网的公开数据来看，2015—2017年的基建行业应收账款占总资产的比重为14%～15%。然而，基建行业又属于资金推动型行业，一般需要垫支大量资金用于项目建设，现行的商业模式造成了基建行业的建筑企业（核心企业）负债率高、融资需求大的行业特点。对建筑企业而言，高负债率直接影响企业的融资能力。建筑企业向金融机构借款，还将面临较大的财务压力。供应链金融已成为解决此类问题的重要手段，越来越受到市场的重视。基于此，时力科技建立了基建行业供应链金融服务平台，其产品结构如图7－1所示。

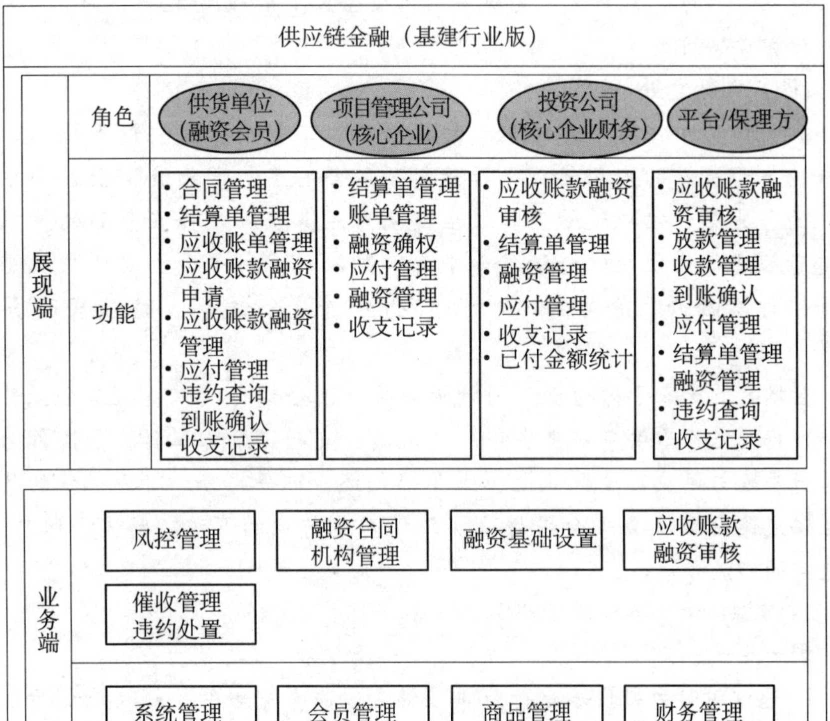

图7－1　时力科技：基建行业供应链金融服务平台产品结构图

（三）取得成效

时力科技建设的基建行业供应链金融服务平台以产业贸易为基础，以供应链管理为核心，以金融服务为抓手，以信息化和大数据为支撑，对接供应链资产和金融资源，形成产业金融服务体系，打造产融结合的产业供应链生态，并在应用中促进基建行业的数字化转型。供应链金融服务可以通过巨大的现金流获取金融利差，通过票据的应用在金融市场获取利益，通过集中采购获取供应链管理利润，通过套期保值获取价格锁定服务费。收益分享给了核心企业、中集采、集采云数链、供应商、物流服务商和金融机构，使得共同参与的各方通过供应链金融服务平台均能获得相应的经济效益。

时力科技供应链金融服务平台为供应链中的核心企业和供应商提供全面、透明、快捷的电子化应收账款管理服务及融资解决方案，大大简化了传统融资所面临的复杂的操作流程，优化买卖双方的债权转让确权问题，帮助供应链上的中小企业快速获得急需资金，有效缓解了中小企业“融资难、融资贵”问题。

（四）创新之处

基于移动互联网、云计算、大数据、人工智能、区块链等技术，时力科技基于统一的应用集成平台开发了融合“交易＋物流＋金融＋信息化”的、完整的供应链管理和供应链金融服务产品，并在产品的基础上打造了基建行业供应链金融服务平台，可以在同一平台上实现应收账款融资、订单融资、仓单融资、代采购融资、金链等多种融资服务和功能。

金链主要是基于核心企业的融资业务，结合银行授信，核心企业开立金链，将金链作为供应链生态中一个流转、支付、融资工具。金链作为一种支付手段与供应链金融其他模式相辅相成、可合可分。时力科技的基建行业供应链金融服务平台很好地实现了基建行业的商流、物流、信息流、资金流的四流合一。

资料来源：http：//www.forlink.com.cn.

想一想：

1. 通过对时力科技基建行业供应链金融服务平台的了解，你认为应该如何构建供应链金融服务平台？

2. 时力科技基建行业供应链金融服务平台的参与主体有哪些？各主体需要提供哪些信息？

第1节　供应链金融服务平台的内涵、特点与作用

一、供应链金融服务平台的内涵和特点

（一）供应链金融服务平台的内涵

供应链金融服务平台是指基于计算机通信网络技术，能够为企业提供采购、生产、销售等环节的资金融通、账款管理、支付结算等一系列金融服务的金融系统解决方案。该系统将金融服务、信息化服务、物流基础服务进行整合，提供质押监管、供应链融资、技术和设备管理、物流信息查询等服务，面向社会用户提供信息服务、管理服务、技术服务和金融服务。供应链金融服务平台应该涵盖业务营销、资金融通、质押监管、保险、物流基础服务、数据收集处理、风险识别、结算支持等功能，是一个集合金融机构、物流企业、融资企业等多方参与者的综合性金融服务平台。通过供应链金融服务平台，可有效整合供应链上下游资源，全面实现商流、物流、信息流、资金流的“四流合一”，为供应链上下游企业解决资金难问题。平台围绕核心企业来管理上下游企业的资金流和物流，并把单个企业的不可控风险转变为供应链整体的可控风险，通过获取各类信息，将风险控制在最低；优化整合供应链，使整个链条高效运行，降低整个链条的成本。

（二）供应链金融服务平台的特点

（1）先进性。在开始设计供应链金融服务平台前就应该以高起点、高标准来全面规划平台未来5～10年的发展，发展理念上要紧跟国际先进平台的发展目标和愿景，开发技术上要符合当代信息技术的发展趋势，业务上要尽可能满足各产业供应链金融的需求，提高供应链的效率。

（2）系统性。供应链金融服务平台是一个集合了物流企业、金融机构和融资企业等众多主体的综合性系统，要求在构建过程中需充分考虑各个主体间的数据和信息交换与共享机制，满足不同主体对系统构建的信息需求和功能需求。因此，供应链金融服务平台必须具有系统性的特点，以协调不同的用户主体。

（3）开放性。供应链金融服务平台的基本功能是平台参与主体和客户间的信息交换与信息共享，这就决定了该平台与各参与主体的众多异构信息系统、信息平台之间将产生信息交换。因此，平台设计必须充分考虑兼

容性，实现系统内外不同信息资源的异构数据间的连接，将不同系统中的供应链金融资源进行集成和整合。

（4）可靠性。作为公共基础设施，供应链金融服务平台应能够提供 7×24 小时服务，要尽量避免平台的不可靠和失效。在平台失效时，需及时处理以恢复和维持平台的正常运行。

（5）安全性。供应链金融服务平台涉及各主体的各种商业数据和资料，平台的安全保障和防范能力必须重视。平台的安全性涉及平台构建过程、平台硬件设备和交易数据传输三个方面，应从系统安全保障、网络环境和数据存储备份三个方面采取对应措施，提供文件安全交换加密传输和存储功能，采用私有文件传输协议和 SSL（安全套接层）安全协议等访问，提供文件访问密码和有效期控制，支持自动清除销毁等，以确保系统的安全性。

（6）可扩充性。供应链金融服务平台是以现代信息技术为基础构建的平台，信息技术处于不断升级的过程中，因此在平台规划和建设过程中应考虑到供应链金融行业未来的发展趋势，这就要求平台具有一定的可扩充性，便于后期的升级和更新。

（7）标准性。通过一些安全、运维管理策略的标准化，实现网点终端的安全准入控制，减少故障发生时对业务可能造成的中断和影响，增强网点网络故障的自愈能力，这也有助于中心 IT 管理人员能够将精力集中到核心业务上。

二、供应链金融服务平台的作用

供应链金融服务平台基于计算机通信网络、互联网等现代信息技术，为供应链上的各企业提供商业贸易资金服务，以及为中小企业提供贷款融资服务，从根本上解决了中小企业融资难的问题和供应链金融中的信息不对称问题，大大提高了资金供需双方的交易可能性和融资效率，降低了融资成本，同时为金融机构以及物流企业等相关主体提供了一个更为便捷的客户开发平台，降低了客户开发成本。对于供应链金融服务平台来说，其作用体现在宏观和微观两个方面。

（一）宏观作用

供应链金融不仅有助于银行拓展业务，也可促进地方经济发展、产业链优化，激发实体经济活力。2017 年 10 月，国务院办公厅发布的《关于积极推进供应链创新与应用的指导意见》明确指出，“鼓励商业银行、供应链核心企业等建立供应链金融服务平台”。构建供应链金融服务平台成为落实普惠金融战略以及金融服务实体经济战略的重要举措和突破口，其宏观作用主要体现在以下几个方面。

第一，建立供应链金融服务平台对保障我国产业链供应链稳定和安全十分重要。在新一轮科技革命的影响下，全球产业结构正在加速调整，价值链体系加速重构。特别是新冠疫情暴发后，全球产业链供应链循环受阻，某些国家借机加速推动制造业回流，推进所谓产业链供应链“去中国化”，给我国产业链供应链的稳定和安全带来直接影响。供应链金融服务平台能够从产业链供应链整体出发，针对占主导地位的核心企业与上下游企业，提供系统性的金融解决方案，有助于提高产业链供应链的运行效率。现阶段，建立供应链金融服务平台成为构建新发展格局、保障产业链供应链稳定和安全的有力武器，对我国整体经济的发展起到十分重要的作用。

第二，建立供应链金融服务平台能够促进我国产业升级，有效支持供应链全过程一体化运作。供应链管理已进入了供应链全过程一体化运作的阶段，这需要供应链金融服务充分实现信息化和可视化，与供应链其他运营信息系统实现无缝对接，以保证供应链上商流、物流、信息流和资金流的高效集成，因此，根据供应链的现状和发展趋势构建供应链金融服务平台将充分支持供应链全过程一体化运作，能够缓解中小企业融资难问题，为我国产业链升级作铺垫。

第三，建立供应链金融服务平台能够维护供应链金融秩序，有效防范供应链金融市场系统性风险，促进供应链金融健康快速发展。供应链金融具有跨行业、跨地区及多主体的特征，使得供应链金融风险管理也具有复杂性和多样性的特征。例如，在进行仓单质押业务过程中，一些出质人为了获得更多的贷款，个别第三方物流监管企业为了牟取更大的利益，双方串通合谋，开具虚假仓单，向其他银行再次申请贷款，由此产生了重复质押行为，一旦资金链断裂，其负面影响可能会蔓延到其他行业。建立一个供应链金融服务平台，能够从源头制止重复质押等骗贷行为，提前防范供应链金融市场系统性风险。

（二）微观作用

（1）对核心企业的作用。供应链金融服务平台能够帮助核心企业获得更长的付款账期，扩大赊账比例，降低自身融资成本和资产负债率，改善财务状况，优化财务结构。此外，供应链金融服务平台还可以帮助核心企业合理调整应付账款类目，降低应付账款记录金额，优化财务报表。

（2）对供应链上下游中小企业的作用。供应链金融服务平台能够有效解决企业经营活动中的金融风险，基于智能合约，可实现应付账款自动按约结算，防范拖延、赖账等行为带来的资金链断裂风险。同时打破了中小企业与金融机构之间的信息屏障，实现金融机构对质押的动产权益属性、动态状态属性的动态监控，以及对真实交易信息的监控，帮助中小企业拓宽融资渠道，降低融资成本，提高融资效率，降低库存，提高资金利用率，有助于提升中小企业整体绩效。

(3) 对金融机构的作用。供应链金融服务平台多元化的服务功能吸引了大量的客户，促使金融机构开发出更多的金融品种，吸引更多的客户，同时通过平台对质物的实时动态监控能提升金融机构信贷人员的贷前评估效率并实现贷后实时风险监控。

(4) 对第三方物流企业的作用。首先供应链金融服务平台能增加物流企业与金融机构的合作机会，有利于其拓展新的业务，增加企业的创收模式，提升盈利水平，提高竞争力；其次供应链金融服务平台能加强金融机构、供应链企业与物流企业的长期合作；最后通过此平台能真实地了解中小企业的信用状况，规避信用风险和操作风险。

(5) 对保险、审计、法律等企业或机构的作用。供应链金融服务平台通过与中小企业、电商交易平台、物流企业，以及工商、税务、海关等机构建立数据接口和系统集成，记录了中小企业、物流企业的基本信息和历史信用，保险、审计、法律等企业或机构能便捷地了解供应链上下游企业的基本信息和信用信息，催生各机构新业务，扩展新的服务对象[18]。

第 2 节　供应链金融服务平台的技术解决方案

一、供应链金融服务平台规划

供应链金融服务平台是一项投资巨大、技术复杂、涉及面广、周期较长的系统工程，需要政府、物流企业、金融机构和融资企业等共同参与，发挥各自的优势，利益共享，风险共担。这就要求政府必须在平台建设过程中充分发挥主导作用，协调和监管平台的建设与运营过程，保证把供应链金融服务平台建设成一项具有公益性质的公共基础设施。其次，供应链金融服务平台必须体现其服务精神，通过制订完善有效的制度和方案为广大物流企业、金融机构、融资企业和政府相关部门提供全面的物流和金融等服务。并且，为保证平台上流转的信息和数据的安全性，应保证平台的公平、公正和公开，在充分满足客户需求的基础上，建立一个促进各方企业稳定运作和发展的竞争环境。最后，应该保证对平台重要领域中优先环节的资金投入，避免由于资金不足对平台实施效果造成不良影响。供应链金融服务平台的建设应遵循“顶层设计、分步实施”的基本思路，即从整体和全局出发来规划，避免系统由于设计不合理而无法适应市场变化。对于一个庞大、复杂的系统，在建设过程中应以总体目标框架为指导，采用顶层设计、分步实施的方式进行，并遵循以下原则。

（1）开放性原则。供应链金融服务平台要真正运作起来，必须与兼容性差、数量较多的企业物流信息系统和银行信息系统等进行连接，所以平台用来与外界联系的接口的设计非常重要，原则就是不仅要保证用户可以连接到平台上，而且用户之间可以便捷地进行数据交换和信息共享。

（2）安全性原则。供应链金融服务平台应该在开放的前提下确保用户的安全，因此，在设计过程中，应当通过精密的网络安全技术和严格的用户权限管理防止非法操作和恶意系统入侵等[19]。

（3）先进性原则。供应链金融服务平台必须满足供应链金融和信息服务的要求，先进的系统规划和设计、高标准的硬件配置和先进的软件技术是建设系统的基础保障。同时，应该考虑未来物流、金融业务的发展趋势和系统的更新，为系统规划留有一定的扩展空间。

（4）阶段性原则。供应链金融服务平台的建设涉及各个方面，不可能一次性建设完成，因此，需要分阶段逐步实施，前一阶段取得的成果是后一阶段实施的前提保证。

二、供应链金融服务平台分析

（一）供应链金融服务平台角色分析

供应链金融服务平台是面向全社会各行业的供应链金融信息管理与应用中心。平台可以按照一定的信息交换协议或标准从不同的供应链金融信息来源或平台参与主体处获取信息，通过一些既定算法、程序对这些信息进行交换、组织、存储、发布、分析等处理，然后为不同的用户或服务对象提供不同种类、不同层次的综合性供应链金融信息服务，为决策提供辅助支持，使不同参与主体的供应链金融信息需求得到满足，以达到整合多方供应链金融信息资源、降低企业融资成本和提高整体融资效率的目标。因此，分析供应链金融服务平台参与主体的需求及其在平台中扮演的角色，对平台的成功搭建至关重要。总的来说，可将参与供应链金融服务平台的主体分为以下几类。

（1）政府部门。政府的统一规划和政策支持对于供应链金融服务平台的建设与运营起着十分关键的作用。一方面，政府对于平台的统一规划可保证系统的标准和接口的一致性与规范性，最大限度地提高平台的通用性。只有政府的政策支持才能保证平台功能服务的公共性和完备性，从而避免平台运营趋于单纯的经济性而忽视公益性。另一方面，政府也可从供应链金融公共信息平台上获取各个企业的基本信息和运营流程信息，从而对交易过程进行监管，保证供应链金融业务交易的公平公正，同时为政府制定和颁布供应链金融相关法律法规和政策提供依据。

（2）金融机构。金融机构是供应链金融服务平台建设和运营的主要参与主体，其主要作用是为中小企业提供资金支持，缓解中小企业融资难问题。供应链上的节点企业往往数量众多，遍布全国各地，而金融机构不可能在每个城市设点经营，如果想与众多的节点企业开展业务，并从中筛选出优质客户，需要耗费巨大的人力、物力、财力，这将导致业务开展成本过高。通过供应链金融服务平台，金融机构一方面可以展示自己的金融产品，吸引更多的融资企业，拓宽业务范围；另一方面可在企业申请融资时全面真实地了解融资企业和物流企业的资信状况，对融资过程中的企业运营进行监管，降低融资风险。以质押融资为例，金融机构可通过该平台查询质物的库存信息和融资企业的销售数据，降低由于信息不对称造成的风险。

（3）融资企业。融资企业成为供应链金融服务平台重要的参与主体是因为大部分企业都面临资金不足的困境，资金不足既可能是企业自身的问题也可能是融资渠道不畅造成的。企业自身的问题可以通过提高企业经营管理水平来部分解决，但企业融资渠道的拓展，却受到质物缺乏等诸多因素的限制，从而形成了企业融资难问题。融资企业通过供应链金融服务平台发布资金需求信息，扩大了其信息发布的范围，拓宽了融资渠道，降低了融资成本；中小企业可以通过供应链金融服务平台全方位了解多家银行的融资产品信息，寻找适合企业自身特点的融资产品。

（4）物流企业。物流企业也是供应链金融服务平台的重要参与主体之一，一方面物流企业通过平台发布需求信息、仓储信息、仓单信息、车货信息以及车货跟踪定位信息等，扩大了信息的传播范围；另一方面供应链金融服务平台可以为物流企业提供实时动态信息，减少了信息的不对称性，全方位地掌握融资企业、金融机构以及物流企业的信息，可以增加物流企业与金融机构的合作机会，有利于物流企业发展新的业务，提高自身竞争力。

（5）中介机构。中介机构包括保险、审计、法律等企业或单位，在供应链金融服务平台建设与运营中担任规范供应链金融市场秩序、防范供应链金融风险发生的角色。供应链金融服务平台记录了中小企业、物流企业的基本信息和历史信用，因此保险等企业能快速便捷地掌握这些企业的基本信息和信用信息，催生新的业务和扩展新的服务对象，同时也有利于审计、法律等单位规范供应链金融市场秩序，有效预防企业信用风险和物流金融的操作风险。

（6）核心企业。核心企业作为供应链金融服务平台重要的参与主体，是大部分金融机构开展供应链金融的重要依托，金融机构依托核心企业开展供应链金融，在控制风险、降低成本、提高收益方面具有很大的优势。因此，核心企业通过供应链金融服务平台为节点企业提供信用担保、承诺回购质物以及承诺到期付款等方式参与整个借贷过程，能够保证整个供应链中资金流的顺畅，同时监督节点企业生产中的各个环节，能够有效提高节点企业的履约能力及意愿，从而降低违约风险。

（二）供应链金融服务平台功能分析

供应链金融服务平台的价值主要体现在为不同层次的参与者提供的各种服务上，供应链金融服务平台提供的服务具体如下。

（1）金融服务。供应链金融服务平台以供应链金融业务为主要服务内容，为广大中小企业提供金融服务，解决其“融资难、融资贵”等问题。

在建立相关法律法规和进一步完善网络安全技术后，可通过供应链金融服务平台实现相关金融服务，提供供应链融资的全流程管理，包括贷前审核、贷款、还贷、对账等。支持在线仓单融资、在线订单融资、在线商业保理、在线物流保险等融资模式。

（2）企业征信服务。拥有相关资质的供应链金融服务平台提供征信服务，通过供应链金融服务平台实现对供应链相关企业的信用评级、诚信记录、证照核查，对司机身份证、驾驶证、运营证和车辆行驶证的核查。

（3）信息服务。供应链金融服务平台连接了平台应用范围内的相关金融机构、物流企业、生产企业、贸易企业、政府管理部门以及政府职能部门的信息系统，是区域内物流信息资源的集中地和处理中心，也是区域内外了解本区域物流资源的窗口。信息服务功能包括信息采集、信息加工、信息发布、信息查询、增值信息服务等。

（4）数据交换服务。数据交换服务是供应链金融服务平台的核心功能之一，数据交换功能包括数据传输、数据翻译、数据转换、数据导入和数据导出等。数据交换系统实现对物流过程中的电子单证等电子数据的翻译、转换和通信，包括仓储、运输等物流作业环节的业务单证，网上报关、报检、许可证申请、结算、缴税、退税、客户与商家的业务往来等。所有需要传递数据的单位都与供应链金融服务平台相连，需要传输的电子单证信息首先传递到供应链金融服务平台，再由平台根据电子单证中的接收方式转发到相应单位，接收单位再将收到的电子单证信息经转换后送到内部系统处理。数据交换平台通过电子数据交换（EDI）系统及其接口应用技术或者基于互联网的数据交换技术，实现物流企业、相关企业以及相关部门如金融、税务、保险等不同性质、不同格式的信息系统的数据传输和数据交换。

（5）货物跟踪服务。随着互联网、移动通信技术的发展，全球定位系统（GPS）、地理信息系统（GIS）、全球移动通信系统（GSM）等得到了广泛应用，物流企业和客户可以利用这些技术，通过供应链金融服务平台实时跟踪货物及运输车辆的状况，从而为物流企业的高效率货物监管及高质量服务提供技术支持。货物跟踪服务的主要内容是采用 GPS 系统对货物的状态和位置进行跟踪，并将相应的状态和位置数据存放在数据库中，用户可以通过呼叫中心或 Web 站点获得跟踪信息。

货物运输信息主要包括货物品种、货物数量、货物在途情况、交货日期、发货地和到达地、货主信息、送货车辆及人员信息等。货物跟踪平台将业务流程中的这些信息进行有效的组织，以支持用户对货物进行实时跟踪查询。为了实现货物跟踪和实时监控功能，一方面需要平台建立综合定期服务系统，对车辆和货物进行跟踪并收集相关信息，另一方面需要将采集的信息与货物跟踪平台进行实时交互。

（6）其他服务。其他服务主要包括以下几种。

①整合呼叫中心。利用通信网和计算机网的多项功能集成，并与供应链金融服务平台连为一体，形成一个完整的综合服务系统，有效地为客户提供高质量、高效率、全方位的服务。

②决策分析。通过建立金融业务的数学模型，对已有数据进行分析，帮助管理人员鉴别、评估和比较金融战略和策略上的可选方案。

③其他增值服务。如政府行业管理和服务、支付结算、物流保险、担保业务、进出口报关报检业务等。

（三）供应链金融服务平台业务分析

供应链金融服务平台的融资业务分为应收账款类、预付款类、存货类。

（1）应收账款融资业务包括传统贸易金融的保理产品等基于应收账款的金融产品，应收账款融资业务不仅提供了应收账款质押融资功能，还提供了账款自动收款、账款的回款自动偿还融资、账款催收、拒付管理等功能。针对大型企业的供应商支持 $1+N$ 的授信管理模式、应收账款池管理模式和单笔管理模式。

（2）预付款融资业务是指基于核心企业的担保或回购承诺等，银行为经销商提供融资业务，平台则负责对核心企业担保责任的管理、融资资金用途管理、跟踪核心企业发货过程等。

（3）存货融资业务是基于货权操作产生的金融产品，平台提供了货物权属管理、货物规格型号管理、货物价格管理（自动更新货物价格、货物核价）、货物监管管理（库存检查、监管商监管下限控制）等服务，该类融资业务可以与交易市场、监管商、商品报价平台对接，有效管理货物价格波动以及货物变现能力。

三、供应链金融服务平台功能模块设计

根据供应链金融服务平台参与主体、功能、业务等的不同，结合该平台的总体构建思路，可以将供应链金融服务平台的应用平台部分分为核心功能模块和辅助功能模块两部分。核心功能模块包括供应链金融业务模块、风险管理及信用评级模块、物流基础业务模块。辅助功能模块包括基础信息服务模块、报表和数据处理模块、基础政务服务模块、客户关系管理及行政办公模块。

（一）核心功能模块

（1）供应链金融业务模块。该模块主要负责对供应链金融相关业务进行管理，相关业务可分为融资业务和供应链基础服务两类。融资业务可细分为质押融资业务和保理业务。质押融资业务包括应收账款质押融资、资产质押融资和存货/仓单质押融资等。以动产质押为例，该平台可以实现对质物流量和品质的监控，提供质押到期提醒服务以及解除质押等功能。保理业务也可根据业务种类的不同进行模块细分。除此以外，还可以开发供应链金融咨询模块，为企业提供融资产品展示、融资申请服务，为金融机构提供企业存货信息、资金需求信息服务，撮合中小企业与银行、担保公司、小额贷款公司的融资交易。供应链基础服务包括对进出口贸易、代理采购、担保、第三方支付等活动的管理。以进出口贸易为例，该平台应该实现整个贸易流程的可视化；支持海关、商检、电子口岸等外围多业务流的数据通信；可进行一般贸易、保税贸易、转口贸易等多种贸易形态操作。供应链金融业务模块可进一步分为以下几个子模块。

①贷前管理子模块。主要包括金融主数据管理、贷前客户风控评审、货物评审、尽职调查、贸易单据（应收账款票据、订单、仓单）审核等。金融主数据管理包括客户管理、商机管理、融资产品管理等。虽然贷前管理模块基本相同，但是针对订单融资、仓单融资、保理融资等不同类型的

融资业务，每个步骤中具体的操作功能各不相同。

②贷中管理子模块。主要包括融资订单管理、审批单管理等。

③贷后管理子模块。主要包括对放款单、还款计划表、逾期处置、展期、监管台账等的管理。

④资金管理子模块。主要包括对放款单、还款单、待还款明细、客户对账单等的管理。

⑤基本设置子模块。主要包括对利率设置、还款方式、利息结算日等的管理。

（2）风险管理及信用评级模块。该模块通过相关企业和金融机构共同合作开发出的风险评估技术和风险预警技术，对企业的信用等级进行评估和管理，为企业开展供应链金融业务做好准备。该模块帮助金融机构了解中小企业和物流企业的信用状况，为其在贷前、贷中、贷后管理提供重要的参考依据；为信用较好的中小企业增加融资机会，缓解资金紧张问题；为信用较好的物流企业增加与金融机构合作的机会，帮助其发展新业务。风险管理及信用评级模块有利于规范供应链金融市场秩序，有效预防企业的信用风险和供应链金融的操作风险。为企业、金融机构提供以质物监管状态信息、价格跟踪为核心的风险管理服务，为企业进行生产经营决策、金融机构及时地进行风险管控提供支持。该模块主要包括以下两个子模块。

①风险管理子模块。该子模块主要包括风险预警、风险监管、风险评估和控制。风险预警主要用于风险防范，可对常见的风险类型和历史风险事件进行展示和分析，并制定相应的风险预警阈值。风险监管主要在业务活动过程中，定期对各项活动进行风险检测和评估，争取尽早发现风险。风险评估和控制是在风险事件发生后，及时作出响应，对风险程度进行评估并采取相应的风险控制措施，做到尽可能将损失降至最低。

②信用评级子模块。该子模块主要是由金融机构按照一定的评级标准对企业的信用等级进行定性和定量评估，并最终给出对应等级和相关建议，作为客户企业申请融资等供应链金融相关活动的参考。

（3）物流基础业务模块。该模块主要对供应链金融业务过程中的基础物流过程进行管理，从而提高物流运作效率。如提高仓储、运输、配送管理，车辆定位和货物追踪，结算等相关服务的运作效率。

（二）辅助功能模块

（1）基础信息服务模块。基础信息服务模块具有信息发布、信息查询、信息管理、订单追踪等功能，主要为客户企业提供相关资讯，便于其快速准确地了解市场和行业变化以及相关政策和法律法规等。下面主要介绍前三个功能。

①信息发布。信息发布包括公共信息发布和供需信息发布。公共信息主要包括市场动态、行业新闻、政策法规、实时交通、各类广告等信息。供需信息主要包括关于供应链金融业务的需求和供给信息、银行的供应链金融产品介绍、相关税收的缴纳和减免规定及流程、各类物流保险产品的介绍、企业的相关信息介绍等。

②信息查询。即用户企业在规定的权限内进行相关信息查询。如银行对申请融资的企业的基本信息、信用等级和违约情况进行查询，查询结果作为最终决策的参考。

③信息管理。即对发布的信息进行及时更新和监管，在公平公正的前提下对不良信息进行删除并举报，对过期信息进行更新或删除，管理整个基础信息服务平台。

（2）报表和数据处理模块。该模块主要分为报表管理和数据处理两个子模块。

①报表管理子模块。该子模块的主要功能是方便平台参与企业和客户企业间的文件在线传递，以提高工作效率。客户企业可根据自身的业务需求下载和打印标准化表单，如质押单、存货单、货物托运和报关单证等。如有特殊要求还可以自定义表单，根据业务需求对表单项目进行修改、增减或作出特殊说明。

②数据处理子模块。该子模块主要用于对供应链金融活动过程中产生的资金流和物流数据进行收集、整理和分析，具有数据的导出和导入功能，可为企业的内部管理和决策提供参考依据。该子模块包括动态数据统计查询、计算模型、数据分析与预测几个部分。动态数据统计查询主要实现对业务活动过程中动态数据的及时采集和录入，通过数据的变化来反映市场情况。适当利用数学计算模型，对质押率等数据进行科学计算，减少非程序化决策和操作失误。数据分析与预测是对收集和输入的数据进行分析得出专业性的报表和文档，对未来市场或产品发展趋势进行预测。

（3）基础政务服务模块。该模块的主要功能是将平台上的参与企业与相关的政府机构或单位连接起来，如海关、税务单位、检验局等，方便相关企业与政府机构进行及时的交流和互动，提高效率。以海关信息系统为例，将该平台与海关信息系统对接，能够让平台上的企业开展网上报关、网上出入境检验、网上报税和交税等业务。

（4）客户关系管理及行政办公模块。该模块包括客户关系管理和行政办公两个子模块。其中，客户关系管理子模块主要负责对客户的相关业务信息和客户账户进行管理，包括对业务往来客户的信息管理、客户分析、客户服务与支持等。通过对客户信息的管理和分析，如客户概况分析、客户忠诚度分析、产品和利润分析等，在提升客户满意度的基础上，提升企业竞争力。行政办公子模块可以实现公文审批、员工考勤、企业后勤管理、呼叫中心等功能。

四、 供应链金融服务平台架构设计

供应链金融服务平台是由多维系统协调构建而成，核心是业务系统、客户管理系统、企业办公自动化系统、财务结算 ERP、风控系统以及与第三方合作对接的系统（物流仓储、银行、产业互联网 B2B 电商平台、数字签章）。为了业务快速创新，避免系统资源浪费，可将平台架构设计成前台、中台、后台。供应链金融服务平台架构如图 7－2 所示。前台包括客户融资服务入口、金融机构管理入口、政府管控入口等；中台也是支撑层，将各个模块松耦合，可根据前端业务模式以积木搭建的形式进行快速组合。中台包括客户中心、产品中心、运营中心、企业征信、业务中心、财务结算中心、风控中心、数据分析中心等；后台主要是 IT 基础架构，为中台和前台做基础支撑。

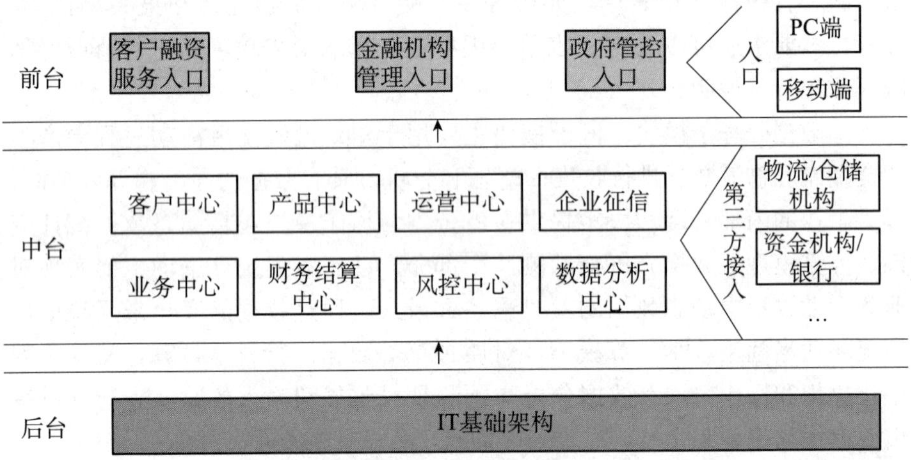

图 7－2 供应链金融服务平台架构

第 3 节 区块链在供应链金融服务平台中的应用

一、 区块链与供应链金融的匹配性

区块链的特性与供应链金融的特性具有天然的匹配性。区块链应用于

供应链金融能够进一步降低企业的融资成本，提升产业链各方价值。二者的匹配性主要体现在以下六个方面。

（一）区块链可以简化供应链金融业务模式

随着供应链金融业务模式从1.0、2.0、3.0升级到4.0，参与交易节点的类型与数量剧增，其融资关系更为复杂。在供应链金融业务中，融资链越来越长，单笔融资的金额越来越大。第三方信用处理这类交易的成本越来越高且效率低下。区块链通过智能合约的方式将风控审核所需要的材料展示出来，从而提升整个融资环节的效率。已达成的协议具有不可篡改性，节点不可能按照有利于自己的原则来操控数据。因此，区块链建立点对点的关系，将简化供应链金融越来越复杂的业务模式。

（二）区块链有助于构建高效率的供应链金融服务平台

围绕信息流、物流、资金流等关键环节的信息，区块链能够使融资业务的数据在节点进行公开和集中，形成包括基础合同、单证、支付等结构严密、完整的交易记录，不同参与者使用一致的数据源，无须单独去寻找分散在各节点、各系统的数据。区块链避免了重复审查和反复校验的过程，可将人工审核的工作量减少60%～80%。在区块链数据的高信用下，数据具有重复使用、可追溯性和实现供应链透明化的优势，有助于构建高效率的融资处理服务平台。

（三）区块链可以保证供应链金融数据的安全

在供应链金融实际交易中，整个供应链较为庞大，参与的主体非常多，各个节点的地理位置不同，可能存在有人更改信息的情况，以此为自己谋取利益，而区块链下的供应链金融却能很好地防范此类问题。区块链为解决信息保存的安全性，采用了一种叫作“哈希函数”的加密机制。数据包经过哈希函数处理后，会变成一行乱码，这些乱码在传输过程中只可以被校验而无法被还原成原始信息。哈希函数与真实信息之间的对应关系由对应的参与者保存。区块链通过这种方式在数据隐私层面解决了安全性问题，可以有效保证供应链金融数据的安全性。

（四）区块链能够为供应链金融建立全局互信机制

传统的供应链金融为单中心或单节点记账，存在严重的信息孤岛现象，而区块链与供应链金融的结合能打破以往的信息孤岛，建立信任机制，并实现核心企业的信用跨级传递。在传统的供应链金融模式下，需要很多中介发挥作用才能保证交易的正常进行。区块链的去中心化架构发挥全局互信机制，以组织链本身形成互信，参与方越多，互信成本越低。同时，区块链作为分布式总账，需要多方参与才能确保分布式、时序及不可篡改的特性。所以，供应链资产交易是区块链较为理想的应用场景。

（五）区块链有助于供应链金融形成良好的交易秩序和商业生态

区块链通过智能合约对企业违约行为施加约束，并作为机器信用、计算信用，以其分布式、可追溯、自组织性等特性有效弥补供应链金融信用机制的缺陷。此外，依据供应链结构，对价值交易过程进行连续的记账，所有参与方可以共同见证和监督交易，有助于供应链金融形成良好的交易秩序和商业生态。

（六）区块链能够强化供应链结构的信用价值

区块链记下资产交易的完整记录，包括供应链金融资产的流动过程，所有参与方在线并实时见证，保证交易的真实性、不可抵赖性，无须第三方见证。资产的交易过程具有连续而完整的记录，为新的资金参与交易提供有力的证明。从中心化交易模式过渡到去中心化交易模式，由于该记录不可篡改且完整可追溯，系统中代码和算法完全公开，可以立项监管并审计资金流、信息流等，参与业务的各方就不必担心某一方篡改合约、数据库或担心其他信息不对称问题，这是解决融资模式诸多问题的根本方法。

二、区块链在供应链金融服务平台中的应用架构

目前，大部分供应链金融系统是基于中心化模式建立起来的中心系统，这些中心系统的痛点在于系统安全性取决于中心节点的安全性，一旦中心系统出现问题，就会引发所有的节点瘫痪。例如，供应链金融以核心企业系统为中心，对供应链中的上下游企业、物流企业进行贷款发放、收纳和监管。现有票据交易市场系统通过以中央银行为中心的电子商务汇票系统，将中央银行所有的汇票进行登记和数据交换，其他银行或企业通过直连或代理的方式接入，所有票据的承兑、交易、托收都在这套中心化系统中进行。而现有资产证券化系统以商业银行为中心，通过统一将租赁收入、贷款余额、收费权等有效资产转换为各种可交易的证券在市场上流通。现有资产交易系统都需要第三方征信机构。金融企业、机构间在交易业务中互不信任，所以需要第三方征信机构通过征信的手段消除不信任[20]。

区块链在供应链服务平台的应用架构如图 7－3 所示。

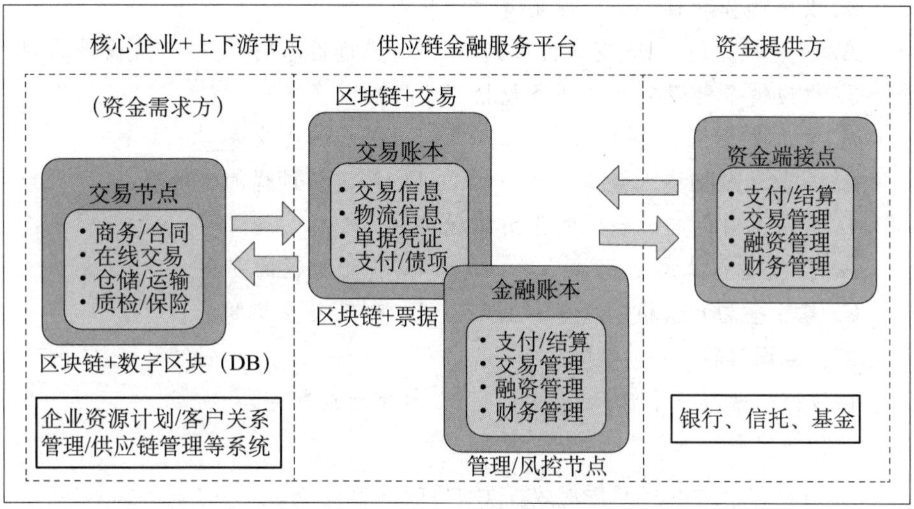

图 7-3　区块链在供应链服务平台中的应用架构示意图

在图 7-3 中，核心企业与上下游节点都作为平等的节点参与部署，但用以证明资产交易、信用担保的数据则从现有的企业资源计划、客户关系管理、供应链管理等系统中抽取，即在“区块链+数字区块（DB）”中抽取“区块链+票据”，以形成“区块链+交易”，并形成交易账本。同时，供应链金融服务平台就融资合同、担保和质押操作、支付/结算等形成金融账本，而资金提供方（包括银行、信托、基金）作为金融账本的节点接入区块链供应链金融系统。可见，以区块链金融系统和核心企业为中心的信息平台，通过区块链抽取单据或证据来进行链接。

本章小结

本章首先介绍了供应链金融服务平台的内涵、特点，并从宏微观角度介绍了供应链金融服务平台的作用。其次介绍了供应链金融服务平台规划。最后介绍了区块链在供应链金融服务平台中的应用方案，详细阐述了区块链在供应链金融服务平台中的应用架构，为相关参与方构建供应链金融服务平台提供方法上的指导。

课后习题

一、选择题

1. 供应链金融服务平台的特点包括（　　）。（多选）

A. 先进性　　B. 系统性　　C. 开放性　　D. 可靠性

2. 供应链金融服务平台规划遵循的原则包括（　　）。（多选）

A. 开放性原则　B. 安全性原则　　C. 先进性原则　　D. 阶段性原则

3. 供应链金融服务平台业务包括（　　）。（多选）

A. 预付款融资业务　　　　　　　　B. 存货融资业务

C. 应收账款融资业务　　　　　　　D. 跨贸易过程的金融产品

4. 区块链对供应链金融的作用体现在（　　）。

A. 简化业务模式　　　　　　　　　B. 保证数据的安全

C. 建立全局互信机制　　　　　　　D. 创新交易制度

二、名词解释

供应链金融服务平台　　　　　　　数据交换服务

三、简答题

1. 简要回答供应链金融服务平台的特点。

2. 简要回答供应链金融服务平台提供的服务内容。

四、思考题

将区块链与供应链金融系统结合起来后，可以给供应链金融系统带来哪些帮助?

五、案例分析

平安银行（其前身是深圳发展银行）自 1999 年起开始涉足供应链金融领域，2006 年在银行业率先推出“供应链金融”品牌，始终以专业的态度细致打磨供应链金融产品与服务体系，依托集团综合金融资源，以科技赋能金融，以金融服务产业生态，为上下游企业提供线上融资、财资管理、智慧经营等一揽子综合金融服务，并在 2019 年升级打造了“平安好链”供应链金融服务平台，引领行业发展。

近年来，互联网金融迅速崛起，金融科技突飞猛进，全球银行业飞速进入以数字化经营为核心的 BANK 4.0 时代。据平安银行交易银行部管理人员介绍，为了提升供应链金融业务的科技管理水平、用户体验与服务效率，平安银行积极研发供应链金融线上化业务，主要依托银行核心的账户管理、支付清算、交易见证、风险管理、财资分析能力等，根据供应链的差异化金融需求将传统的线下供应链金融服务发展为结合大数据、区块链等先进技术的线上化、平台化服务。

平安银行拥有 20 年实体产业供应链的服务经验，切实了解产业链企业的真实需求。在“平安好链”平台上，现金管理、支付结算、授信融资等都是一个个微服务模块，可根据业务场景需求，灵活地进行组件化定制，最终输出智能的、定制化的、企业最想要的产融解决方案。

“平安好链”也是一个开放互联的平台。平台不仅提供银行的基础服务，还可以通过链接平安集团子公司，集成第三方的增值服务和数据，搭建和完善“综合金融十外部增值服务”的服务体系，满足产业生态的多样化需求。例如对于基建行业，银行提供融资、支付结算、现金管理等基础服务，集团提供保险、证券、租赁等综合金融服务，外部机构提供担保、交易鉴证、发票验证等增值服务，通过“平安好链”平台共同赋能产业链服务。

供应链金融打破了以往依赖不动产抵押的融资模式，成为解决中小企业融资难问题的有效方案。“平安好链”平台破解信用多级穿透难题，以先进的区块链技术变革上游融资。平台运用区块链技术进行分布式账本储存，实现了交易资产可追溯、各参与方互信以及信息公开透明，形成可靠的数字化资产；通过与中登网专线直连，实现自动转让登记，有效防范重复融资；通过大数据智能风控技术，对工商、税务、物流等众多数据源实行交叉认证，解决信息不对称、贸易真实性难核验等问题，构建了产业链多方互信体系。该平台已全面实现线上化，远程鉴权注册、极速放款，极大地方便了中小企业线上融资，真正做到便捷高效，省心省时。

由于下游企业授信风险大，合作监管方信用缺失、流程烦琐，下游企业融资难问题更为突出。平安银行采用物联网技术实现智能风控，破解下游融资难问题。例如在汽车行业，平安银行推出基于汽车业务的物联网大数据平台“知车平台”。该平台应用物联网技术解决了汽车二网监管难的痛点，实现车辆的高效流动和智能化管控，升级传统的货押控货手续。“知车平台”不仅促进了主机厂新车销售，还提高了经销商的融资效率，降低了融资成本。

“平安好链”的另一个典型应用是在基建领域里。某基建企业为某国企上市建筑公司的重要全资子公司，上游供应商众多。平安银行经调研发现，该基建企业采取赊购结算，上游众多供应商面临着融资难的困境。另外该企业有意加强对供应商的管理，推动采购阳光化。

基于上述痛点，平安银行制订了“平安好链十保理授信”方案，使各参与方都获得了切实的收益。对于基建企业，该方案将实际提款方转换为供应商，将“融资性负债”转化成“经营性负债”，加强了供应链管控，实现了采购及付款的规范管理。对于供应商，足不出户就可轻松实现线上融资，与原有的融资渠道相比，融资成本显著降低。

平安银行供应链金融业务主要围绕核心企业展开，通过供应链金融服务与核心企业开展产业链合作，累计支持中小微企业10万余家，提供融资近5万亿元，主要涉及交通、能源、化工、基建、大宗商品、电子信息、快消品等20多个行业的上下游客户，其中交通、基建和电子信息等是其耕耘最深的行业。

未来，平安银行将以“客户+场景”为中心，基于核心企业与其上下游企业之间的真实交易，整合信息流、物流、资金流等各类信息，叠加大数据、云服务、区块链、物联网、人工智能技术，不断升级“平安好链”平台；集成现金管理、平台金融、跨境金融等优势产品，完善供应链金融服务体系；积极与保险企业探讨“供应链+信用险”等创新合作模式，为中小微企业融资提供征信支持，更好地服务实体经济。

资料来源：http：//m. sinotf. com/News. html? id=340270.

问题：

1. “平安好链”平台的参与方有哪些？它们从该平台中能获得哪些好处？

2. 区块链技术给供应链金融服务平台带来哪些优势？

第8章

供应链金融的发展趋势

| 教学目标 |

- 了解供应链金融的智慧化。
- 了解供应链金融的绿色化。
- 了解供应链金融的发展趋势。

政策导入

《关于规范发展供应链金融，支持供应链产业链稳定循环和优化升级的意见》

2020年9月，中国人民银行、工业和信息化部、司法部、商务部、国资委、市场监管总局、银保监会、外汇局联合印发《关于规范发展供应链金融，支持供应链产业链稳定循环和优化升级的意见》（以下简称《意见》），首次明确了供应链金融的内涵。在产融结合、脱虚向实的政策环境下，供应链金融以其对中小微企业的强大支撑，成为振兴实体经济、推动产业升级的重要引擎。《意见》指出供应链金融应运用金融科技手段，实现生态化、线上化、数字化和智能化。

《金融标准化“十四五”发展规划》

2022年2月，中国人民银行会同市场监管总局、银保监会、证监会联合印发《金融标准化“十四五”发展规划》（以下简称《规划》），《规划》指出要稳步推进金融科技标准建设，系统完善金融数据要素标准，健全金融信息基础设施标准，强化金融网络安全标准防护，推进金融业信息化核心技术安全可控标准建设。同时还强调了加强云计算、区块链、大数据、人工智能、生物识别、物联网等标准研制和有效应用，引领金融科技规范健康发展，不断提高金融监管机构监管有效性。《规划》指出标准化支撑金融产品和服务创新，加快完善绿色金融标准体系，有效推进普惠金融标准建设，加强产业链供应链金融标准保障。

《关于加强产融合作推动工业绿色发展的指导意见》

为贯彻落实习近平总书记关于金融服务实体经济系列重要指示精神和党中央、国务院关于碳达峰碳中和重大决策部署，工业和信息化部、中国人民银行、银保监会、证监会联合发布了《关于加强产融合作推动工业绿色发展的指导意见》（以下简称《指导意见》），建立商业可持续的产融合作推动工业绿色发展路径，推动建设工业绿色低碳转型与工业赋能绿色发展相互促进、深度融合的产业体系，以工业绿色化引领高端化、智能化，推动工业全方位、全区域、全周期绿色发展，助力制造强国和网络强国建设，推动经济社会绿色发展，为应对全球气候变化贡献力量。《指导意见》重点提出要推动绿色产业链与绿色供应链协同发展，构建完善绿色供应链。

想一想：在供应链金融蓬勃发展的当下，供应链金融的发展趋势或方向有哪些？

根据政策引导趋势，本章先聚焦供应链金融的智慧化，其次关注供应链金融的绿色化。供应链金融发展的长远目标是承担社会可持续发展的责任，在追求技术创新和经济利益的同时，也要考虑资源环境的可持续性，供应链金融在实现智慧化、生态化的同时也在迈入绿色化。绿色供应链金融将绿色金融理念与供应链金融理念相融合，与传统供应链金融相比，更注重环境保护，可以更好地实现社会效益和经济效益一体化，近年来得到了快速发展。

第 1 节　供应链金融的智慧化

一、 产业互联网与供应链金融平台化

众所周知，传统意义上的供应链金融业务采取的是以核心企业的信用为基础的中心化模式，参与方主要是银行。随着供应链金融业务市场迅速扩容，数据已经成为供应链金融业务的核心，数据方从原来的核心企业拓

展到物流企业、电商平台和ERP厂商等；融资渠道多元化，除了商业银行外，融资租赁公司、商业保理公司、小贷公司、担保公司等拓展了供应链金融的融资渠道，不同的融资渠道匹配不同的业务模式；从供应链（围绕一个核心企业）到产业生态圈（拓展到所有的相关行业）使行业内和相关行业之间形成有机的生态圈，创造新的商机。在整个供应链金融各参与主体中，第三方科技平台通过赋能供应链金融全流程，提升金融机构的风控能力并推动供应链金融线上化、数字化和智能化。云计算、大数据、物联网和区块链技术的发展将进一步提升供应链金融的风控能力，降低业务的综合成本。例如，腾讯金融科技、蚂蚁金服、度小满、京东数科、平安壹账通、开鑫科技等平台，早已布局云计算、区块链、物联网等技术，以科技服务连接企业和金融机构，使得包括供应链金融在内的各类企业融资服务得以平台化、产业化。

产业互联网依托产业链各环节，实现整个产业链上生产、销售、物流、存货、交付所有经营过程的互联网信息化。供应链金融通过产业互联网重构产业生态，立足场景，以业务的价值为导向来搭建数字化平台，构筑生态圈，将上下游供应链接入数字化平台，进而实现有机、有序和有效的产融生态发展体系。智慧供应链金融的运营方式为：以平台链接的智慧供应链、云计算、区块链、大数据为基础创建金融生态系统（金融能为整个智慧供应链的各类主体服务），使得金融能够推动智慧供应链的发展，同时借助智慧供应链运营，实现金融生态的拓展和增值。产业互联网平台需要打通产业链中的信息流、交易流、资金流、物流、票据流，以实现整个产业的数字化升级，它是整个产业链中的基础设施，一般包括交易平台、供应链金融平台、物流平台、信息与大数据共享服务平台，其中交易平台是核心，供应链金融平台、物流平台、信息与大数据共享服务平台是重要支撑。

二、供应链金融产业生态体系

随着大数据、云计算、物联网、区块链等应用的持续深化，供应链金融从传统的以银行主导的线下模式，到初步实现在线化，再到逐渐去中心化，目前已经发展成为整个生态圈的服务核心，供应链金融产业生态体系的参与主体呈现多元化，服务支撑企业、科研机构、自律及他律部门、服务机构及交易商与交易市场深度融合到一起，智慧供应链金融多主体产业生态体系如图8-1所示。供应链金融与产业生态圈的结合是产业金融的创新之举，它将主导型的核心企业与供应链上的各主体紧密连接在一起，提高资金运行效率、促进资源优化配置、进一步支持实体企业快速发展。同时通过平台化运作、整合以及生态化的产业协作，构建产业生态圈，提供场景化的供应链金融服务，有利于形成多层次的供应链金融服务体系，进一步提升供应链金融服务效能。基于产业生态圈的供应链金融，其核心是构建良好的产业生态，以产业生态的结构化为基础，利用数据优化构建良好的金融生态，金融生态再反哺产业生态，使得金融生态和产业生态叠加优化从而产生良好的产融互动。

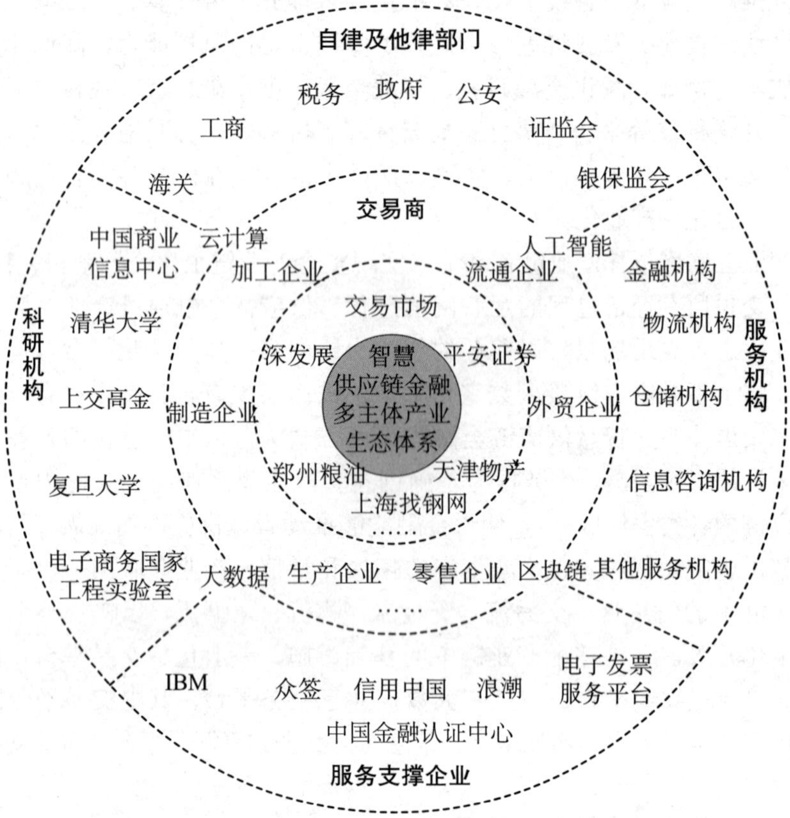

图 8－1　智慧供应链金融多主体产业生态体系

供应链金融服务由线下转为线上，极大提升了服务质量，使得交易规模不断扩大，平台盈利能力大幅提升。对整个产业而言，产业链中的供应商、生产商、经销商、物流企业、金融机构等相关方聚集在一起，使供应链中的物流、信息流和资金流“三流合一”，形成一个生态化的供应链协作体系，有利于实现资源的有效整合和配置。此外，交易企业能够缩短库存时间与应收账款周转周期，降低资金成本；物流企业可以提升仓储水平与运输效率，拓展客户渠道和资源；融资企业可以降低融资风险，扩大融资规模；核心企业可以提高自身综合实力，实现企业的价值；金融机构可以扩大潜在的客户量和业务量。产业生态圈下的供应链金融解决了银行、核心企业、物流企业以及电商平台各自单独主导模式下的供应链金融所存在的问题，更加注重企业间、参与主体间的相互联系，使得核心企业、上下游企业、银行、电商平台等均得到资本的优化。不同行业或企业之间的协作更加密切，更多信息共享，利益更加一致。即产业生态圈供应链金融对各参与方都会产生不同的积极影响，从而提高整个供应链的竞争能力，有利于构建一个各方相互协作、互利共赢的产业生态体系，对建立金融服务实体经济的互联网生态圈具有重要的革新意义。

三、腾讯企点领航生态

2018年9月30日，腾讯进行了历史上第三次战略升级，成立云与智慧产业事业群（CSIG），全面拥抱产业互联网。其中，腾讯企点发起组建领航生态，致力于通过产业互联网平台，实现产业数字化、企业数字化、线上化、智能化互连，打通产业链、供应链上下游的生产分配关系，实现整个产业总体效能优化，从而解决产业价值链的四大核心平衡：供需平衡、产能平衡、物流平衡和资金平衡，让企业上下游关系更加紧密、协同。

腾讯企点领航生态依托腾讯企点企业产品部、腾讯云、CSIG和腾讯各事业群部门，通过发挥内部各类产业互联能力，结合外部各合作伙伴体系带来的综合互补业务能力，形成腾讯企点产业互联网领航生态。领航生态聚焦工业制造、能源化工、国家物流枢纽、大农业、特色产业集群等五大产业方向，结合中国产业集群的五大特征和五大趋势，紧扣产业链上的政府、行业、原材料制造企业、流通企业、终端制造企业、产业链增值服务商（金融、物流、IT等）六大角色不同痛点，综合生态各方的专业能力，深入分析商业模式、盈利模式，在实践中不断完善领航生态战略规划、IT平台规划、平台建设运营三大方法论，助力国家产业互联网骨干网平台建设。领航生态协助地方政府完成数字产业园区、物流枢纽园区、数字产业集群、行业产业链、核心企业、各中小企业平台的标准建设与互联落地。这种以生态建设生态的模式，将大幅度降低未来产业互联对接量与整体对接成本，同时也兼顾了各参与建设主体的不同利益诉求，夯实国家产业互联网体系的基础设施建设，最终实现以共享来降本，以协同来提效，以整合来增值，以数据来驱动，以资本来裂变，以生态来进化的单点抱团、多点协同的产业互联网生态体系。实现中国经济由传统模式向数字平台模式转型。

领航生态里有多个点，这些点包括交易、金融、物流、仓储、交付、票据、客户、信息等，腾讯企点领航生态的目的是把这些点连接起来，接点成链、接链成网，通过连接会展会务平台、营销平台、销售中台、采购中台、物流仓储交割平台、结算及金融平台、电子交易合同和票据平台、现场服务平台、客服体系、政府监管平台、行业的信息指数发布平台和灵活用工平台等，实现接点成网、聚商成圈。逐渐形成行业系统平台化，企业供销业务中台化，行业互连引擎智能化，产业行业横向纵向关系一体化，跨界协同在线化数字化，整体综合成本更优化及整个产业大格局层面物料需求、产能、资金、运输平衡化的七化生态共识。

产业互联网的本质是通过互联网与数字化手段进行产业链优化，实现产业经济存量蛋糕的重新定位与分配。腾讯企点领航生态结合产业生态的五大角色定位，最终明确提出五大生态伙伴体系定位。第一，领航伙伴——核心企业。腾讯企点领航生态定义领航者是任何一个产业或者任何一个行业内的核心企业，是行业的领导者，是真正为社会各行各业提供产品生产的公司，剩下的四个角色都围绕着领航者，让服务更好、更快、效率更高。第二，护航伙伴——IT 企业。腾讯企点领航生态专门建立技术服务团队，为领航体系提供交易平台、物流平台、客服平台等各种各样的平台，实现完美的互联。第三，伴航伙伴——物流企业。完成技术互联以后还需要搭建伴航平台，实现与物流合作伙伴的连接。例如腾讯企点领航生态联合各物流企业，建立物流平台。第四，续航伙伴——金融机构。数字经济生态的建立离不开供应链金融的支持，腾讯企点领航生态同样需要联合续航伙伴共建金融平台，助力产业链金融的良性发展。第五，助航伙伴——政府、行业协会、行业专家、媒体、资本。政府是各个行业、各个产业的监管者。领航生态需要助航伙伴深度参与进来，为领航生态内的其他伙伴提供宏观管理、行业指导、专业智库、媒体宣传和资本支持等方面的助力。因此，领航者决定产业的方向，生态体系中的护航、伴航、续航和助航各大角色，将共同助力领航者进行产业链的优化和升级，实现产业经济高质量发展，共同构建数字中国。供应链金融机构作为领航生态中重要的续航伙伴，对于领航生态的健康发展起着至关重要的作用。领航生态的其他四个角色，也为供应链金融续航角色的健康发展，提供了良好的生态环境和有力的支持。

第 2 节　供应链金融的绿色化

一、绿色供应链金融概述

近年来，随着供应链融资过程中上游某些中小企业的环境污染事件以及银行和非银行金融机构的社会责任等问题，绿色供应链金融逐渐引起广泛关注。绿色金融的本质是通过供应链的业务重组功能，提高资金在绿色环保领域的流动效率，优化绿色生产中的金融资源分配结构，实现供应链上各节点企业与金融机构在绿色环保领域投融资方面的协同合作。绿色供应链金融是绿色金融的一种创新模式，它将绿色理念融入供应链金融全过程，资金专项用于节能环保和可持续发展领域，通过绿色金融和供应链金融的有机融合实现供应链金融的环境保护功能，这对加快我国绿色发展和生态文明建设在中微观层面落地具有重要意义。绿色供应链金融的概念可从三个角度来理解：从金融产品角度，聚焦贸易环节融资相关产品，包括商业票据、信用证、保函、保理等；从资金用途角度，需满足绿色贷款或绿色债券等标准，专项用于满足绿色领域的融资需求；从供应链角度，注重贸易链条上各环节融入资金用途的绿色属性。

传统供应链金融是商业银行以申请贷款的中小企业的供应链交易事实为主要依据，在审核交易关系的真实性以及确保贷款企业符合其他信用条件之后，再将贷款批给中小企业的一种融资服务；而绿色供应链金融是在供应链金融要求的上游中小企业必须符合的条件的基础上，还要求中小企业提交《污染物排放许可证》和排污权质押贷款申请，商业银行在审核其满足条件后，才将资金贷出。绿色供应链金融的标志特征是申请贷款的中小企业将贷款应用到绿色生产中去，通过引进低能耗设备或加强设备能耗管理，以降低生产制造过程中的环境污染，旨在避免生产制造过程中的环境污染赔偿。

绿色供应链金融的产生和发展至少具有两方面的价值：一方面是经济价值，绿色供应链金融通过关注供应链融资过程中的环境污染问题，降低了供应链上游中小企业因为环境污染赔偿巨额款项的概率，从而既避免了企业所在链条没有考虑环境因素而造成的货物无法卖出的情况，又改善了商业银行及非银行金融机构不良贷款的状况。另一方面是社会和环境价值，绿色供应链金融通过投资于节能减排，鼓励引进节能减排设备，关注生产过程中“三废”的治理，既因为提高了能源和资源的利用率及降低温室气体的排放而保护了环境，又因为强调了商业银行及非银行金融机构的道德准则而减少了民众对金融机构的质疑。此外，供应链体系连接了产品设计、原材料采购、生产制造、销售、物流、消费等环节，使得申请绿色供应链金融服务的企业的经营活动必定要遵循低污染、低成本、高产出的原则。通过强调供应链的绿色管理，可以将环境绩效因素纳入企业内外部供应链管理的各个环节。与仅针对某一领域的环保要求相比，绿色供应链考虑的环节更加全面。我国绿色供应链金融主要应用在节能减排方面，包括能效融资、节能设备买方融资、“三废”治理等。

二、 绿色供应链金融应用案例

2019年，兴业银行在国内率先制定并发布了《绿色供应链金融业务指引》（以下简称《指引》）。《指引》在明确绿色供应链金融概念的同时，界定了绿色供应链金融的业务范畴，全面搭建了绿色供应链金融产品体系，并从行业、客户等多个维度细化绿色供应链金融业务的发展策略，有效提高了业务开展的可操作性。兴业银行在现有的绿色产品中融入供应链金融思路，为企业提供绿色供应链金融支持方案。在节约能源、资源以及减少废弃物排放的设备采购方的融资模式中，兴业银行绿色供应链金融产品的主要服务对象为节能减排设备的购买企业，当设备购买企业与核心企业即节能减排设备生产企业签订购销合同后，设备购买企业可以凭购销合同向兴业银行申请贷款，并提供与核心企业签订的用此设备生产的产品的购销合同等相关资料，兴业银行在与核心企业确认购销合同的真实性后，再审核设备购买企业的其他资料。在所有资料符合绿色供应链金融贷款条件的情况下，兴业银行将资金贷给设备购买企业，其业务模式如图8-2所示[21]。

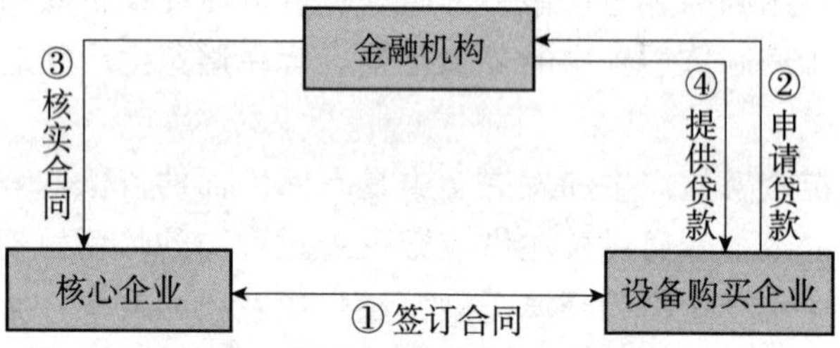

图8-2 兴业银行供应链金融业务模式

自2019年发布《指引》以来，兴业银行供应链金融业务快速发展，在重点支持光伏发电、电力生产、新能源汽车、天然气生产供应等行业的同时实现了56个绿色国标行业的业务全覆盖。截至2020年末，该行绿色供应链金融业务余额达205.67亿元，较2020年初增长67.6%。在“碳中和”背景下，兴业银行通过绿色供应链金融助力污水处理企业、锂电池企业的低碳发展。兴业银行通过将供应链金融应用到绿色金融业务系统，为客户提供绿色供应链金融服务，有利于实现企业与生态环境共同发展。

银行业是发展绿色供应链金融的核心力量，虽然当前很多商业银行都在积极探索，但仍然缺乏规模化推广的着力点。绿色金融有着公共事业属性以及外部效应，因此绿色金融的发展必然不能离开政策的引导和支持，尤其绿色属性的划定需要政策来指导。与此同时，缺乏兼具绿色金融和供应链金融知识储备的人才，相关的专业系统不完备等，也是业务难以推动的重要因素。此外，我国的绿色供应链金融的融资模式比较简单，没有对申请贷款的中小企业生产制造过程中的环境污染情况进行持续跟踪，也没有将中小企业相应的生产过程中持续环保的信息反馈给供应链上的核心企业，导致商业银行贷款收回的风险增加、核心企业的责任感和参与感降低等问题。绿色供应链金融有待进一步完善。

三、 绿色供应链金融展望

虽然绿色供应链金融只是绿色金融众多金融工具中的一种，但在全球环境问题严峻以及我国努力实现碳达峰碳中和目标的背景下，银行等金融机构适时开展绿色供应链金融业务创新，既可以实现绿色金融战略的可持续性发展，又能够促进中小企业的绿色化转型与产业升级，实现企业的经济效益和社会环境责任协调发展。此外，绿色供应链金融的发展有助于激发全社会的绿色责任意识，引导产业链上的企业从绩效导向向责任导向转变，形成企业的绿色文化。并且，绿色供应链金融的发展还可以加快融入全球绿色价值链体系的速度。随着国际分工的深化和全球贸易的发展，全球价值链体系已逐步从传统经济领域向社会和环境领域拓展。如果在国际贸易中沿着供应链开展绿色融资活动，可以实现一系列产品跨境生产过程中绿色行为和环境效益的再分配，覆盖从原材料采购、生产、销售、运输到回收全过程。借助国际绿色消费理念的影响，对国内企业的绿色行为进行监督和反馈，可以促进我国的绿色标准与国际标准对接，促进中国绿色产业转型升级。实施和开展绿色供应链金融需要把握三个基本原则：第一，保证资金的绿色用途。第二，供应链具有黏性强、范围广的特点，要充分发挥供应链的优势来助力上下游企业融资与成长。第三，为保证供应链金融模式的可行性，实施要有侧重点并分阶段进行。具体来说，绿色供应链金融的实施可以采取“两步走”战略，短期内着力推进全产业链中的深绿产业，长期来看则通过金融手段为产业链中的绿色环节提供精准服务，将绿色供应链生态圈全覆盖。

但是，应当认识到我国绿色供应链金融发展仍处于初级阶段，亟须激励供应链各主体提供配套政策支持，为绿色供应链金融发展创造有利的环境，引导绿色供应链金融主体稳健发展。鉴于我国不同于国外的绿色供应链金融模式，即我国更注重融资目标是否符合绿色标准而非绿色供应链的上下游企业是否符合绿色要求，这就决定了服务于绿色供应链金融的产品需要大规模和大幅度的创新，不断满足供应链上不同企业的投融资需求。除此之外，政府可以先着手进行绿色采购，加快供应链企业绿色转型进程，使企业积极自主地实行绿色采购，成为“标杆”，进一步促进绿色产业发展。企业利用计算机技术构建信息平台，为绿色供应链的生产运营提供信息支持，优化整个供应链系统的信息化管理。最后，作为消费者也应多关注绿色供应链，增强自身的环保意识，加强对企业的监督，促进企业转型。

本章小结

产业互联网浪潮，不仅从科技层面推动供应链金融的升级，更在根本上重构供应链金融的业务逻辑。第三方科技平台通过赋能供应链金融全流程，提升金融机构的风控能力并推动供应链金融线上化、数字化、智能化。

绿色供应链金融是绿色理念、供应链金融以及绿色金融的有机融合，绿色供应链金融的主要目标在于引导企业加大绿色投资，帮助供应链上的企业实现节能减排，提高资源利用效率的同时保护环境。

课后习题

一、选择题

1. 智慧供应链金融一般包括（　　）。(多选)

A. 交易平台　　　　B. 供应链金融平台

C. 物流平台　　　　D. 信息与大数据共享服务平台

2. 实施和开展绿色供应链金融需要把握的基本原则有（　　）。(多选)

A. 保证资金的绿色用途　　　　B. 助力上下游企业融资与成长

C. 实施要有侧重点并分阶段进行　　D. “三流合一”

二、名词解释

传统供应链金融　　　　绿色供应链金融

三、简答题

1. 供应链金融智慧化的内涵是什么?

2. 绿色供应链金融的产生和发展有哪些价值?

3. 智慧供应链金融多主体产业生态体系包括哪些内容?

四、思考题

通过对本章的学习，谈一谈中国供应链金融在未来将呈现哪些发展趋势。

五、案例分析

民生银行创新业务模式

民生银行向符合条件的分布式光伏发电设备终端用户发放人民币贷款（以下简称“民生光伏贷”），用于满足借款人购买光伏发电设备的资金需求。分布式光伏发电指在用电现场或用电现场附近配置光伏发电供电系统以满足特定用户的需求。运行方式为用户自发自用、多余电量上网、全额上网等模式。分布式光伏发电系统可在农村、牧区、山区，发展中的大、中、小城市或商业区附近建造，解决用户用电需求，利用可再生资源发电，减少碳排放，环保无污染。

对于在自有建筑屋顶安装分布式光伏设备的农户，“民生光伏贷”有三大业务模式。一是核心光伏企业保证模式，由核心光伏企业对农户分布式光伏设备融资提供动态差额补足；二是核心光伏企业保证金保证模式，由核心光伏企业按照放款比例存放一定的保证金，对农户分布式光伏设备融资差额进行补足；三是第三方企业或机构保证模式，以农业担保公司为代表的专业担保公司等为农户提供担保。“民生光伏贷”农户单户的授信金额及贷款期限根据设备购置价格、财务状况、需求、信用状况等综合确定。

经过积极探索实践，“民生光伏贷”服务农户的业务呈现以下特点：（1）单户贷款最高25万元，100%覆盖设备价值，农户零投入即可安装设备终端，无须提供抵/质押物。（2）业务流程简便快捷，民生银行小微金融App整合“农户光伏贷”功能模块，实现光伏贷业务的全线上化运营管理，经营数据实时交互，设备状态可视可控，实现了小微金融的技术创新。（3）期限可长达15年，实现长期助农、惠农。电费在还款后分配给农户，农户在光伏设备使用过程中获得稳定收益。

资料来源：李琪．绿色金融支持光伏产业高质量发展：中国银行业绿色低碳金融产品创新系列典型案例．中国银行业，2022（5）：96－101.

问题：

1. 案例分析中的供应链模式与传统模式相比，有什么优势？
2. 光伏行业的绿色供应链金融模式对其他行业有什么借鉴意义？

参考文献

[1] 杨斌，赵海英．供应链金融服务实体经济发展研究．南方金融，2017 (10)：46－53.

[2] 刘琳，张晓萍．新时代商业银行开展供应链金融业务的作用与意义. 现代企业，2020 (3)：102－103.

[3] 中国人民大学重阳金融研究院，等．供应链金融技术的标准定义，2016.

[4] 张珂莹．供应链金融国内外研究发展现状．现代管理科学，2018 (8)：79－81.

[5] 李毅学，汪寿阳，冯耕中．一个新的学科方向：物流金融的实践发展与理论综述．系统工程理论与实践，2010 (1)：1－13.

[6] 王海芳，张笑愚，祖楠楠．基于知识图谱的国内外供应链金融比较研究．研究与发展管理，2020 (5)：42－57.

[7] 刘晓春．探索数字供应链金融新路径．现代商业银行，2021 (15)：24－29.

[8] 供应链金融现状研究及模式创新．(2020－09－08)．https：//www. weiyangx. com/369889. html.

[9] 李健，王亚静，冯耕中，等．供应链金融述评：现状与未来．系统工程理论与实践，2020 (8)：1977－1995.

[10] 纪瑞朴．供应链金融的数字化转型．国际金融，2021 (3)：74－78.

[11] 刘琼．大宗商品供应链金融价格风险管理研究．北京：北京科技大学，2020.

[12] Zhao L，Huvhzermeier A. Supply Chain Finance. Cham：Springer，2018.

[13] 冯耕中，何娟，李毅学，等．物流金融创新：运作与管理．北京：科学出版社，2014.

[14] 深圳发展银行，中欧国际工商学院“供应链金融”课题组．供应链金融：新经济下的新金融．上海：上海远东出版社，2009.

［15］杨育谋．玩转供应链金融．理财（市场版），2007（7）：63－64.

［16］康欣．民法典时代供应链金融疑难法律问题全解．北京：中国法制出版社，2021.

［17］供应链金融案例汇总：以菜鸟网络、蚂蚁金服、怡亚通等为例．（2022－04－28）．https：//max. book118. com/html/2022/0427/6135005054004141. shtm.

［18］何娟，冯耕中．物流金融理论与实务．北京：清华大学出版社，2014.

［19］冯耕中，吴勇，赵绍辉．物流公共信息平台：理论与实践．北京：科学出版社，2015.

［20］段伟常．区块链供应链金融．北京：电子工业出版社，2018.

［21］顾金星．绿色供应链金融博弈模型研究．大连：大连理工大学，2017.

图书在版编目（CIP）数据

供应链金融 / 冯耕中，李健主编；赵绍辉，李永武副主编. --北京：中国人民大学出版社，2023.9

高等学校经济管理类主干课程教材. 物流与供应链管理系列

ISBN 978-7-300-31742-7

Ⅰ. ①供… Ⅱ. ①冯… ②李… ③赵… ④李… Ⅲ. ①供应链管理－金融业务－高等学校－教材 Ⅳ. ①F252.2

中国国家版本馆 CIP 数据核字（2023）第 096849 号

高等学校经济管理类主干课程教材·物流与供应链管理系列

供应链金融

主　编　冯耕中　李　健

副主编　赵绍辉　李永武

Gongyinglian Jinrong

出版发行	中国人民大学出版社		
社　　址	北京中关村大街 31 号	**邮政编码**	100080
电　　话	010－62511242（总编室）		010－62511770（质管部）
	010－82501766（邮购部）		010－62514148（门市部）
	010－62511173（发行公司）		010－62515275（盗版举报）
网　　址	http://www.crup.com.cn		
经　　销	新华书店		
印　　刷	北京溢漾印刷有限公司		
开　　本	787 mm×1092 mm　1/16	**版　　次**	2023 年 9 月第 1 版
印　　张	14.25 插页 1	**印　　次**	2025 年 8 月第 3 次印刷
字　　数	255 000	**定　　价**	49.00 元

中国人民大学出版社　管理分社

教师教学服务说明

中国人民大学出版社管理分社以出版工商管理和公共管理类精品图书为宗旨。为更好地服务一线教师，我们着力建设了一批数字化、立体化的网络教学资源。教师可以通过以下方式获得免费下载教学资源的权限：

★ 在中国人民大学出版社网站 www.crup.com.cn 进行注册，注册后进入“会员中心”，在左侧点击“我的教师认证”，填写相关信息，提交后等待审核。我们将在一个工作日内为您开通相关资源的下载权限。

★ 如您急需教学资源或需要其他帮助，请加入教师 QQ 群或在工作时间与我们联络。

中国人民大学出版社　管理分社

教师 QQ 群： 648333426(工商管理)　114970332(财会)　648117133(公共管理)
教师群仅限教师加入，入群请备注（学校＋姓名）

联系电话： 010-62515782，82501868，82501048，62514760

电子邮箱： glcbfs@crup.com.cn

通讯地址： 北京市海淀区中关村大街甲 59 号文化大厦 1501 室（100872）

管理书社　　人大社财会　　公共管理与政治学悦读坊